U0791140

卓尔早期管理层合影（左三为阎志）

卓尔传播初创期运营的家电广告专版

2011年7月，卓尔发展集团（股票代码：02098.HK）在港交所挂牌上市，
2018年7月更名为卓尔智联集团

2011年10月，卓尔收购中国基建港口，入主阳逻港，于2018年8月
更名为中国通商集团（股票代码：01719.HK）

鸟瞰汉口北

卓尔建设的中部首个总部基地——第一企业社区

长沙卓尔军民融合
产业示范园

天津卓尔电商城

荆州卓尔城

俯览武汉客厅

阎志在第三届互联网大会乌镇峰会上发表主题演讲，
发布卓尔全球智能交易平台战略

阎志获评“2016中国十大经济年度人物”

2017年5月18日，武汉众邦银行揭牌开业

2017年11月2日，卓尔领航者600飞机下线

位于汉口西北湖的卓尔国际中心

卓尔小镇 · 桃花驿

卓尔天龙棉纺车间

阿里巴巴董事局主席马云（左一）夜访卓尔书店

小米创始人雷军（中）到访卓尔与小米共同投资的长江青年城施工现场

中国工程院院长李晓红（右五）、武汉大学党委书记韩进（右七）、泰康人寿董事长陈东升（右八）一行夜访卓尔书店

丰盛控股董事长季昌群（左一）、景域集团董事长洪清华（左三）
到访武汉卓尔职业足球俱乐部训练基地

2013年4月，阎志出席第八届“中华慈善奖”报告会

卓尔赴雅安地震救援队

2018年8月新落成的武汉大学卓尔体育馆

卓尔2018年会暨22周年庆，高管齐唱《卓尔不凡》

2018年10月20日，武汉卓尔足球队提前三轮摘得2018中甲联赛冠军

卓尔的故事

陈润 / 著

中国民营企业
发展和转型样本

中信出版集团 | 北京

图书在版编目（CIP）数据

卓尔的故事：中国民营企业发展和转型样本 / 陈润著. -- 北京：中信出版社，2019.1（2019.3重印）
ISBN 978-7-5086-9868-7

I. ①卓… II. ①陈… III. ①民营企业－企业发展－研究－中国 IV. ①F279.245

中国版本图书馆CIP数据核字（2018）第276703号

卓尔的故事——中国民营企业发展和转型样本

著　　者：陈　润
出版发行：中信出版集团股份有限公司
（北京市朝阳区惠新东街甲4号富盛大厦2座　邮编　100029）
承 印 者：北京楠萍印刷有限公司

开　　本：787mm×1092mm　1/16　　插　　页：16
印　　张：24.25　　字　　数：279千字
版　　次：2019年1月第1版　　印　　次：2019年3月第2次印刷
广告经营许可证：京朝工商广字第8087号
书　　号：ISBN 978-7-5086-9868-7
定　　价：68.00元

版权所有 · 侵权必究
如有印刷、装订问题，本公司负责调换。
服务热线：400-600-8099
投稿邮箱：author@citicpub.com

目　录

推荐序
卓尔不凡

陈东升　泰康保险集团创始人兼首席执行官

我和阎志的缘分源自武汉大学。

1979年，我考入武汉大学经济学系，在那里度过了充实而快乐的四年。武汉大学确实是中国最美的大学，湖光山色，人杰地灵，四年里我基本把武大的山水和名教授家都跑遍了，成了我一生中最美好的时光。这也让我对母校产生了深深的感情，从毕业到现在，我心里依旧在和武汉大学的一草一木对话。所以我后来总结，武大的精神就是“天人合一、质朴而浪漫”。

阎志读的是武汉大学经济管理学院工商管理硕士，是我的学弟。不过我们的交集和交往开始多起来，还是在武汉大学120周年校庆的时候。我和当时的校长李晓红院士发起成立了武汉大学校友企业家联谊会，阎志被推选为副理事长。再加上楚商联合会，特别是去年第二届换届，阎志当选为执行会长，我们之间的交流和了解就更深了。

今年8月28日，我参加了武汉大学卓尔体育馆的启用仪式。这座体育馆是阎志捐款6000万元与武汉大学共同建设的，他当天还捐款6000万元用于设立武汉大学人才引进基金。

我在当天的致辞中说，卓尔体育馆的建设是校友支持母校和城市建设发展的又一典范。武大校友深受武大精神的浸润和滋养，不仅爱自己的母校，也爱武汉这座城市。“校友、学校、城市”三位一体发展是武汉大学校友和校友企业家最鲜明的特征，阎志是其中的代表之一，更因其立足武汉、深耕武汉，与武汉这座城市就有了更多的牵连与羁绊。新落成的体育馆，从空中俯瞰，就犹如一本读后仍不忍合上，而是随手向下扣放的书，饱含文人意蕴，与他创办的不赚钱的文化载体——卓尔书店遥相呼应，“质朴而浪漫”的武大精神也在其中得到了充分的彰显和传承。从书店到体育馆，阎志始终心系城市文化建设，提升了武汉的城市人文气质。

阎志是企业家中的诗人，诗人中的企业家。他既有诗人的浪漫和梦想，也有企业家的理性与现实。在今年的亚布力企业家论坛年会，有个商业心灵栏目——《给40年的一封信》，阎志用三首诗回顾了他40年来的成长与发展历程，给在场的企业家留下了深刻的印象。20世纪90年代，做着文学梦的小镇少年，怀揣着200元钱，带着成为大诗人、开书店的梦想来到武汉。做记者、做编辑，白手起家，从广告公司、酒厂、学校、纺织厂，到产业园、互联网平台、银行，不断改变、调整、适应，卓尔也在一次次生死存亡的挣扎中成长为中国500强企业。这是中国绝大部分民营企业成长的缩影，或许只有诗人阎志，才能在不断蜕变重生的体验中找到浪漫和诗意。

今年是改革开放40周年，从改革开放早期创业、知识分子下海到留学人员归国创业，再到大众创业、万众创新，一波又一波的民营企业和企业家在市场经济的大潮中破浪前行。阎志和他的卓尔，用二十二年的奋斗与发展，勇立改革开放潮头。这次中央统战部、全国工商联发布“改革开放40年百名杰出民营企业家”表彰名单，阎志也名列其中，这既是楚商的骄傲，也是武汉大学校友的骄傲。

经过40年的改革发展，中国已基本实现了工业化，正往后工业化社会转型：一是资源驱动、跑马圈地的时代已经成为过去，创新驱动、效率驱动的时代到来；二是服务业崛起，“娱教医养”成为推动新时代经济从高速度向高质量转变的新动力。阎志和卓尔早早开始转型，也取得了很好的成绩，武汉卓尔足球队成功冲超，卓尔的桃花驿小镇我也去看过，有世外桃源的感觉。体育和旅游休闲地产都是大娱乐产业的核心板块，我知道的这几个项目也只是阎志众多产业布局中的冰山一角。希望读者通过阅读这本书，能够在深入了解卓尔22年发展的基础上，读懂一个诗人的世外桃源与理想国。

2018年10月

于北京

自序

卓尔与中国企业大时代

谁会成为这块土地的传奇
在人间传颂
谁会成为一个故事的主角
沧海桑田
风花雪月
又或者感动天地

—— 阎志《未来》

与众不同的商业文本

历史总是惊人的相似，却不会简单重复，每一段历史都在反复循环和验证，每一段历史又都具有不可替代的独特性。鉴往知来，逐梦远行。对于1978—2018年的中国改革开放之路而言，这段历史最不可能重复，也无可替代。从1978年到2018年，中国的GDP（国内生产总值）增长224倍，成为全球第二大经济体。2018年《财富》世界500强名单中，中国公司数量达到120家，比榜首美国仅差6家。

经济增长背后是一代又一代企业家阶层的成长。1978年，鲁冠球、何享健、吴仁宝等“史前创业家”完成从农民向企业家的转型，以刘永好、曹德旺、李书福为代表的乡镇企业家开始野蛮生长；1984年，柳传志、张瑞敏、王石、赵新先等体制内人士下海创业；1992年，陈东升、毛振华、俞敏洪、冯仑等“92派”傲立潮头；1998年，马云、李彦宏、马化腾、刘强东等互联网新贵横空出世；进入新世纪之后，雷军、程维、王兴等颠覆者在新经济领域勇攀高峰。时势造英雄，创业精神像滚烫的血液一样成为企业家生命的一部分。

历史的坐标曾瞩目中部，在武汉熠熠生光。作为中国改革开放的试验田和风向标，仅1.67平方千米的汉正街曾因商业繁荣而闻名全国，“对外开放看深圳，对内搞活看汉正街”的说法一时间广为流传。1982年8月28日，《人民日报》头版发表社论《汉正街小商品市场的经验值得重视》，拉开了探索市场经济之路的商业改革、城市改革序幕。

然而，四十年沧海桑田，汉正街作为“小商品批发市场”代名词的时代已经远去，但敢为人先、艰苦奋斗的汉正街精神正发扬光大。

2018年8月31日，《人民日报》在“改革开放四十周年”专栏中再次聚焦、回望汉正街。这篇《对内搞活看汉正街》的整版报道这样记述道：“2008年，在北去汉正街30余里的一片乱泥岗，一个名叫阎志的湖北青年企业家，认准中心城区传统批发市场转移大趋势，瞄准中国第四代批发市场的定位，押上全部身家，打造升级版‘新汉正街’。十年过去，当年的‘天方夜谭’，如今被冠以‘全国规模最大的消费品交易与物流平台’。与汉正街遥相呼应，‘汉口北’，又一个全国性商业符号诞生了……有形的汉正街市场变小了，无形的汉正街仍在长大。”

一个产业的发展速度和成长高度并不是由历史长度决定的，而是取决于全部产业主体的现代性和时代精神。汉口北担当历史使命，传承创新精神，不仅成为全国最重要的商贸物流中心，而且成为中国参与全球产业分工的重要节点和前沿阵地。

汉口北的缔造者阎志，在新、老“汉正街”的兴替中，被推到了历史的舞台中央、时代的聚光灯下。阎志创业于武汉，成名于全国，未来他还将在全球范围内取得更大的成功。

无论走到多远，成就多大，他始终肩负着深刻的地域烙印，感恩并热爱足下的这片土地。

2018 年 8 月 28 日，由卓尔公益基金会捐资 6000 万元建设的武汉大学（以下称武大）卓尔体育馆正式启用，成为目前中国最大的校内体育馆之一。当天卓尔公益基金会还签署捐资 6000 万元的捐赠协议，以支持武大“人才强校”战略。阎志说：“以热爱与感恩的名义，卓尔愿意为这所大学、这座城市许下更多的诺言，并会竭尽所能来实现。”一支卓尔足球队、一家卓尔书店、一座汉口商业博物馆、一座卓尔体育馆，都折射出了阎志身上具备的典型的楚商精神。身处商界仍保留诗人与书生本色的他，敢于担当时代使命与社会责任。

今天的阎志作为白手起家的商界领袖、励志榜样，已经家喻户晓，卓尔企业及旗下的汉口北、武汉客厅、卓尔智联等机构和平台，也作为民营企业样本和转型升级典范为业界所熟知。不过，在过去的二十二年中，阎志一直以低调务实著称。卓尔则是中国企业界的一个秘密，它的管理者们很少接受媒体深度采访，他们长期避身于光鲜亮丽的镁光灯之外，埋头发展企业。

2014 年端午节那天，我到访卓尔控股，在卓尔悦玺酒店的一栋别墅里听阎志畅谈创业史和商业理想。第一次见到他，发现他和我想象中很不一样。平时在报刊、电视或网络上现身的时候，他通常会穿笔挺的黑色西装或商务夹克，圆润的脸上架一副金丝眼镜，额头和鬓角已生长出整簇白发。他才 40 岁出头，岁月早将他磨砺得老成练达，胸怀宽广。他看起来就像埋首书堆的大学教授或者建筑设计师，威严而有距离感。可是当真正接触起来，他却随和平易，一旦打开话匣子，谈论起经济环境、企业战略、组织架构和管理细节等话题，尤其是激情澎湃地展望卓尔的未来图景时，他的领袖魅力和远见卓识会令人振奋不已。

在整个交流过程中，我没有轻易打断阎志的话，听他诉说更像是听一场演讲，他抽丝剥茧地解构卓尔商业王国，间杂谈论经济形势与行业格局，点评声名显赫的商业巨子。尽管大部分内容我曾通过媒体报道有所领略，不过阎志对于卓尔未来的构想确实令人耳目一新。

回望卓尔二十二年的成长历程，总觉得波澜不惊、朴实无华，既没有惊心动魄的危难，也没有荡气回肠的传奇。但是，如果用更宽广、更深邃的视野来观察这家企业，就会发现许多令人怦然心动之处：它的格调不在于大刀阔斧，而是静水流深；它的魅力不在于宣扬高尚、伟大的使命，而是始终关注时代需求；它的价值不在于财富和影响力，而是无处不在的变化。在这些细微变化中，卓尔已不知不觉走出了令人惊叹的漫长路程，创下许多纪录。

作为卓尔控股创始人、董事长、总裁，阎志是过去二十二年间中国企业家中为数不多没有犯致命错误的“幸存者”之一，是商界领袖中的青年代表者，获选“2016 中国十大经济年度人物”，他的企业过去五年连续 5 次进入中国企业 500 强之列。显然，阎志的理想远不止于此，未来三年卓尔力争进入世界企业 500 强。他鼓励高管以二次创业的心态开启互联网转型，将卓尔打造成“一家深受客户信赖的交易平台与服务组织，一家广受尊重的优秀的商业机构”。

如果将卓尔的成就与阎志的理想放诸这样的背景之中，你一定会心生感佩：它没赶上 1992 年“92 派”下海狂潮，也没有等到 1999 年的互联网热浪，1996 年底诞生，并无天时之机；它并非一家北上广深或沿海城市的“先发”企业，而是扎根于武汉这座内陆城市，不占地利之优；

它长期与互联网、新能源等新兴行业无缘，所处的不过是最基础、最传统的商贸物流行业，失去产业之利。中国需要联想、海尔、万科这些三十年长盛不衰的企业，也需要各类央企及华为、复星等从一线城市往全球征战的国际化企业，还需要阿里巴巴、腾讯、京东等互联网先锋。但是，我们更需要卓尔这种出身平凡却干出伟大成就的公司，它的生长环境、成长历程、变革路径、商业策略、文化基因更能代表中国民营企业的根本特征，样本意义显然超过那些盛极一时的时代宠儿。

所有这些浪花在心头奔流激荡，足够激发我的兴趣和好奇，我似乎找到了一家理想的与众不同的企业、一位独具魅力的企业家作为研究对象。此后两年间，我多次往返于北京、武汉两地，与阎志的亲朋好友及卓尔早期的创业元老、退休员工和新任高管、中层干部、普通员工交谈。公司的档案残缺陈旧，我们花半天时间在卓尔展览厅密封的玻璃柜中翻阅查找，复印扫描，许多尘封往事得以生动再现。整个采访调研过程，阎志兑现诺言，“什么都可以谈，什么人都可以问”，毫不避讳地将公司真相与自己的人生历程和盘托出，我可以不受限制地采访公司内外的任何人，资料史实亦全部开放。

几百个日夜里，我反复梳理100多个小时的采访录音，还有三四百万字的电子文本资料，再加上老照片、政府批文、广告文本、年会致辞、销售合同、处罚决定等档案的复印、扫描件，这些就成为我写作卓尔企业史的资料参照。

写作过程一波三折，但我始终饱含热情，将卓尔二十二年的创业史勾勒成一幅壮观图景，它与改革开放四十年的商业史一样波澜壮阔，激荡人心。

二十年的七个关键时刻

一家看似平淡无奇的企业，却以探路者的身份书写了一部中国民营企业发展史的典型生存样本，而主角阎志的故事则是一个典型的中国故事。阎志此生的重大抉择和成就都与中国当代史的历史大转折惊人吻合，他每次都能在关键时刻踩准节点，顺势而为。这不只是一个企业家和一家企业的历史，也是一个行业、一个国家和一个时代的历史。

每个人的命运都深藏于看似偶然的关键时刻，斯蒂芬·茨威格在《人类群星闪耀时》的序言中写道："那些数不胜数的事件也都往往挤在这最短的时间内发作。那些平时慢慢悠悠顺序发生和并列发生的事，都压缩在这样一个决定一切的短暂时刻表现出来。这一时刻对世世代代做出不可改变的决定，它决定着一个人的生死，一个民族的存亡，甚至整个人类的命运。"他用充满穿透力的语言写道："这种充满戏剧性和与命运攸关的时刻在个人的一生中和历史的进程中都是难得有的；这种时刻往往发生在某一天、某一小时，甚至常常只发生在某一分钟，但它们的决定性影响却是超越时间的。"

如果将阎志的"关键时刻"连起来，就是一段清晰而精致的"卓尔简史"，它不需要丝毫虚构或修饰。正如茨威格所说："历史是真正的诗人和戏剧家，任何一个作家都甭想去超过它。"

1992 年邓小平南方谈话之后，"下海潮"席卷全国，市场经济深入人心。这一年，国家体改委的冯仑跑到海南创办"万通"；陈东升辞去国务院发展研究中心《管理世界》副总编的职务，创办泰康人寿；黄怒波离开中国市长协会副秘书长的岗位，创办"中坤"。不仅是官员，大学老师也跃跃欲试：北大英语系的俞敏洪走下讲台，创办"新东方"；复旦大学的郭广昌开发出测试甲肝的医疗产品，迈上创业道路。鼎鼎大名的奥运冠军李宁一口气在北京、广东成立三家公司，从事运动服装、休闲服装和运动鞋的生产经营。这一年，“天地间荡起滚滚春潮，征途上扬起浩浩风帆”。

此时的阎志刚满 20 岁，正值青春年少，满怀文学理想，并不知道今后 20 年打交道最多的却是另一个行当——商业贸易。在一个春日，阎志离开故乡罗田，到文化古城——黄州追求文学理想，并以《鄂东文学》杂志开始最初的实践。1994 年 5 月，阎志怀揣 280 元钱闯荡武汉，先做财经记者，后来创办蓝白工作室，直到获得《天若有情：天王之王刘德华》的 2.5 万元稿费才掘得“第一桶金”。以文谋生的局面并未改变，他长期握笔写作，右手食指明显向右弯曲，指尖的老茧深厚。

1996 年，中国家电行业风起云涌，VCD（影音光碟）方兴未艾，阎志以中国第一份VCD行业专刊《VCD周刊》迅速崛起，卓尔横空出世。此后两年，卓尔率先在湖北推出“品牌代理制”，陆续买断武汉 14 家媒体的家电广告专版代理权，开设《家电专版》，以“合纵连横”的战略巩固行业地位。随着业务不断扩张，卓尔的广告版图早已超出家电领域，众多名牌背后都有阎志推波助澜的故事，卓尔逐渐成为湖北最大的民营广告公司。

2000 年之后，国有企业改制、产权制度改革的春风已吹遍湖北，阎志内心的实业梦开始放飞，卓尔进入以实业为基础的多元化发展阶段：2001 年 3 月，卓尔生物公司成立；2002 年 3 月，阎志接手楚乡酒厂，进军白酒领域；同年 7 月，阎志创办黄冈外国语高级中学，涉足教育行业；2003 年初，阎志收购雪龙纺织。此间，卓尔为广告业务在香港创业板上市全力以赴，可惜功亏一篑。到 2004 年，除雪龙纺织之外，卓尔的实业尝试都未成功。

2005 年，“总部经济”的概念开始在北上广等一线城市出现。阎志跑到武汉城郊黄陂区，在盘龙城开发“第一企业社区”，以独栋办公、生态办公为理念，吸引电子信息、广告传媒、品牌代理、机械产业四大产业集群的企业入驻。阎志坚信自己是“产业地产”的首创者，并且以公用物业提供商和服务商的身份重新定位卓尔。

2007年，中国经济启动从“外向型驱动”转向“内需加外向型驱动”的模式，阎志拿出全部身家建造汉口北，立志“打造中国最好、中部最大的商品批发市场集群”。2007年11月8日，汉口北开工奠基；2009年12月28日，汉口北开埠迎客。此后经过多年的建设、运营，汉口北已拥有逾3万商户，2017年交易总额600多亿元，成为中国建筑面积第一、交易额第二的大型现代商贸物流中心。

2011年，“卓尔发展”登陆香港联交所，市值达到108.15亿港元，阎志以76亿元身价成为“湖北首富”。

2013年以后，卓尔进入快速发展期，在武汉布局阳逻港与汉南港、武汉客厅；在省内布局中国（天门）棉花交易中心、荆州卓尔城、桃花驿小镇；在省外布局沈阳客厅、天津电商城、长沙电商城；在多元化方面进军航空、足球、书店、传媒、金融等产业，加上已具相当规模的第一企业社区、汉口北，以专业交易平台为核心的多元化战略大刀阔斧，卓尔逐渐成为中国商贸物流领域举足轻重的领导者。

2015年，以电商、O2O（线上到线下）为代表的互联网浪潮对卓尔形成冲击，阎志毅然加速卓尔互联网化转型。1月初，汉口北电商大厦正式投入使用；8月18日，1号店联合创始人、前董事长于刚出任卓尔发展联席董事会主席；11月28日，“卓尔云市场”上线。

2016年3月17日，卓尔以4.97亿元入股兰亭集势；6月3日，卓尔以2.16亿港元收购嘉实资本旗下嘉实融资租赁、九鱼资产管理的全部股权及嘉实金服90%的股权；10月28日，卓尔以26亿元并购中国最大农产品B2B（企业对企业）电商中农网；2017年10月11日，卓尔集团收购行业领先的化工及塑料原材料电商平台化塑汇，布局化工供应链；2017年5月18日，由卓尔控股发起设立的湖北首家民营银行武汉众邦银行开业。阎志高举卓尔再造的大旗，希望打造一个智能化、全球化的商业交易生态圈。

一个逻辑清晰的结论呼之欲出：自 1996 年成立以来，卓尔每隔四年左右就会开启一次脱胎换骨的变革，二十二年间经历过 6 次重大转型，每次都跨进不同行业——广告、与广告关联的多元化、广告与实业、产业地产与公用物业、全球交易平台、投资与智能交易、互联网B2B。如果算上阎志在 1992 年以文学开启的商业探索，这个结论依然成立。值得注意的是，中国经济每隔四年左右就会进行一次宏观调控与转型升级，而卓尔的转型周期与之惊人一致。每一个历史重要年份都是卓尔的关键节点，这种巧合绝非偶然，而是阎志的智慧和信念使然。

在宏大叙事中追寻阎志的人生命运与卓尔的成长历程，让我形成一个深信不疑的观点：一个人相信国家的强大，并顺应时代变革，勇于担当，勤奋务实，就能创造非同凡响的成就，令世人尊重。阎志还给我这样的启示：一个人如何在困顿迷茫中保持乐观豁达的心态；如何在伤心失望中保持赤诚之心；如何在上当受骗后坚守诚信；如何在春风得意时反思变革；如何在如日中天后仍然低调务实，以及如何以志存高远的理想追求始终去做想成为的那个自己。

时代造就英雄，英雄也成就时代。

卓尔智慧：中国民营企业生存和发展样本

20 世纪 90 年代中期的民营企业家是承载中国改革开放历程的一个重要群体。

这群人冲破安贫乐道的传统观念，对财富的渴望被空前释放，从体制内出走，寻找到市场的空白领域孤注一掷。这一代创业者有些彷徨失意，甚至弱小稚嫩，但他们智商高、情商高、胆子大。他们不必像 90 年代初的先行者那样头戴“红帽子”，也没办法像90年代末的海归派“互联网英雄”那样挟资本号令四方，他们是最接近市场经济和本土特色的创业者，凭借成就功名的热血、发家致富的渴望和“产业报国”的理想，二十年间由精明逐利的商人蜕变为有情怀、有格局的企业家。

时势造英雄，制度、环境更是英雄创造历史的基础和保障。1993年11月，党的十四届三中全会提出：“建立现代企业制度，是发展社会化大生产和市场经济的必然要求，是我国国有企业改革的方向。”股份制是现代企业制度的重要组织形式。现代企业制度的基础是《公司法》和《合同法》，而此前国家体改委公布《有限责任公司暂行条例》和《股份公司暂行条例》正是这“两大法”的雏形。到1996年卓尔创立时，“市场经济”“股份制”“企业家精神”“领导力”等词语已深入人心，“下海”开公司变成理所当然的选择，阎志和这一代企业家顺应时势并推动历史，中国真正进入企业家时代。

这一代创业者用智慧和激情影响了中国的经济进程，在商业史上留下不可磨灭的印记。他们举步维艰，他们勇往直前；他们逆境生存，他们顺势发展。这代人及他们创办的企业，对于中国民营企业和中国商业史研究具有举足轻重的样本价值。

卓尔无疑是这个重要群体的典型代表。1996年，阎志离开体制下海创业，从最不起眼的文化传播工作室起步，经历过草创时期的生死考验，也有过发展期的迷失困惑，又经历扩张期的膨胀疯狂，数年前再次面临转型期的焦虑疼痛。二十二年间，卓尔完整走过创业、扩张、上市、产业集团的全部阶段，涉及实体经济与虚拟经济，横跨广告、产业地产、纺织、交易平台、港口、文旅、互联网、投资等众多产业形态，既有农业、制造业、服务业，又有金融业、互联网业，完全可以代表中国所有企业形态，内容丰富而庞杂，成长历程充满智慧和力量。

从幸存者到挑战者再到领导者，卓尔在过去二十二年间形成了极具个性的价值观和方法论，我将其概括为“卓尔智慧”，主要包括9个方面的内容。

第一，市场驱动战略。

对于民营企业而言，战略往往不被关注，什么赚钱做什么，擅长什么就做什么，关键看行动能力，做成之后再总结战略。卓尔由广告起家，后来围绕广告做多元化，逐渐进入实业，再到产业地产和公用物业，由此发现打造全球交易平台的价值，如今形成“投资机构+智能交易”的战略架构。卓尔的战略路径看起来没有章法，实则围绕核心做多元化，具体板块和环节做专业化，本质是围绕市场需求做战略布局。一家优秀的企业，必须要与人类需求、市场导向相关才有价值。在股市投资中有一句话：“不要预判市场。”阎志对市场保持敬畏，不鲁莽行事；同时保持极高的敏感度，能够快速抓住机遇。做先驱而不做先烈，这是卓尔战略的艺术。

第二，关联产业组合。

许多民营企业过度依赖单一产业，一旦进入行业下行周期或经济危机，整个企业都陷入绝境。卓尔涉足的行业很多，跨度越来越大，但始终很稳健。无论进入哪个领域、行业，卓尔都对项目进行市场调研与行业定位，抢占制高点，在每个产业里都要做到数一数二，从全省到全国再到全球。有激情，敢创新，凡事追求行业领先，否则不如不做。与此同时，卓尔注重关联产业之间的组合发展，在专业化、精细化的前提下，稳步进行产业内部的纵向和横向扩张，采取适度相关多元化之下的绝对专业化。相关多元化可分为两类：以同一市场为核心发展多元化，或者以同一技术为核心发展多元化。卓尔将这两类多元化方式有机结合，在做广告时做实业，在做实业时做产业地产，在做产业地产时做交易平台，在做交易平台时做投资并购，如今已形成交易平台、文旅、航空、金融等产业矩阵，每一个都是新兴行业、朝阳产业，齐头并进，有序发展。

第三，资本整合能力。

从做产品到做企业易，从做企业到做资本难。很多民营企业家认为勤奋赚钱心里踏实，可现代化企业必须进行资本运作才能获得快速成长和持久竞争力。阎志在创业第四年就谋划“争取三年内使卓尔成为上市公司”，2004 年差一点登陆香港资本市场，其间不断在白酒、教育、纺织领域进行投资并购。可以说，这一点难能可贵。当大多数民营企业还在偷税漏税和不规范的财务、法务中混沌前行时，卓尔已经意识到，合规经营才是企业基业长青的保证，是集团扩张的基础。2011 年卓尔发展在香港上市之后，立刻收购中国基建港口，入股汉商集团。进入 2016 年，卓尔投资并购规模更大、更频繁，控股兰亭集势，并购嘉实资本旗下三家公司，入主中农网、化塑汇，每次并购都在加快、夯实智能化交易生态圈的战略布局。此外，卓尔全面实行证券化，要求所有产业公司都要上市，按照上市标准经营管理公司，自我要求规范透明。

第四，顺应外部变化。

中国每年有上百万家民营企业倒闭，其中有一种死法叫“冤死”，即受政策调整、经济萧条、市场波动等外部环境因素影响而衰败消亡。企业家既要“低头拉车”，更要“抬头看路”。2000 年，当新世纪的曙光即将升起时，有人却倒在千年交替的迷雾中，史玉柱、王树新、吴炳新、胡志标等 19 位“著名”失败者全都被悲壮地集体呈现在一部名为《大败局》的财经畅销书中，企业轰然坍塌与商业环境、时代局限等外部因素不无关系，财经作家吴晓波曾将中国企业群体共同的失败基因总结成以下三点：政商博弈的败局、创业原罪的困扰和职业精神的缺失。再看当时刚成立四年的卓尔控股，从早期的武汉城市圈到总部经济、商品交易中心，再到长江经济带、通用航空、民营银行、“互联网+”，甚至包括书店和足球，卓尔发展的每一步都顺应时代变化，其节奏之稳、准、狠让人惊叹，甚至很多时候卓尔走在国家政策和市场转型之前。因时而变、因势而变的背后是积极、执着、稳健、公信的卓尔文化推动，是阎志的前瞻性战略思考所得。

以上四条“卓尔智慧”都属于外因，政策、市场、产业、资本等外部环境为卓尔发展带来时代机遇，以至阎志经常真诚感谢武汉这座城市和社会各界的支持，感恩时代整体格局演变带来的发展机会。然而，很多民营企业家只追求外因不注重内因，出现危机困难不是向内求而是向外求，忽视企业自身经营管理能力提升。在这方面，也有五条“卓尔智慧”值得参考借鉴。

第五，企业文化引领。

优秀的企业文化可以统一内部价值观，提高组织运作效率，增强团队凝聚力，继而提高核心竞争能力，实现经营业绩持续增长，基业长青。然而，大多数民营公司将企业文化供奉在“神龛”之上，企业文化的关键词与世界500强公司几乎完全一致，缺乏自身气质和内涵。卓尔的企业文化简单明晰，通俗易懂，4个词、8个字：积极、执着、稳健、公信。如果没有积极的状态，卓尔就不会做汉口北、武汉客厅，做广告公司照样赚钱；如果没有做事要有把事做成的执着，卓尔每次转型到危难关键时刻都有无数个放弃的理由；如果没有合规守法的稳健风格，卓尔在二十二年间早已不知倒下多少回了；如果没有兑现承诺的公信，卓尔不可能在武汉这座城市扎根、发展、壮大，并树立走向全国、迈向全球的宏伟志向。

第六，包容优秀人才。

很多民营企业家在创业期能做到礼贤下士，但企业做大做强之后却很难包容、重用比自己优秀的人才。“你对别人妥协叫作包容，别人对你的妥协叫作接受。”阎志说，“传统企业转型一定要依靠专业人，一定要做到与生态伙伴共享共赢才能走得更远，同时一定不要忘记了自己的生意基础。”自2000年卓尔举行第一届管理集训会议以来，阎志每年的演讲主题不同，但每次都必须强调人才的重要性，“决定我们走多远做多大的，是我们能吸引多大规模、多高级别的人才，这需要胸怀”，“公司每年都引进人才，这还不够，还要加大力度”。时至今日，他仍然求贤若渴。

第七，绩效导向机制。

互联网时代，免费模式大行其道，“羊毛出在猪身上，狗买单”现象盛行。阎志却强调盈利：“每个企业都希望赚钱，赚钱是第一位的，这涉及是否优秀的问题，赚多赚少是第二位，亏钱是我这个理想主义者所不能接受的。”从创业初期开始，卓尔每年初都会制定目标，分解责任，授权经营，从高管到基层任免升降都以绩效为导向。阎志经常说：“民营企业强调结果，结果是检验一切的标准，评价人的价值只有业绩。”

第八，强调风险管控。

过去二十年间，中国民营企业“兴也勃焉，亡也忽焉”的故事每日上演，因为内部管理不规范、不守法而倒下的公司不计其数。卓尔将合规文化放在首位，在《卓尔标准》《卓尔管理人员纪律准则》中反复强调规范运作，守法经营，让员工有章可循、合规办事，做到“不必”违规，“不想”违规，“不能”违规。卓尔把安全放在第一位，靠制度管控，在制度面前宁可牺牲进度、牺牲发展，在合规面前宁可牺牲规模、牺牲利润，只有合规守法，卓尔才能坚守不败，才会成为受人尊重、被人信任的优秀企业。

第九，乐于拥抱变化。

在新时代商业环境下，无论是商业模式的创新、技术的创新还是政策理念的创新，都要求身处浪潮中的企业乐于拥抱改变，接纳新鲜事物。阎志以全球眼光和格局展开双臂，拥抱一切代表现代企业管理制度的新生事物。卓尔通过不断转型，制定适应时代潮流的发展战略，包括力图用物联网技术实现仓储物流管理、商务信息源的自动采集和感知，用

SAAS技术实现数据管理，用人工智能技术辅助决策管理，用区块链技术改善交易结构、优化交易流程，并用互联网技术的组合使用搭建未来打通工业4.0和消费的平台，集成智能交易生态系统。这些改变看似简单，背后却是巨大的资金投入、人才引进、资源整合，最重要的是在原有运营模式上做出“颠覆式”的大变革。

客观来说，这9条“卓尔智慧”并非与生俱来，它是卓尔在市场浪潮中左冲右突，沉浮跌宕，反复试错，历经二十二年沉淀积累的成果。如果放大到整个中国民营企业群体二十年创业史的视角来考量，这其实是20世纪90年代中期那代创业幸存者大浪淘沙的智慧结晶，弥足珍贵。

阎志的七大企业家精神

包括本书的读者在内，许多人都希望阎志能够提供醍醐灌顶的“卓尔密码”“变革之道”“成功方法论”等，可事实上根本不存在什么不传之秘。卓尔并不是一夜之间成为中国商贸物流领域的领导者的，二十多年来，阎志有几条从未改变的品质和规则，倒是值得企业家、创业者、管理者的朋友借鉴学习。

第一，积极变革。

客观来说，卓尔从未因遇到灭顶之灾而陷入非变革不可的地步的情况，而阎志低调稳重。不过，他却是这个时代最激进的创新者与变革者，从早期的被动变革到后来的主动变革，甚至赶在政策、行业变局之前引领变革，始终与时俱进，常变常新。

第二，稳健务实。

稳健不代表保守、退缩，更非变革的反义词。历数卓尔5次变革，看似毫无关联，其实逻辑紧密：通过广告策划了解实业经营，借助实业体量进入产业地产，以公用物业服务发展到批发市场，由批发市场扩展到多种交易平台和要素市场，再借助互联网打通线上线下的交易生态圈，思路清晰，步伐稳健。

第三，坚韧执着。

无论是当初的第一企业社区还是后来的汉口北、武汉客厅，包括互联网化转型，卓尔始终在质疑声中昂首前行，尤其是2012年之后，许多项目同时启动，多线作战，整个公司都面临内忧外患的挑战。但阎志不达目的誓不罢休，始终满怀希望，积极进取。

第四，公信为本。

阎志始终坚持“卓尔的信誉来自不凡的品质”，即便在实业探索时深陷泥沼，仍然守住这条底线。从雪龙纺织到第一企业社区、汉口北市场、足球等，无论产业大小、强弱，卓尔始终对员工、客户、公众负责到底，视信誉为企业的生命。

第五，高效执行。

阎志有句名言：“先开枪，后瞄准。”无论是老一辈还是新一代高管，每位事业部负责人首先必须是执行力的榜样。阎志关心过程与方法，但是更注重结果。大到战略布局、产业扩张、转型升级，小到说话、吃饭、走路，执行力早已融入卓尔文化之中。

第六，志存高远。

卓尔能够从武汉脱颖而出，绝不只是商贸文化、物流优势的成功，还有志存高远的追求。在湖北本土出名的企业家很多，但“天元”区位形成的中庸之道却成为许多人开拓进取的瓶颈，有些人进入全国市场却水土不服，只能铩羽而归。卓尔虽然身处武汉，阎志心里装的却是全球生意和世界500强的梦想。

第七，合作包容。

创业二十二年来，阎志在开放包容中兼收并蓄，博采众长。与股东、伙伴、兄弟单位合作时，他一直秉持一个信条：要能帮到合作者，绝不让合作者吃亏。创业最初设立蓝白工作室时，入不敷出，无力支撑。阎志在收到一笔3000元回款后，将其中的2000元退还给两位员工股东弥补损失，花500元和大家吃了散伙饭，自己只留下500元生活费。这种信任感不断叠加起来，发挥着奇妙的磁铁效应，让卓尔的事业一路迎来重要襄助者，不断将企业推向新高度。尤其在卓尔互联网转型过程中，他连续收购迅猛成长的互联网公司，并聚拢于刚、卫哲、吴鹰、郭去疾等超级合伙人，为卓尔未来五年的爆发式增长奠定坚实基石。对于新收购的互联网企业，阎志完全尊重创始人团队和原有管理构架，毫无保留全力支持做大做强，令合作方常感受到“超预期”，恰如卫哲所说：“阎总为人做事，说到做到，做到的比说到的好。包容精神，成为卓尔拥抱互联网成功非常重要的品质。”卓尔还迎来丰盛集团、香港置地等重要合作者，通过“合纵连横”，壮大了公司实力。

当然，关于卓尔为何能够引领潮流、由大做强的疑问，答案远不止这些。比如在战略、组织架构、人力资源、商业模式、管理、营销、服务乃至社会责任等方面独到之处亦有教益。这些“管理圣经”与任何一家世界500强企业的秘密没有什么不同，我们在MBA案例中都可以找到被简化归纳的答案。厚积薄发的优秀“基因”大致相似，但能否克隆犹未可知。每个企业的成败与兴亡、沉浮与枯荣既在于自身基因和机能，也受时代浪潮和行业变局的大背景影响。诺基亚、柯达、摩托罗拉、索尼等盛极一时的企业，都在全球大转型期陷入困顿，甚至濒临衰亡。当然，它们也有可能卷土重来，东山再起。

国家的较量在于企业，企业的较量在于企业家。教科书式的技术易懂，但管理艺术难以速成。当卓尔家喻户晓以后，人们只看到阎志的梦想、雄心和远见，而又有几人能够真正明白他为此付出的辛劳、承受的压力和担当。

企业家的一生并不是由企业规模、荣誉级别、财富数量、大事年表等冰冷无情的事件与数据组成的，而是以生动鲜活的真实细节和喜怒哀乐的情绪表达来展现。这些人的日常生活与我们身边的普通人并无不同，甚至更无趣、沉闷、令人生厌，大多数企业家除了工作再无其他爱好。这才是认识一个企业家的关键，掩卷回想，我们才不会把所有人千篇一律地回忆成李嘉诚或马云的形象。

客观来说，1996年之前，阎志并没有接受过正规的商业课程学习或经营管理训练，他却总能按照商业逻辑和经济规律行事，这种习惯源于他对商业实践的总结和反思。阎志对商业机会和趋势的敏锐判断就是从这些朴素方法论中得来的，有些还被他上升为人生哲学。他习惯凭经验对问题预设角度和结论，然后全面调查各种信息来论证解答，平时对政策、经济、行业、市场、技术等与经营相关的资讯了如指掌，一旦机会或危机到来就能迅速调整。

阎志以“求思之深，而无不在”的知识结构和学习习惯对工作保持热爱，精益求精。同时，他躬身自省、闻过则喜，始终对战略布局头脑清醒，懂得平衡与取舍。这两种能力造就他独立进取的精神、坚韧不拔的意志，形成一套自律自强的自我管理方法和身先士卒、同甘共苦的领导能力。

一些重要特质由此得见：他对财富、地位、声誉并无大欲望，但总是为干成大事精心准备，一旦时机成熟绝不错过；他重视结果，只要达成目标就重奖下属，甚至溺爱、纵容，但更享受过程，在乎事情的价值；他善于平衡，懂得如今以最低风险实现价值最大化，财务上绝对稳健，但策略激进勇猛；他崇尚和谐，可以与竞争对手、死敌、“叛徒”等商业伙伴合作共生；他不盲从商业大亨或行业专家的观察，凡事独立思考判断，或者亲自试验，从实践中汲取力量。这些能力再加上一些无法解释的商业天赋以及好运气，阎志写就令世人瞩目的商业传奇。

奥地利经济学家约瑟夫·熊彼特将“企业家精神”总结成四点：建

立私人王国、对胜利的热情、创造的喜悦、坚强的意志。美国的索贝尔·西西利亚则在《企业家》的结尾定义道："企业家是这样的人：他们想象着以一种新的方式把已存在的或潜在的因素结合起来，使机会成为现实；他们甘冒风险并竭尽全力去实现这一理想。"美国风险投资家戴维·西尔弗在《企业家——美国的新英雄》中对比说："企业家与艺术家有许多共同之处。他们都是问题解决者。艺术家通过画布而企业家通过自己的公司来表达解决问题的方式。这两种人都是个人主义者，他们异常敏感，富有想象力，热情洋溢，复杂，充满活力而且富有创造性。他们另一个相似的地方是，他们都不期望从他们的努力中获得乐趣。"

阎志无疑符合所有关于企业家的定义，但与此同时，他身上也有与各种"真理"自相矛盾的气质。关于企业家、创业、成功、财富、基业长青的真正答案或将永远付诸阙如，没有人能成功复制。不过，对于心怀梦想的人来说，阎志与卓尔的故事仍然能产生巨大激励，依然具有现实意义。

改革开放的时代缩影

阅读这本书的时候，我希望读者能思考三个问题：

阎志是谁？

阎志凭什么？

为什么是卓尔？

这也是我在写作过程中一直思考并试图解答的三个问题。

在知名企业家里面，阎志是为数不多在武汉白手起家，草根出身，艰辛创业，通过勤奋努力获得成功的人物之一。他所从事的是传统行业中最传统的部分，没有像汉正街上的富豪一样靠批发致富，也没有以虚拟经济靠互联网创富，他只是不断寻找时代变革、政策变化带来的商业机遇，以更有竞争力的业态始终站在时代浪潮的巅峰。对于创业者而言，这样的企业家比传统制造业老板、地产大佬和互联网新贵、金融大亨更有学习意义。

今天来看，我们整个国家正面临最重要的转折时刻：互联网革命、中产阶层崛起、城镇化、创业潮。变革的力量和速度超出任何人的想象，一切都在重塑、新生。人们生机勃勃却又疲惫不堪，热烈期待却又彷徨失措，每天都传来成功的喜讯，时刻又伴随失败的阴影——很难用语言准确描绘这个复杂多元又善变的时代。

卓尔的故事是了解最近二十年中国市场经济和民营企业发展的重要案例，阎志是企业家群体中最具代表性的人物之一。他的舞台并不局限于某一个行业，也难以定格于某个时代，而是与整个国家二十年的风云变幻密切相关。

在过去二十年中，其实整个社会始终处在新与旧、变与不变的激烈冲突中，如果妥协、屈从，你将沉溺荒滩；如果对抗、颠覆，你会迅速衰亡。阎志用耐心、智慧、技巧和经验，在夹缝中迅速成长，并利用市场机制、政策机遇、改革红利逐渐成为命运的掌控者。阎志和其他企业家最大的不同在于人文精神和诗人情怀，文化滋养给了他自由奔放的思想和不为金钱所禁锢的心灵。阎志曾说过："会写诗的人从事商业会有独特的判断力。"当然，阎志也不是真理、英雄、超人、传奇等意味着超能力的化身，他几乎犯过所有企业家都犯过的错误，而卓尔的未来仍然充满挑战。阎志和卓尔最令人敬仰之处，在于坚定信念。

其实，阎志的信念朴素简单：他相信为交易提高效率、降低成本的服务永远不会过时，更相信人类愿意为创造美好事物、享受优越生活付出无限努力，只要有合适的环境、氛围就一定能成功。理想是用来实现的，志存高远者始终坚定信念，永不放弃。

卓尔二十二年的企业史与中国改革开放、经济转型的进程一脉相承。

阎志始终对国家改革开放的大方向坚信不疑，卓尔在风雨中走过二十二年的变革历程，恰恰是中国最近二十年所经历的最为波澜壮阔的社会变革——改革开放的一个时代缩影。

透过阎志与卓尔的企业史，我分明看到一个群体、一个国家在成就与苦难、喜悦与伤痛交替上演的大时代奋勇争先，自强不息。这是关于一个时代、一个国家的变革史。

回望历史是一种深远的智慧。现在，就让我们出发，一起踏上这段阎志和卓尔二十二年的坎坷而精彩的商业之路。

陈 润

2018 年 10 月 10 日于北京

引　子

2018年10月6日晚，在中甲联赛第27轮的一场焦点战中，武汉卓尔队在主场以2：2战平对手，提前三轮成功晋级中超联赛。第二天晚上，中甲第27轮全部赛完，武汉卓尔队凭借积分领先对手9分和胜负关系的优势，提前三轮夺冠。这是卓尔队史上首座中甲桂冠，也是武汉在时隔十四年后再次问鼎中甲。

作为中国足球重镇，武汉拥有深厚悠久的足球传统和底蕴，不仅为中超俱乐部和国家队输送大量优秀人才，也拥有激情热血、豪爽仗义、永不言败的球迷和足球文化。茶余饭后，足球是武汉人谈论最多的话题之一，尤其是在2018年的世界杯热潮与卓尔队冲超的氛围中，许多武汉人的喜怒哀乐都和足球密不可分。

武汉市民欢欣踊跃拨通电台热线分享喜悦之情，认为卓尔冲超是这个国庆长假里最令人高兴的事。官方人士表达祝贺，甚至将卓尔冲超和夺冠的意义上升到代表城市复兴与荣耀的高度。《湖北日报》难掩激动之情，标题《中超，我们回来了！》则透着王者归来的骄傲。

《长江日报》高呼“武汉也是足球之城”，“彰显武汉力量以振兴中国足球——这不仅仅是一个球员、一支球队的荣耀，更是一座中国足球之城应有的担当”。

2011 年底，卓尔控股在球队生死存亡之际接过汉军大旗，当时很多人认为阎志坚持不了一两年。然而，此后七年阎志始终坚守，永不言弃，投入接近 20 亿元。正如他在冲超成功后的公开信中所说：“克服了诸多困难，渡过了激流险滩，也遭遇了误解，承受了失落，但我们从未放弃对足球、对城市的承诺！”凤凰涅槃，重生崛起，“武汉卓尔”成为武汉历史上存续时间最长的职业足球俱乐部。在公开信临近结尾，他写道：“感谢武汉！感谢所有支持卓尔事业和卓尔队的人们！因为有你，卓尔不凡！”

这份感谢背后是卓尔与武汉密不可分的情感凝聚，而足球、企业与城市融合最深厚的根基还在于产业——以专注与韧性，持久投身一座城市的经营。卓尔的产业项目，大多是依托城市的历史传统、资源禀赋、肌理优势而蔓延生长。如汉口北、阳逻港、武汉客厅等巨无霸式项目，分别是武汉的商贸物流集散中心、港口物流枢纽、城市文化综合体。它们以重资产这种略显笨拙的方式，庞大到人们无法忽视的体量和影响，二十多年如一日，悄然改变、丰富、提升着一座城市。

正如武汉足球曾经历蜕变重生一样，卓尔从 2015 年开启互联网转型，三年的时间，卓尔逐渐建立了一个规模足够大、门类足够多、品牌影响足够强的B2B交易生态，并拥有物流、仓储、金融等完整的服务体系。在这条特立独行的产业互联网道路上，卓尔借助区块链、人工智能、物联网、大数据等新技术浪潮，正在着手建立一个基于区块链底层技术的开放式的平台，打造一个超级供应链管理入口、世界级的新贸易平台。过去三年脱胎换骨的变化证明，卓尔是中国企业互联网转型的典型样本，是可以被成功复制、借鉴、学习的方法论、路线图。

从卓尔的整个成长历程来看，阎志二十二年来只做一件事——专注做企业服务。无论是做广告、产业地产还是交易平台，这么多年来卓尔服务了数百万家中国以及全球的企业级客户，它的发展脉络与中国商贸物流变革、中国管理升级密不可分，并始终在产业变革与管理升级中领跑行业。换句话说，卓尔在服务企业的过程中不断汲取百家之长、万千智慧，并总结、凝聚成独特的卓尔之道服务更多企业，其示范意义远远超过其商业成就。

当然，这已经是二十多年后的总结了。当所有人都迫切地等待卓尔新篇章的时候，我们更应该回望当年出发的起点和初心，了解它的历史与文化，还有梦想与使命。伟大的公司肩负时代使命，追求梦想并始终被梦想驱动前行。

企业家是企业的灵魂，卓尔的故事与阎志的成长历程密不可分。关于卓尔的初心、梦想与使命，必须从阎志的少年岁月谈起，从诗意的理想中漫卷开来。

第一章

以诗言志的文学青年

岁月可以稍纵即逝
依稀的白发
湖水依旧迷离
只是少年的你是不是还在
时间的山峰上随风飘扬
——阎志《少年辞》

少年去闯荡

大别山绵延千里，气势磅礴，巍峨壮丽。河绕山，山抱河。山水相依。大别山南麓有一座全国闻名的城市——黄冈，北宋大文豪苏东坡谪居此地时曾留下千古名篇《念奴娇·赤壁怀古》：“大江东去，浪淘尽，千古风流人物，故垒西边，人道是，三国周郎赤壁。乱石穿空，惊涛拍岸，卷起千堆雪。江山如画，一时多少豪杰。”

阎志就出生在湖北省黄冈市罗田县三里畈镇，镇子如今商业兴旺，泡温泉的度假旅游者带火了酒楼、酒店和土特产生意，镇中心商铺林立，车流熙攘。寻遍镇上所有角落，都难觅一处昔年旧迹，偶尔见到几座青砖瓦房，已是20世纪八九十年代的建筑，阎家早年租住的公房已不复存在。不过，在离镇中心不远的一个十字路口，有一座二层水泥楼房，门窗紧闭，这是阎家的旧居。

1972年7月1日，阎志出生于这个小镇上的普通家庭，母亲王银兰为这次生产鼓足多大勇气，全家人就有多欣喜与感动。阎志是家中独子，他上面有 5 个姐姐。

从小到大，阎志给周围人的印象一直是有想法、独立，他并不循规蹈矩，尽管在姐姐印象中他始终听话乖巧。他喜欢看书，爱写东西。到三里畈中学念初中以后，阎志喜欢鲁迅的著作。他还喜欢沈从文的作品，20 岁那年，阎志倾尽身上积蓄购得一套《沈从文文集》共 20 册，欢喜多日。

青春期到来时，阎志开始写诗歌，写小说，细腻地描述对人性和心理的观察，或者是宣泄情感和倾诉迷茫。同学们对他多有推崇，却有老师提出批评。阎志不以为然，依然坚持写作，还创办文学社，三里畈高中副校长杨海回忆："他很腼腆，当时在学校小有名气，是学生文学社创始人，组织了个文学社叫'露苗'。"

1988 年 3 月，母亲王银兰患胆结石在罗田县人民医院做手术，父亲阎德和患重度胃炎辗转罗田、武汉两地看病。阎志决定退学照顾双亲。父母康复之后，阎志进入罗田县三里畈镇林业站做检查员，延续父亲奋斗了大半辈子的林业事业，开始最初的社会生活。虽然上面有 5 个姐姐，作为唯一的男孩，阎志没有逃避、退缩，而是勇敢担负起家庭责任，自强不息。以此观察卓尔能够发展到今天，绝非偶然。

机会总是在不经意间降临。20 世纪八十年代末九十年代初，全国各地掀起一股"史志热"，事业单位、企业都热衷编志作传。当时罗田县林业局正组织《罗田县林业志》的编纂工作，整个单位的人都知道三里畈林业站阎德和的儿子经常发表小说、诗歌，文笔老练成熟，阎志被安排到林业局办公室专职参与编写《罗田县林业志》。

其间，他与后来的事业搭档傅高潮逐渐熟悉起来。阎志当年编纂《罗田县林业志》时，傅高潮背着照相机陪他在罗田的大山深处奔波将近半个月时间，直到阎志认为将需要拍照取材的每个角落全部跑遍为止。山林里灌木丛生，野草疯长，有时根本找不到路。那段时间，阎志和傅高潮吃住都在各村镇的林场里，他们每天同食共寝，抵足而眠，在艰难跋涉中建立很深的情谊。傅高潮也打心眼儿里佩服这个年轻人吃苦耐劳的品格。

那时候杨剑鑫对阎志的印象是组织能力强、有商业天赋，“应该说有一部分是天生的”。他比阎志大 6 岁，当时在罗田县凤山镇政府办公室当秘书，因为爱好文学与阎志结识。阎志经常组织文学爱好者在罗田县的天堂寨、大崎山等风光秀美的地方举行笔会，参会者自掏费用，活动简朴，过程却丰富多彩，杨剑鑫至今仍怀念那段快乐时光。

1992 年的春天属于整个中国。这年 1 月 18 日至 2 月 23 日，87 岁高龄的邓小平到武昌、深圳、珠海、上海等地视察，沿途发表了载入史册的“南方谈话”，他提出“发展才是硬道理”，并鼓励“思想要更解放一些，胆子要更大一些，步子要更快一些”。“南方谈话”无异于一剂强心针，迅速在全国形成强烈的号召力，开启改革开放的又一个春天。此时的阎志还是一个酷爱文学的青年，他沉浸在自己的文学梦里，并未想到几年后将投身商海，开辟一片新天地。

20 世纪 90 年代初，阎志参加了武汉大学文学写作班的课程。通过培训，他得以系统地完成了汉语言文学专业的学习。这一学习经历，也为他爱上武大，日后在武大完成工商管理硕士、中国史博士研究生的学习埋下了伏笔。当然，这是后话。

1992 年初，经黄冈地区群众艺术馆干部刘醒龙举荐，阎志被借调到罗田，到黄冈地区文联的机关刊物《鄂东文学》编辑部任编辑，半年后才正式办理调动手续，不久后就担任了编辑部主任。阎志凭着满腔热血，既承担组稿、发稿的职责，还有创收、募资的重任，他走遍黄州市区的各大机关、企业，跑广告、拉赞助，几乎是独立支撑起一份纯文学刊物的出版工作。

在黄州工作、生活的那两年，阎志与刘醒龙成为莫逆之交，两人彼此欣赏对方的人品和才华，在文学滋养中惺惺相惜。1994 年 4 月，刘醒龙作为特殊人才被引进武汉市文联任专业作家。据阎志回忆，刘醒龙调到武汉之后，“怕我自甘‘堕落’，写了封长信给每天在故乡小镇上无所事事的我，不久就推荐我到武汉市的一家报社做记者”。

1994 年 5 月，阎志揣着 280 元钱，从黄冈来到武汉，进入湖北省商业厅主办的《市场时报》做财经记者。这是一次冒险之旅。在此之前，武汉对于阎志而言，只能算一座并不遥远但很陌生的城市。而且，他在黄冈文联有事业编制，享受福利，到《市场时报》无异于放弃“铁饭碗”，这在当年是个惊世骇俗的决定，放在今天也是不同寻常之举。

尽管辛苦付出，阎志每个月工资却只有两三百元，连房子都租不起，只好住在汉口花桥一带刘醒龙在武汉市文联三楼的创作室里，他回忆道：“可能连 10 平方米都没有。一张一米五的床，我们两个大男人睡在上边，一个人睡一头。”那时候，阎志每天骑一辆破旧的自行车上班，从花桥到宝丰路，路程很远。后来市文联的门卫有意见，把阎志“赶了出来”。这时候，在黄冈认识的老朋友姚海燕告诉他：“我这里有个人有房子，只要 80 元钱一个月。”房子位于武昌区胭脂路的江边，原本是房主存放家具的“库房”，勉强容得下一张床，“我就到那里住下，实际上是帮别人守家具。每天坐 701 路到宝丰路上班”。

在报社工作一年多，阎志开始产生新想法，就在这时，副总编的一句话深深刺激了他。这位从地级市日报总编辑岗位调过来的年轻领导满腔热血，眼光很高，他直截了当说：“报社还是需要那些专门学经济的编辑，像你这样搞文艺的人，不是我们要的。”而且，用阎志自嘲的话说，他当时还属于“三无人员”——无户口、无单位（非商业厅编制）、无住房，即便能力出众，也随时都可能被裁员。

果不其然。1995 年前后，商业部门垂直管理的权力逐渐被撤销，商业厅门可罗雀，《市场时报》的订阅量急剧下滑，生存困难，连工资都很难按时发放，恨不得把所有版面、专刊都交给合作企业经营。裁员成为迫不得已的选择，“三无人员”阎志被辞退。

没过几天，刘醒龙再施援手，把阎志介绍到湖北一家杂志社工作，每月工资 500 元。他依然入不敷出，从黄冈带过来的信用卡简直就是救命稻草，每个月都透支，最多的时候达到 8000 元，用他自己的话说，“基本上破产了”。这本公开发行的杂志由私人老板承包，阎志刚领完第一个月工资，还没来得及还贷，老板就将他辞退：“其实你不值 500 元，我发给你这些钱很冤枉！”

冷冰冰的话语像刀锋剜割，联想到接踵而至的挫败，这位踌躇满志的年轻人应该会伤心绝望。多年以后，再回首这段颠沛流离的生活，他轻松平淡，一笑置之：“如果她当初给我一个很好的环境，我可能还不会出来。”然后平静地说：“这就是过程。人一定会有经历，一定会有挫折。”总结整个为期不长的记者生涯，阎志字斟句酌，甚至透着感激：“这段经历开拓了我的视野，让我了解了市场规则，发现了商机。”

三年时间，辗转三地，从罗田到黄州再到武汉，阎志以文开路，终于从大山深处进入繁华都市。阎志还记得初次见面时，刘醒龙在他笔记本上写下的两句话：“以人立文、以文立人”，对此他“至今不敢忘记”。

其实，从闯荡武汉的第一天起，阎志就开始书写人生的大文章，“以人立文、以文立人”的精彩故事由此起笔。

第一桶金

今天回过头来看，财经记者生涯无疑是阎志人生的重要“拐点”之一。

尽管《市场时报》属于机关报，实际却是面向市场的商业性报纸，阎志说：“我当时觉得这个报纸的领导很有前瞻性，他能想到把《湖北市场报》改成《市场时报》。这个名字在今天看来都不过时。”这是一份对开的只有四个版面的周报，头版是重要新闻，二版是经济信息，四版是文艺。阎志刚入职时就是文艺版编辑，也是记者。当时报社的编辑都兼任记者，人手不多，发行部、广告部才是兵强马壮的重要部门。

文艺虽然是阎志所长，并且热爱，但是与市场的距离较远。没过多长时间，二版的编辑休产假，阎志接任，从此开始了他的“财经记者”生涯。他每天阅读大量新华社、中新社通稿，与市场经济产生紧密联系。他清楚地记得，当时编过一篇《中国正式接入信息高速公路》的重要稿件，这正是中国互联网浪潮到来的明显信号。那段时期，阎志对市场经济转型中各种观念碰撞耳闻目睹，对于整个经济趋势的判断常有独到见解，眼光日渐敏锐。

几个月之后，阎志被安排负责最重要的头版，经常与有经验的记者一起跑新闻发布会，采写行业报道，与市场联系更加紧密，接触各种信息也更直观。为了生存，《市场时报》将重点放在当时热火朝天的家电、化妆品、房地产等行业，与许多企业合作开设各类专刊，比如《中国化妆品导刊》《中国房地产导刊》等，这些都是开创媒体运营先河的创举。专刊版面漂亮、精致，从 8 个版发展到 16 个版，影响力越来越大，许多知名企业、广告公司的老板到报社洽谈业务，能约见副总监就算幸运，社长和总编辑根本“没空”。

后来经过易志豪“三无人员迟早被辞退”的提醒，阎志充满危机意识，开始做自己的事，脚踏两只船总不会沉到海底。

1995 年，阎志拉上两个朋友，每人出资 2000 元，成立“蓝白文化传播工作室”，在汉口高雄路一条小巷租一套两室一厅的小房间办公。有位曾接受过阎志采访的老板很爱才，免费为他在民意四路民主二街提供一间住房，现在回想起来他还神采飞扬：“不要钱，还带个洗手间，就算是相当高级了，住得比较幸福。”

工作室成立了，阎志就筹划编写一本《武汉老字号》：“我想这个应该很赚钱，武汉有十几家老字号，找每家收一万元也有十几万元。”他到各家老字号谈合作，描述将武汉的百年老店、百年老厂向消费者宣传、推广的宏大计划，可任凭跑细双腿、磨破嘴皮，却没有拉到一分钱赞助，他分析说：“老字号不认账。当时还是要靠关系营销，人家都不认识你，凭什么信你能写好老字号？”

前后苦熬半年，阎志一单生意都没拿到，6000 元本金却耗费殆尽，自己亏损 2000 元不说——这也是他的全部身家，还把两个朋友给“坑”了，虽说合伙创业风险共担，但阎志心里还是很难过，这是他到武汉之后最艰难的时刻，用走投无路形容并不过分。几年之后，《深圳青年》杂志描述这段往事时，记录下一个细节：“这时，他的兜里只剩下最后 10 元钱了，那天晚上打的把女友送回家，自己连坐公共汽车的钱也没了，只好走着回来。”

阎志并不甘心，他找到当时唯一认识的一位姓何的广告公司老板，谈话开门见山：“我来给你做策划，在你这儿上班，你给我一间办公室，再加 4500 元钱就行。”他已经算好一笔账：4000 元钱还给两位创业伙伴，每人 2000 元，剩下 500 元钱自己留着吃饭。对方很欣赏他的才华，就这样，阎志把蓝白工作室的办公家具直接搬过来，在广告公司做兼职策划。

事实证明，何老板果然没有看错人。他告诉何老板：“做广告需要报纸版面资源，我去给你找资源。”获得同意之后，他回到报社，以每期 2000 元的价格买版面，根据何老板的客户需求开办《家电周刊》，红极一时的许多家电、音响品牌都是占据整个版面的常客，每期利润达到一两千元钱，不过大部分都被广告公司收入囊中。阎志也并非一无所获，《家电周刊》的商业模式已经清晰可辨，他再也不像以前编书那样通过个体创作获取回报，而是打造一个平台。也许正是这段经历，为他日后的平台梦想埋下了一颗种子。

不过好景不长，阎志的创业路并不顺利，生活依然难以为继。他在繁华喧嚣的武汉街头徘徊。转角之处，希望突然闪现，他继续提笔向前，以最擅长的方式掘得第一桶金。

听说罗田县烟草局打算编纂《罗田县烟草志》，阎志回了一趟老家，顺利接下这单业务。因为之前有过编纂《罗田县林业志》的经验，他轻车熟路，胸有成竹，以主编身份列提纲，分篇、章、节，然后带着几个文艺青年很快完稿。3 万多元的稿费，他都孝敬给父母装修老家的房屋，尽管装修之后很少住过。后来阎志又完成《永远的星辰》《时代之光》等报告文学项目，他不用电脑，全凭手写，以每天一万字的速度完稿，非常拼命。

这段时期，傅高潮和杨剑鑫是阎志很重要的帮手。1995 年初，傅高潮离开罗田，经一位新华社老记者推荐，准备去《金融早报》湖北记者站任编辑，未果后就协助编《湖北经济报》，同时到湖北省各大银行拉赞助，编写一部《跨越新世纪》的书稿，偶尔也帮阎志做编辑。杨剑鑫则是几部报告文学的执笔者，至今在旧得发黄的《永远的星辰》封面上，依然有阎志和杨剑鑫的共同署名。他与傅高潮几乎前后脚离开罗田，到了武汉。

两个昔日文友再次来到身边，虽然都是兼职试水，摸着石头往前蹚，但阎志已经建立信心，尽管只有二十二三岁，却已经打定主意另起炉灶，创办一家广告公司。按理说，他做过好几个项目，应该有些积累，却拿不出创业资金。

20 世纪 90 年代，中国时尚界迎来商业化的春天，港台地区的流行文化涌向大陆，“四大天王”家喻户晓，而刘德华更被称作“天王中的天王”，一时风头无两。有精明的书商找到阎志，约他编写刘德华的传记——《天若有情：天王之王刘德华》。这本书出版于 1996 年 9 月，定价 16.8 元。阎志为此拿到 2.5 万元稿费，这在当时绝对是一笔不菲的酬劳，也是他真正意义上的“第一桶金”。

放在今天来看，这依然是一部独具匠心的用心之作。翻开目录，每一章的标题都是刘德华最具代表性的歌曲名称，除了详尽叙述刘德华的成长故事和心路历程，阎志还精心挑选20首刘德华作词的歌曲撰文赏析，并为刘德华填写20多首歌词，在《新舞台》等报刊发表的一组听刘德华歌曲而写的心情故事，也都收录在这本书中。以上内容占据全书将近一半篇幅。这种明显带有作者个人风格的写作方式非常大胆，至今仍不多见，情感流露之处，看似评说刘德华，却更像是阎志独抒胸臆。

这并非阎志年少轻狂，而是对心中偶像刘德华崇拜痴迷，他在题为“心里有歌”的后记中写道：“喜欢刘德华的歌和电影还是近几年的事，他的专辑我几乎张张都有，他的电影我也一部不漏地看了，有的看了三遍、四遍。并不是狂热，而是抱着欣赏的眼光看他的电影，抱着共鸣的心情听他的歌。每次上歌厅都会唱上两首他的歌，我觉得他的歌声能够穿透自己的心情，给我心灵以震撼。”包括卓尔员工在内，熟悉阎志的人都知道，刘德华的每一首歌他都会唱，《爱你一万年》更是他逢聚会必唱的经典曲目。有老员工笑着回忆：“他唱得还可以，每次都非常投入，深情款款。”

第二章

开局 1996

人们翘首以待

奇迹是一个寓言

——阎志《成长的个人与群体》

不可错过的"VCD时代"

有个想法一直萦绕在阎志的心头，现在终于可以实现了。

依靠激情和才华赚到的2.5万元稿费，阎志一转眼就花光了："用1万元把户口转到武汉，然后还掉8000元的信用卡，再买一部手机，剩下1000多元钱买了点桌子板凳。"傅高潮记得更详细一点："我就跑到原来的部队，找专门给首长打理家具的部门买了些办公桌椅。"

卓尔就这样诞生了，没有任何庆典仪式，甚至连公司名称都没有想好。阎志只记得，那是1996年9月的一个普通日子，在一套大约七八十平方米的两居室里——汉口青年路机场河宜都县政府驻武汉办事处二楼，阎志开始了他这辈子最伟大的事业。这个地方被永久载入公司史册，时间越久被赋予越多意义和使命，后来还专门为这个地方拍了张照片，放在卓尔文化展厅展板的最前端，作为公司起源的历史见证。

公司注册时，阎志为取名绞尽脑汁，可始终不尽人意。当时还是女友陈丽芬向阎志提议："'卓尔'这个名字不错。"翻阅词典，"卓尔"两个字的释义为："高高直立的样子。形容一个人的道德学问及成就超越寻常，与众不同。""卓尔"由此诞生。时至今日，说起卓尔名字的来历，阎志还很自豪:“卓尔不凡!这名字有大企业的气质,又雅致脱俗,不失风度。”

刚成立公司时,还有个有意思的小插曲。当时买回家具,交完房租,阎志手上只剩下90元钱,虽然大家可以架两张床住在公司,但吃饭、买菜总得花钱,更别提日常经营所需开支。钱很快花光了。陈丽芬低价出售所在公司股票,筹得8000元,拿出来用于公司日常开支。

作为被邀请的创业伙伴,傅高潮最初并没有把自己定位为合伙人,而是给阎志“帮忙”:“我说我帮你打下手,把公司的架子搭起来。别的我不行,但是我说什么就做什么。因为我在很多公司也待过,知道架子怎么搭。公司运行也不靠我,我就回去上班。他说那行吧。”谁曾想到,这个“忙”一帮就是二十多年,两人互相成就彼此,开创了这辈子最值得骄傲的事业。

命运也许和阎志开了个玩笑,当初将他辞退的《市场时报》在不到一年之后,又将他视作重要“金主”,还为他冠以“副主编”的头衔。而这个机缘,给了卓尔赚取第一桶金的机会。

少人问津的《市场时报》当时已岌岌可危,苦苦支撑,仍然在四处卖版面。在与何老板的广告公司合办《家电周刊》的过程中,阎志与家电厂商有大量接触,当时VCD刚刚问世,中国人对视频播放器的认知还停留在录像机阶段,无人重视,媒体也不关注,更不会主动找VCD厂商采访报道。阎志敏锐洞察背后的需求和渴盼,他尝试以普及基础知识的方式宣传VCD品牌,比如《什么是VCD》《VCD的市场在哪里》,阎志说:“我写了一两篇文章之后,发现他们很大方,舍得投钱。实际上后来一想,他们那时候的利润是非常高的。”

实际上,在20世纪90年代,国际市场已经视VCD为即将淘汰的技术和产业,索尼、飞利浦等跨国家电巨头曾在中国做过市场调查,结论是消费者可能无法接受这种产品。可是,畸形繁荣的盗版碟片市场让

VCD行业迅速火爆，连“世界首富”比尔·盖茨都大加赞赏，他甚至飞到深圳亲自推动一项“微软版的VCD”——机顶盒“维纳斯计划”。中国有上百家VCD厂商蜂拥而入，万燕、新科、万利达、爱多、厦新（2004年改名夏新）、步步高、金正等品牌群雄争霸，当年销售量从60万台猛增到600万台，第二年突破1000万台。在那个疯狂喧嚣的年代，VCD行业每天都传出一夜暴富的传奇故事。

阎志无疑赶上了中国VCD行业井喷的黄金年代，并不算长的财经记者生涯使他练就了见微知著的本领。敏锐的嗅觉加上果敢的性格，他决定立即出手，以每版1000元的价格在《市场时报》上承包家电广告专版，将《家电周刊》更名为《VCD周刊》。至今回想起来，阎志仍不无得意地说：“这是中国当时唯一的VCD领域的专业媒体。”这其实是一桩无本生意，《深圳青年》杂志曾透露说，“准确地说应该是‘赊’，因为他（阎志）给不出现钱”。

1996年9月，第一份中国VCD行业的专刊顺利出版，当时如日中天的爱多、万利达、新科等品牌都成为阎志的合作伙伴，而且利润相当可观，“每一期基本上要赚个两万块钱”。

二十多年后的今天，当阎志回望波澜壮阔的创业史时，呷了一口普洱茶，“我真正的起步福音是VCD，可以说VCD是一个重要关键词，”他又补充了一句，“之后是汉口北这个关键词，再后来应该是智能交易。”

回头来看，阎志顺应了时代变革的趋势。当时所有的报纸、电台都是计划经济运营的模式，但是传媒市场在改革的浪潮下需求却越来越大，商品的宣传渠道、传播渠道狭窄。供需之间的关系如同哑铃，被中间的渠道问题左右。细微的市场变化被阎志发现，他用多年积累的文学、写作功底，为厂家和消费者开辟了符合市场需求的信息传递的渠道。

这回阎志还算顺利，VCD厂商表示愿意掏钱，就这样，每个月他都有稳定收入。手头稍微宽绰，他和傅高潮就搬到了汉口天门墩一套三室一厅的房子里，连办公带住宿。更令人欣慰的是，好事总是接二连三地出现，老乡加文友杨剑鑫也加入进来。

三个人分工明确：阎志带着杨剑鑫在外面跑业务，晚上回来还得定标题、写文章。傅高潮负责审稿、校对、排版、印刷、运送等，用他的话说："内部事务性工作阎志不用管，他只负责搞钱回来。"陈丽芬虽然工作繁忙，偶尔也会抽空过来帮忙。

20世纪90年代，汉口保成路是名扬武汉三镇的电子音响一条街，这里有彩电、音响、影碟机、家庭影院……流光溢彩的屏幕，震耳欲聋的音响，从早到晚热闹喧天，那景象就像同时代的北京中关村。这里最早出售进口摩托车，后来出售各种进口家用电器，商铺一直绵延到前进四路，辉煌时期有近两百家。阎志关于创业的最初记忆，就是从这里拉开序幕。

杨剑鑫负责报纸发行，每天早上，他先去市场时报社把几万份报纸扔到"麻木"（正三轮摩托车）上，然后直接骑到保成路，免费把刊载《VCD周刊》的《市场时报》发到商户手中，这份家电从业者的"人民日报"很受欢迎，堪称解读中国家电市场的风向标、晴雨表。家电一条街上人山人海，购买家电甚至闲逛的人也是杨剑鑫的目标读者群体，人手一份，报纸上的资讯和行情可能影响消费者的购买决策，这正是阎志的初衷，所有标题、文章都以此为出发点反复打磨。杨剑鑫还给保成路辐射范围内的报亭送报，每份售价三五角钱，不过很少有人购买，这种情况并不意外，杨剑鑫说："我们当时摸得很清楚，普通消费者读到的可能性不是很大。"从这件事上，我们确实能一窥阎志的商业天赋，在那个还没有出现互联网"免费模式""精准营销""羊毛出在猪身上，狗买单"等打法时，阎志用一本免费的垂直报刊，在刚刚兴起的电子商品市场，将这些招数运用得炉火纯青。

阎志是个颇具中国特色的策划大师，他知道以何种方式满足企业的营销推广需求。《市场时报》头版登载与市场相关的新闻，第三版和第四版都是广告专版，如果当期内容足够多，有可能整期报纸四个版面都是与家电相关的内容。电子音响一条街上的商家熟知这份报纸，他们既是读者，更是潜在的广告客户。当阎志和杨剑鑫登门拜访，告知这些商户可以在《VCD周刊》的专版做广告、发软文时，反响非常热烈，新科、康丽、先科、步步高、万利达、长虹、厦新等红极一时的品牌也纷纷跟进，《VCD周刊》业务红火。

由承包到合作

在当时的环境下，尽管武汉有许多媒体，每家媒体也都设广告部，但广告并非其主要收入来源，发行量也不大，媒体更多担负舆论引导、宣传的职责，把政治任务放在首位，经营职能几乎可以忽略不计。广告行业波澜不惊，《VCD周刊》就像一条活跃的鲶鱼，左冲右突，如鱼得水。

然而，阎志并不满足于广告收益，他开始策划市场活动，比如“国产名牌音响宣传周”“武汉市消费者信得过家电产品评选”等。晚上三个人聚在一起想活动策划和招商方案，白天阎志带着杨剑鑫一起跑业务，找客户谈判，傅高潮就按照客户要求写文章。阎志通过新科武汉分公司总经理认识了《中国电子报》武汉记者站站长王子欣，也因为他获得了武汉电子工业局、武汉市电子产品质量监督检验所和《中国电子报》的支持，再加上《市场时报》，每次活动都声势浩大，在武汉的家电行业引发广泛关注。随着接触进一步加深，王子欣对阎志的印象也更深刻：“他是很有经济头脑的人，财商很高。他一看到某个东西就可以马上判断能不能赚钱，而且马上付诸行动。他是这样一个人。”

回忆在天门墩创业的日子，阎志、傅高潮和杨剑鑫都不约而同提到买菜做饭的事。每天下班后傅高潮和杨剑鑫一起去买菜，由傅高潮下厨，杨剑鑫洗碗，阎志不会做菜，就负责拖地。有段时间，傅高潮总是买鲶鱼吃，“一是因为大家都喜欢吃，二是因为鲶鱼也相对便宜一些”。

三位创业者时常会怀念那段时光，除了家人般的温情，还有废寝忘食为事业和理想打拼的激情。阎志说：“创业初期跟谁合作，是风云际会，其实没得选，至少我当初是这样。你自己都是一穷二白，还想找别人来帮你？一开始，你不要对伙伴有高要求，更不能要求每个伙伴都认同你的理念，有几个人跟着你跑就已经很不容易了，以后再逐步完善团队。”

就是在那个激情飞扬的初冬时节，阎志几天时间就写出诗歌代表作——《挽歌与纪念》。谢克强回忆：“在他的广告公司渐有起色时，在他闯荡十年、从大别山深处的小镇一直走到大都市的过程中，他要将他的所见、所闻、所历、所感、所悟动手写一首长诗。不久，这首长达2500行的抒情长诗《纪念与挽歌》写完，他显得有点兴奋，将这部长诗的初稿送给我评点。《纪念与挽歌》是写在一本练习册上的，我是细读慢品，一章一章，越读越兴奋，掩卷之后，久久不能平静。我之所以兴奋无比，不仅仅是因为在湖北还没有一个青年诗人写出如此规模的长诗，更是因为这是一部以诗人自己的成长经历为经，以我写物、以情写景、以经带纬、以象表意，关注现代人的心灵变化，发掘现代人生命中的文化意蕴。这部长诗，与其说是青年诗人阎志的心灵史，还不如说是一代人在变革时代的精神追问。更为难得的是，这部抒情长诗大胆突破了以前抒情长诗的樊篱，在长诗的结构和技艺上做了全新的尝试，具有开创性。”

诗人思想活跃，天马行空，阎志经常提出让身边伙伴难以认同的理念。“很多人赚了钱以后不愿意改变，办《VCD周刊》很舒服啊，挂靠《市场时报》，还可以挂个报社副总编、专刊主编的名头，很有面子。模式也很稳定，成本又低，5000元钱的成本可以收3万元钱。80%的人都会赖在这里干下去。”他意气风发地说，“但是我没有，在我赚了十来万元钱的时候我就撤出去了，注册了广告公司——卓尔传播。”而这种策略在接下来的二十年中一再发生，阎志带领着卓尔一步步跃上更高的台阶。

1996年12月16日，武汉卓尔市场传播有限公司正式注册成立，卓尔官方后来把这一天定为故事的起点。在此后将近20年间，随着事业发展、资产增长和影响提升，阎志的创业史逐渐成为一个典型的中国故事：敢想敢干的胆魄、洞悉机遇的智慧、不屈不挠的韧性、坚守底线的本分，再加上一点运气，他开辟了中国交易平台提供商和服务商的新时代，也为改革时代的理想主义者闯出了一条道路，为雄心勃勃的年轻人树立典范：“应该不断地给自己设立梦想，然后不断地努力实现这些梦想。”

阎志激流勇进，也居安思危，他将与《市场时报》的合作方式由承包关系调整为合作关系，他说：“承包是有风险的，很多后来企业出问题，就因为是承包关系，你赚了钱，却发现钱是国有资产。这种情况屡见不鲜。但我从一开始就跟报社说，‘对不起，我跟你签合同，我们是甲方乙方的合作关系，你给我多少版，我给你多少钱’。我们是合作关系。”果然不出所料，后来有人见卓尔利润丰厚眼红，但苦于无计可施。阎志的先见之明和沉稳老练超出旁人，按规矩办事后来被总结为“合规文化”，写入了堪称“公司基本法”的《卓尔标准》。

眼看着一切都走上了正轨，傅高潮却选择离开——他已经兑现“帮忙搭架子”的承诺，阎志也未作强留。1996年底，傅高潮回到罗田文联上班，一切都物是人非，以前左右逢源的工作变得左右为难，“以前办报纸举办活动还能拉到一些赞助，现在人都换了，企业也不景气，很难要到钱”。这一年的春节傅高潮过得并不安宁，阎志隔三岔五打电话请他回去，傅高潮说："其实跟他在一起还是很有意思的，起码像做大事的样子。"

一个月之后，等傅高潮重新回归，公司已经搬到胜利街的武汉市电子工业局五楼100多平方米的大办公室，新来的年轻员工热情洋溢。这些变化足以令傅高潮对1997年满怀期待。

"合纵连横"

1997年3月1日，张玲加入卓尔，她是公司初期创业者之外的第一位员工，当然也是第一位女员工。

那时张玲还是一名工商管理专业的在校大学生，"说可以一边读书一边上班，就过来了，从350元钱一个月干起"。每个月350元工资只够吃饭，好在张玲家住在台北路，每天坐801路公交车上下班只要一个多小时。

张玲身上具有明显的武汉女孩气质：直爽、干练。刚来的时候，她每天和另一位女员工一起出门发报纸——《市场时报》和《中国电子报》，那时候洪山体育馆经常举办各种推介电子产品的活动，两个小姑娘就背上几千份报纸，搭乘64路双层公交车，从早上九点忙到下午三四点，辛苦倒是其次，主要是心理压力大，"有时候别人赶，只能像打游击那样发一发"。当时武汉三镇只要有家电产品相关活动，她们都会赶过去发放报纸。

十多年后再回首，张玲还非常怀念那段旧时光："虽然规模不大，不是很正规的公司，但是阎总没有老板架子，就像朋友一样。"最有意思的是开会的场景，张玲回忆："阎总那时候罗田口音特别重，说快了就有些听不懂。因为公司多半是罗田人，开会本来讲普通话，说着说着就转成了罗田话。过了几年他定规矩，罗田人在会上都不能说罗田话。"

除了开会，阎志每天大部分时间都在外面和家电厂商、媒体谈业务合作，他在谋划一个广告业前所未有的商业模式——“合纵连横”。

通过与《市场时报》合作，阎志逐渐与国内八大家电厂商达成协议，成为他们在武汉的广告代理商，统一策划、统一宣传，在湖北省首先推出“品牌代理制”，是为“连横”。与此同时，卓尔陆续买断武汉市所有14家媒体的家电广告专版代理权，开设《家电专版》，是为“合纵”。“合纵连横”将武汉的家电市场搅得热火朝天，在众声喧哗的抢购风潮中，卓尔迅速崛起。

卓尔新开拓的第一家合作媒体是《武汉晚报》，每周五策划出版一期《家电周刊》，杨剑鑫回忆：“当时《武汉晚报》是对开的大版，我记得一个专版的费用是3.5万元，我们可以卖十几万元，利润相当可观。到后来每期增加到两个版、四个版，利润更高。”

步步高是第一家与卓尔签订广告代理合作协议的家电厂商，杨剑鑫接洽、铺垫完毕，阎志亲自出马与步步高公司湖北总代理张纵予谈判。当时步步高一年业务量能做到两三百万元，阎志默然估算，开价20万元，一番讨价还价，最终确定为每年代理费15万元，发布费用另算。杨剑鑫神采飞扬地说：“当年在武汉的广告公司当中，能收到客户15万元广告代理费的，我们应该是第一个。”

在《湖北日报》《武汉晚报》《楚天都市报》《今日快报》等湖北主流媒体上，关于步步高影碟机、家庭影院等新产品的宣传广告和新闻报道开始密集刊载。杨剑鑫对那段往事记忆犹新：“步步高喜欢用现金结账，每个月一次，每次有二三十万元。我记得他们当时办公的地方在崇仁路的一所小学旁边，有一条很长的巷子。我总是拿一个塑料袋子装着二三十万元的现金提出来，要是被抢劫就不得了。现在想想还有点怕。”

虽然阎志任命杨剑鑫为公司总经理，可他每个月的工资还不到2000

元，主要靠业务提成。“我谈的第一笔生意拿了2000多元钱提成，后来举办一次活动可以收到几十万元，可以拿几万元的提成。收到钱马上就拿提成。”杨剑鑫回忆道，“在那个年代主要还是讲个人感情，还是朋友义气，还没有治理公司的意识。”

阎志其实早就有意识将公司带入规范治理的轨道，他与两位搭档相濡以沫，同甘共苦，可他还是希望引入更多高层次人才。傅高潮天性忠厚，沉稳谨慎，拙于权谋算计；杨剑鑫精明能干，有主见，敢于冲锋陷阵，却有些安于享受，还欠缺一点成就伟业的抱负。如果有一位经理人员能兼具二者身上的优点那该多好？就在这年6月，彭忠明出现在阎志的视线中。

彭忠明脸圆身宽，他精明、随和、豪爽，当时已年过五旬，无论神态还是心态都与《射雕英雄传》中的周伯通有几分相似，虽说是名管理人员，却具有明显的营销策划才能。1995年，彭忠明从航天部国营824厂（武汉）党委办公室主任职务办理病退，后来被武汉一家音响器材公司聘为总经理助理，主要代理蚬华VCD，因为需要在《市场时报》投放广告与阎志结识。第一次见面时阎志就送他一本《天若有情》，彭忠明说：“我觉得他文笔很好，对人比较真诚，我们去做广告他都非常热情地接待。”

1997年6月，阎志鼓动彭忠明：“这个地方有什么干头？我看你的文笔很好，到我那个地方去干。”当时广告还属于朝阳产业，彭忠明很动心，即便跳槽之后月薪从1200元降低到800元，他也愿意追随。岂料原单位不愿放人，把他外派到黄石开拓业务，辗转半年，直到12月27日才进卓尔报到，1998年1月3日正式上班，职位是策划总监。彭忠明后来撰文回忆：“我加盟卓尔的时候，公司员工不到10名，只有两台用于广告设计的电脑，几张简陋的办公桌，一间老板办公室和一个员工办公通间。唯有一块贴着‘卓尔的信誉，来自不凡的品质’的玻璃屏风，向世人昭示着这里雪藏着一只商界猛虎，正在积蓄能量，即将冲向广阔的商海。”

过了几个月，当时已算是阎志老朋友的王子欣也加入卓尔，阎志身边又增加一位多谋善断、不怒自威、能征善战的得力助手。1998 年武汉市电子工业局撤销，王子欣被安排到武汉市经委行业管理处任处长，他刚满 45 岁，在机关工作久了，不愿再过一眼望穿的安稳日子，“干到 60 岁退休顶多是个副局级待遇”。他 15 岁以知识青年身份开始算工龄，此时刚好干满三十年，符合提前退休的规定，进入《中国电子报》武汉记者站任专职记者，与卓尔合作更紧密，当阎志邀请他担任公司策划部主任时，一切都水到渠成。

彭忠明和王子欣都算是老笔杆子了，可提起阎志的策划和写作才华依然佩服有加。“他自己很能写，写东西很快。他其实是搞文学的，但是对管理、技术、市场这些东西能很快上手。他很善于学习，他跟你聊聊天，你说得很精彩的东西他很快就掌握了，”彭忠明比王子欣更健谈一些，说起往事滔滔不绝，“人家是靠资本运作赚钱，他是靠思路运作赚钱，我经常说，他眼睛一眨就有一个主意，并且是一个能赚钱的主意。”

作为掌舵者，阎志已经找到能将公司带到更高处的方式。

“策划少帅”

刚进入卓尔两个月之后，彭忠明就被任命为卓尔第一家实业公司——音响电器公司的总经理，而董事长则是阎志的妻子陈丽芬。

这是阎志第一次尝试经营实体经济。经过此前一年紧密合作，卓尔策划的广告和宣传让 VCD 在湖北市场形成了巨大的销售热潮，作为总策划，阎志决定开展“买 VCD 送音响”的促销活动。音响厂设在汉口台北一路武汉变压器二厂的老厂房里，阎志从外面聘请了一位厂长，没想到他只干了两个月就辞职了，彭忠明只能被“赶鸭子上架”。

彭忠明后来撰文回忆：“在大家都不熟悉工厂管理的时刻，我这来自企业的‘矮子’就成了当然的‘将军’，受命担任第一任实业公司的老总。企业成立之初，就像一张白纸，除了有限的资金，什么条件都没有。在大家的共同努力下，人员招聘、厂房租赁、设备原料采购、技术培训等各种前期准备工作不到一个月就全部就绪，组建了一条音响器材（主音箱、中置环绕音箱、功放器等）生产线，试生产一次成功。投产后，月月有发展，第三个月，产量就达到月产 3000 套，月创产值近 200 万元。”

“买VCD送音响”无疑是一次成功的活动策划，VCD供不应求，音响车间只好日夜赶工，彭忠明回忆：“那个时候我们辛苦啊！每天晚上都加班，干到九十点钟回家，因为任务量太大了，他一个劲地催你，你没有办法。”虽然制造音响并非卓尔当时的主营业务，但对于企业积累现金流很重要，陈丽芬亲自调度指挥。先是为代理的VCD工厂代工，几个月之后，卓尔开始生产自主品牌的音响设备——卓尔音箱，在市场上一度风靡。

很多老员工都参与过音响厂的工作，工厂里热火朝天，“每天一大货车进，一大货车出，那时候一天赚一套商品房”。阎志不仅关心销售额和利润，更重视战略布局和品牌价值，音响公司的发展路径成为卓尔日后大举进军实业的基本商业逻辑：因为给客户做广告策划，熟知某个新兴产业或利润高的领域，然后整合资源迅速进入，以营销、广告驱动，自创品牌，独立运营。客观来说，阎志涉足音响生意多少带有些偶然色彩，但其后兴办实业的决策都围绕战略出发，并希望把每家企业都打造成区域领先水平的企业。不过，这都是几年之后的探索。

1998 年，卓尔还只是一家崭露头角的广告公司，公司业务日渐红火，员工工资却并未水涨船高，在那份纸张泛黄的《关于人事调整与工作安排的通知》中写道："傅高潮任常务副总经理，月薪1200元；彭忠明任副总经理兼制作部主任，月薪1000元；邓建林任财务总监，月薪900元；杨剑鑫任总经理助理兼客户部主任，月薪800元。"除此之外，熊伟、张玲、陈群燕、彭玲、肖兵、张凤桥、李文池、阎春雨、陈金萍等员工的工资都在五六百元。

不过，卓尔的业务提成奖金并不低。在1997年最后一天发布的"客户部1998年度管理和核算方案"中，内部报刊广告提成比例为总金额的35%，其他媒体广告按利润的30%提成，广告总代理的提成高达"利润的35%"。如果完成全年200万元销售额的"总目标任务"，客户部经理还能拿到2万元奖金。

在这两份关于人事调整和薪酬安排的文件中，阎志还袒露雄心壮志，他描绘道："本公司要在今年底（1998年）明年初一分为三，即以制作部（音响厂）为基础的卓尔电子有限公司、以客户部为基础的卓尔广告有限公司、以印务部为基础的卓尔印务策划展示有限公司。现公司成为专业管理机构。"以当时卓尔的实力和规模来看，一定有人会觉得他在吹牛，至少有些操之过急、好大喜功。

阎志谈论梦想、规划时总是眉飞色舞，豪情满怀，他不仅善于以此感染、鼓舞身边的下属，还全力以赴去实现所有的豪言壮语。

在厦门、无锡、青岛等中国家电企业聚集的城市，卓尔建立办事处，贴身为客户服务。阎志以"每做一行就要成为那一行的专家"的理念要求所有员工，彭忠明将这句话理解为："对每一个代理品牌，卓尔优质服务的一贯作风都要做到吃透市场，追求效益，服务到位。"作为卓尔第一家驻外机构——卓尔传播厦门办事处的主任，彭忠明曾带领公司广告策划设计方面的9名骨干，常驻厦门为厦新服务，他在回忆文章中写道："阎总亲自带领我们一行赴厦门，亲自指挥筹备工作。一下车便马不停蹄，从租房、购买办公家具、生活用品到坐下来办公，仅仅用了一天时间。在那里，我们遇到过很多困难，有人腿上一夜被蚊虫叮出上百个包，买菜做饭这样的日常事务也难倒过大家，我们轮流每天有一人出任‘厨师’，对在家靠父母的年轻人来说，是考验也是磨炼。”

卓尔的厦门办事处简直就是厦新营销策划部门的“总参谋部”，产品也不再局限于VCD，合作效果非常明显，彭忠明回忆道：“我们策划了厦新百城万店销售连锁，策划实施了‘质量爱心万里行’活动等，让品牌的魅力得到最有效的释放。尤其值得一提的是，当时市场上有两个无绳电话品牌竞争十分激烈，厦新无绳电话是后来者，一时插不进销售的行列。在阎老板的提示下，我加班到凌晨3点，赶写出了《二虎相争演变为三国演义》的长篇广告新闻，硬是把厦新无绳电话与另外两个成熟品牌送上了同一个竞争平台。文章被刊登在《市场时报》的头版头条，再经一些综合、专业媒体转载，产生了巨大的竞争效应和品牌影响力，有力拓宽了厦新的销售渠道，得到广告主的肯定。”

厦新当时可是中国家电领域的领导品牌，其VCD销量在全国排第二，在湖北位居冠军。这其中自然有营销策划机构卓尔的功劳。阎志至今回忆起来仍难掩兴奋：1997年6月4日，“厦新电子”在上海证券交易所挂牌上市，一度成为“沪市最风云股票”。从他脸上开心的表情可以看出，帮助客户取得辉煌成就比自己成功更值得骄傲。

除厦新之外，卓尔那几年陆续拿到先科、万利达、小天鹅、长虹、步步高、爱多等50多个著名家电品牌的广告代理权，有上百家企业请阎志策划、设计、代理、发布广告，“策划少帅”的名号开始在湖北的媒体广告界和中国家电行业不胫而走，一个又一个堪称神来之笔的大手笔策划令人目不暇接：“国产名牌音响宣传周”“厦新VCD质量与服务楚天行”“十大名牌VCD、音响联合签署《质量与服务宣言》”“中国家电自律大宣言”“首届武汉视听节”……每次活动都有几十家著名品牌参与，在湖北乃至全国的家电市场引起轰动。

阎志春风得意，整个公司都热情高涨，所有人都对即将到来的新世纪满怀期待。

广告大时代

2000年，新世纪的曙光缓缓升起，人们都在兴奋中翘首期盼即将到来的大场面，中国VCD行业却集体陷入绝望。无序的降价大战把所有厂商都拖入了无尽的亏损旋涡。

经历萌芽、崛起、狂欢之后，中国的VCD神话在1999年急剧破灭。厦新、万燕、先科、小霸王等纷纷卷入危机，当年独步天下的爱多成为最具悲剧性的典型代表。

VCD企业处境艰难，卓尔的日子也不好过。2000年底，卓尔驻厦门办事处的主要任务就是对账、收款，刚过完国庆节，张玲就被派往厦门协助催款。当时厦门办事处还有崔锦锋在坚守，两个人每天守在厦新公司办公室，软磨硬泡，一直熬到圣诞节前夜，张玲经过阎志批准提前回家，崔锦锋继续孤军奋战，直到对方付款才“班师回朝”。

崔锦锋是地道的武汉人，身材不高，而且消瘦，着装随意，眼镜后面一双有神的眼睛总能盯住感兴趣的目标，从不游移飘忽。2000年6月，崔锦锋从江汉大学汽车制造与维修专业毕业，他并没有学以致用，而是进入卓尔策划部门，刚入职不久就跟着彭忠明一起常驻厦门，并坚守到最后。他谦虚、内敛、执着、热情，骨子里有一股永不服输的劲头，这是他十多年来在卓尔快速成长、屡获重用的重要原因，阎志评价：“崔锦锋是民营企业中少有的能把个人梦想成功融入企业发展的年轻人。”

那年6月是个激情洋溢的夏天，公司来了许多刚刚大学毕业的年轻人，他们受过良好的教育，聪明好学，满腔热血。后来成为阎志左膀右臂的几位新生代职业经理人，就是在这一年加入卓尔的。方黎回忆：“我刚来的时候是卓尔的创业黄金期，人才济济，武大、中国地大（中国地质大学）的高才生都有，压力很大。”那时他刚到《武汉晨报》当记者没多久，据说自己所应聘的策划岗位有上百人竞争，真可谓“百里挑一”，由此可见卓尔当时在广告界的影响力。

如同新旧世纪的交替，家电产业也出现行业更迭，VCD萎缩萧条时，空调市场由暖而热。从厦门办事处撤离后，方黎等人到青岛建立办事处，为海信贴身服务，他兴致勃勃地回忆：“那个年代做营销、做策划还是很受尊重的，我们租的房子离海信总部很近，我们天天跟他们市场部的人泡在一起。我们把‘变频风暴’炒起来，后来美的、新科、奥克斯等一夜之间都起来了，我们就改策划，提出了‘变频专家’的概念。”

从青岛回来之后，阎志就奖励了方黎一套将近100平方米的商品房——那次他一口气送出三套住房。刚毕业不久就拥有了属于自己的房子，方黎喜出望外，他感慨道：“这套房子，鼓励了我做广告的信心，更鼓励了我在卓尔长期发展的信心。”

当厦门办事处和青岛办事处成立时，李勤两次主动请缨，却都被阎志拒绝了：“你去了，这边就没人了。”1998年，李勤从江汉大学新闻系毕业，进入卓尔广告公司当编辑。她笑着说：“当时工资特别低，每月300元钱。我印象特别深，连我姐姐都说，‘这是一个什么公司啊，你别上一个月之后就没钱了。”李勤看起来文静、柔弱，说话轻声细语，行事却坚毅果敢。她说：“我其实是个性格比较像男孩子的人。我喜欢去尝试新东西。”

卓尔的工资水平当时确实不高，资本积累对初创公司尤为重要，高速发展期的卓尔到处需要资金投入。进入2000年之后，卓尔兵强马壮，员工斗志昂扬，公司的广告业务版图早已超出家电领域。说起在广告行业快速崛起的心得，阎志侃侃而谈：“首先要基于服务。你在与客户合作的时候，不想赚钱是假的，但不能光想赚钱，一定要想为客户带来什么价值，这是我们用一两年时间成为湖北省最大广告公司最重要的东西。我更多地想到赚这个钱给你带来什么价值，给你的品牌在这个区域的推广带来什么价值。”这个观点在阎志策划白云边品牌复兴的过程中体现得淋漓尽致，方黎回忆，“他一上来就提出白云边价值重新发现、品牌重塑”。

白云边酒业是湖北省松滋市最大的国有企业，鼎盛时期有几千名员工。2000 年之前，白云边销量节节下滑，濒临破产，财务最紧张时“账面资金仅剩 500 元”，拖欠湖北电视台的 100 多万元广告费已无力支付，遭到媒体封杀。即便如此，当卓尔负责洽谈的业务人员主动登门拜访时，曾被拒绝三次，后来才慢慢得到礼遇。彭忠明回忆：“我们大概 5 个人，开一辆别克车去的，我们准备了这么厚一本策划书。”他边说边比画，右手大拇指和食指分开的距离足有一部词典那么厚。这次洽谈由阎志亲自挂帅，过关斩将，最终成功拿到了白云边的全国总代理。

尽管阎志后来很少在公开场合提及，但他帮助白云边起死回生的故事仍被业内人士称作“营销神话”。其中最为人津津乐道的就是慧眼识珠征集得到的广告语——“往事越千年，陈酿白云边”，这句广告语一直被沿用至今。卓尔临危受命两年之后，白云边在 2002 年取得产品销售、创造利税、社会贡献和职工收入“四超历史”的经营业绩，由其首创的浓酱兼香型白酒行业标准在全国正式实施，产值达到 1.8 亿元，此后每年仍以 20% 的速度稳步增长。那几年正好是中国白酒行业的萧条期，“2003 年市场销售总量由十年前的 800 万吨缩减到 400 万吨，企业亏损面超过 50%”，白云边一枝独秀，在行业整体萧条中逆风飞扬。

随着业务不断扩张，阎志将广告公司按品牌、行业分成不同的事业部，包括白云边、八峰氨基酸、999 药业、野战酒等在湖北名噪一时的品牌背后，都有阎志纵横捭阖的身影。如股神巴菲特所言：“人生就像滚雪球，重要的是找到很湿的雪和很长的坡。”阎志已经找到“很湿的雪和很长的坡”——广告，他的财富也像雪球一样越滚越大，短短几年时间就积累七八千万元资产，卓尔也成为湖北地区最大的民营广告公司。

20世纪90年代末，中国消费品市场尚属于胆大广告玩家的乐园。市场规则并不完善，边界也不清晰，“胆大敢拼”成为必胜准则。一批富有雄心壮志和创造力的人先拔头筹，其中包括“健力宝”创始人李经纬、“娃哈哈”创始人宗庆后、“脑白金”创始人史玉柱、“三株”创始人吴炳新等，他们将广告轰炸与强势力推结合起来，并辅助层出不穷的营销手段，在市场上所向披靡，屡战屡胜。在广告行业，叶茂中因策划春兰空调广告一举成名，成为知名广告人和策划人；王力为多家大型商场做营销策划，被称为“公关第一人”和“策划泰斗”；江南春在华东师范大学就读期间就出任广告公司总经理，短短几年时间为公司赚得1.5亿元，迅速声名鹊起……

那一年阎志刚满30岁，名气的快速增长和财富的迅速累积让他陷入迷惘：是继续保持原有业务还是转型拓展新领域？他不知如何抉择。“有一段时间，阎志被成功弄得飘飘然，差一点迷失了自己，”《深圳青年》的记者写道，“后来，看了一部香港电视剧《创世纪》，他才重新振作起来。他觉得，自己人生的最大价值还没有体现出来，还必须继续拼搏。他给自己立下了下一个目标——争取打入全国广告十强企业，争取在三年内使卓尔成为上市公司。”

说这段话时，阎志慷慨激昂，充满豪情壮志。如果坚持走这条道路，卓尔今天极有可能成为一家著名的国际性广告公司，阎志会被称作“广告大王”或“策划大师”。不过，阎志客观分析过，他认为卓尔不可能成为一个广告巨头。虽然卓尔已是湖北乃至全国家电行业重要的广告企业，但武汉既不像北京有大量中央级媒体支持，也没有上海这样的外企资源支撑，更没有珠三角一带数以百计的大品牌、大企业的业务支持，就凭几个本土品牌不可能养成中国最优秀的广告公司。后来的事实验证了阎志的先见之明，时至今日，中国没有出现本土做大的广告代理公司，湖北广告业此后更是难觅大企业。

回顾这段历史，阎志身上体现出草根民营企业家的典型特征。他没有光鲜的学历背景，也没有高科技行业的从业经验，更没有任何政治资本和政府关系。但是他有胆识，有眼光，有梦想，有混沌中振臂一呼的魄力。至于卓尔未来的发展方向，阎志心中已有答案，他将掉转船头，义无反顾地将卓尔驶入暗礁丛生的实业的汪洋大海。

第三章

实业探梦

我一次次走向这里
似乎从未抵达
这是我一再出发的地方
还是我一再期盼抵达的地方
那是我的背影
还是我的到来

——阎志《宿命的港口》

生物高科技的梦想

在卓尔企业总部大讲堂的企业文化展览厅里，有两台密封的透明玻璃展柜，承载卓尔发展史的物品像珍贵文物一般被呵护备至。其中有半瓶早已发黄的塑料瓶装洗手液总能吸引参观者的目光，瓶身的塑料膜标签图文清晰可辨，如同铭文记载："卓尔洁神；洗洁、润肤、杀毒三合一；洗手液；环保、强效、杀灭乙肝病毒 99.9%……"阎志的实业之路正是从这类今天看起来毫不相干的清洁产品开始，卓尔也由此迈出了多元化的步伐。

2000 年，创业五年之后，未来向何处登攀成为亟待思索的问题。卓尔在广告行业声名鹊起，扶摇直上，但阎志心里并不踏实，他认为，仅凭广告无法保证企业可持续发展，一定要有实业支撑。从 2000 年开始，阎志一直在寻找以实业为基础的多元化发展方向。而且，当时广告行业的利润也大不如前。傅高潮说："当时广告业已经进入规范阶段了，别人（媒体）不愿意被买断，好赚钱的时候过去了。”阎志认为，湖北在媒体资源、人才、品牌资源上并无天然优势，不可能诞生全国性的大型广告公司。

当阎志从朋友口中得知蔡丽泽手上有清洁产品专利时，他好像看到了卓尔未来的希望。没有丝毫犹豫，阎志花费重金将其购入囊中，以至杨剑鑫至今还认为“这实际上是一个笼子（圈套）”。傅高潮并不认同这个观点，他对杨剑鑫说：“这点你还是没搞明白。当时可以通过这项专利注册一家股份制公司，有这样一个身份，卓尔就可以做很多事情。”2001年3月，经湖北省人民政府批准，武汉卓尔生物产业股份有限公司正式成立。阎志显然非常看重这个身份，此后卓尔的宣传广告中，“高新技术”“股份制公司”两大关键词将频繁出现。

高新技术并非卓尔的自我标榜。2001年，卓尔陆续开发出以“卓尔洁神”命名的消毒洗洁剂、洗手液和卓尔牙舒三款产品，阎志涉足生物技术和清洁产业在当时看来颇具前瞻性战略眼光，中国人对消毒、卫生产品的普遍关注还要等到两年之后的“非典”事件。

阎志记者、广告人出身的身份，使他对营销策划和宣传广告非常重视，操作手法堪称炉火纯青，推广清洁产品自然轻车熟路。如果说市场敏锐度得益于财经记者的职业训练，从广告主动转型到清洁产业则得益于诗人的跳跃思维，那营销策划先行的意识一定源于广告生涯的熏陶。无论后来经营白酒、纺织，还是开发第一企业社区、汉口北、武汉客厅，阎志都沿袭操作清洁产品的风格，带有浓重的“策划大师”印迹。

在“卓尔洁神”的广告宣传中，阎志强调“更环保、更科学、更有效”，还信心十足地写道：“是由武汉卓尔生物产业股份有限公司技术开发中心，联合各大院校以及国内几大著名公共卫生科研机构的专家、教授共同研制开发的新一代消毒洗洁用品，它的诞生，标志着环保消毒洗洁技术取得了新的进展。”在另一份宣传广告中，阎志把购买“卓尔牙舒”比作“把口腔保健‘医生’带在您身边”，并宣称“用卓尔牙舒，你定能笑口常开”，除了强调“更环保、更科学、更有效”，他还增加 8 个字的功效优势——“安全、高效、环保、方便”，下面还有一句广告语——“健康生活，卓尔创造”，最后留下地址“汉口合作路新丽大厦 11 楼”和三个电话号码及一个传真号码。

这个转型是否成功呢？多年后公司梳理这段历史时，着墨不多，关于市场表现的总结平淡无奇：“卓尔洁神、洗手液、牙舒三个产品投放市场，反应良好。”谈到社会效益时则有些夸大其词：“首席工程师谭新国主持开发的多项高新技术，获得成功，受到国际市场关注。”事实上，包括阎志在内的所有决策、执行者都未否认，这些清洁产品都是失败的项目。

其实，除阎志之外，傅高潮、杨剑鑫等高管自始至终都对这次尝试持反对意见。“在发展这块，我可以说是拖后腿的，我永远是不赞成公司扩展的。我这个 50 年代的人，跟他‘70 后’不一样嘛。”傅高潮后来反思说，“选择的方向都没错。为什么没有成功呢？打个比方说，公司当时只是个小孩子，要做的都是大人做的事情，所以做不了。生物公司是高科技公司，那不是谁想做就能做的。那要高投入，以我们那时候的状况不可能进行高投入。”

那么，这个转型的尝试带来了多大的成本？所幸的是，阎志想法大胆，但在落地时还是稳健的，规模最多时也只有十几个人，租用一家小型化工厂的车间搞生产。然而，因为产品超前、投资不足等各方面原因，大量库存产品无法在市场打开销路。阎志对于生物公司的激情前后只持续了一年时间，而后他继续寻找新方向。

就在这段前路飘忽不定的迷茫时期，杨剑鑫突然提出和卓尔分道扬镳。这个在市场营销方面所向披靡、不知疲倦的青年，在过去五年间和同事们发了疯似的卖命干，现在终于觉得有些疲惫不堪，准确地说，是他的心累了。杨剑鑫回忆说：“当时手上只剩下几个老客户，而且家电业务也开始萎缩，业务量非常少。这个时候人就有了惰性，我当时也是完全没方向了，每天感觉很疲惫。”他指向傅高潮说：“当时我跟他住在一起，每天就是打麻将、玩。完全没有动力去开发新客户。这是我离开的主要原因。”

还有一些琐事也成为杨剑鑫毫无征兆离职的导火索。不久之前，因为客户催款开发票的问题，杨剑鑫与财务总监邓建林大吵一架，后者是阎志的姐夫，这几年公司陆续进入许多阎志的亲朋故旧，杨剑鑫觉得“这不是好事”，心里不痛快，觉得被干预过多，不愿忍气吞声，工作中难免有些摩擦。另一件事是阎志与天下广告公司创始人陈潜峰合作成立新公司，杨剑鑫作为卓尔的代表者介入经营，苦干一年毫无业绩，新业务发展遇到瓶颈，无力感油然而生。

临别之前，杨剑鑫手写一封11页的长信交给阎志，很可惜这封珍贵的信件后来不知所踪，十三年之后，两位当事人分别回忆时对信中所述内容都印象朦胧。阎志回忆：“这是人的认识产生了分歧，并不是有什么争论。我当时举了个例子，我们是赚到钱半路上就把钱分了大家散伙，还是去建立根据地占领更多的东西？就是这个理念上的分歧。”他稍微提高了音量继续说：“我可以坦率地讲，我们公司的工资到了近几年才稍微高一点。我一直持这个观点，就是攒着，反正你又没有离开。攒着就是大家的精气神不能丢，再说俗一点就是艰苦奋斗的精神不能丢。还是应该聚集资源。”

据阎志回忆，那时公司刚刚买下新丽大厦11层整层楼，装修得富丽堂皇。可杨剑鑫并不同意，他觉得以现有业务规模连20个人都不需要，100平方米的办公场所就够用，根本不需要1000平方米，按照这种方式经营下去，用不了半年公司现金流就会耗尽，他看不到希望。可阎志自认为已经找到商业经营的规律：“你要去做实业，一定要有一点公信力、信任感。不能光凭自己讲，广告可以靠说，这个时候还是需要一点场面的东西。我们在这一点上发生分歧了。”

尽管杨剑鑫的骤然离去对公司发展产生不利影响，但许多年后，再次回忆起这段往事，阎志很平静地说："我们和平分手。但到现在还是朋友，还有互动。"

客观来说，如果不考虑卓尔在十多年后取得的辉煌成就，放在短期来考量，杨剑鑫当时的预判是准确的，至少在后来的三四年间卓尔都在左冲右突，举步维艰。消毒洗洁剂、洗手液和卓尔牙舒等新产品由于过于超前，形成大量库存积压商品，直到2003年才柳暗花明。这一年，"非典"病毒迅速蔓延，席卷全国，市场上所有消毒产品都被一抢而空，连食盐、白醋都四处告急，卓尔库房几天内被清空，产品供不应求，可惜卓尔生物公司的清洁产品生产已名存实亡。这段峰回路转的趣事后来成为佳话，被当作阎志具有先见之明的最生动注脚。

可是，卓尔的前景并未因此拨云见日，下一个增长点究竟在哪儿仍然是一个谜。2001年，财经作家吴晓波的著作《大败局》畅销全国，许多大名鼎鼎的企业家均以失败者的形象跌倒在21世纪商业史的开端，中国企业家的危机意识空前高涨。如果阎志当时读过这部著作，无疑会对卓尔接下来的战略选择有更审慎的思考。

壮志未酬"楚乡酒"

随着卓尔实力与日俱增，阎志在省城武汉声名远播，家乡的政府官员对他翘首以待。

关于做生意，有句俗话叫"做熟不做生"，"熟"与"生"不仅涉及行业或产品，而且包含对所在地域人们性格特征及消费习惯的了解。对于阎志而言，黄冈是他生于斯、长于斯的故土，选择扎根此地，既有朴素的家乡情结，也有务实的商业考虑。在此后几年的多元化进程中，卓尔一直深耕黄冈，造福故乡，当阎志认真思考企业战略时，他欣喜发现：

回报故土的朴素情怀竟然可以与卓尔的未来发展完美结合。全方位、立体型的市场空间，也能培育出一家值得尊敬的优秀企业。

2002 年，中国的国有企业正集体逼近峭壁边缘，破产、重组的悲剧每天都在上演。从 1998 年到 2002 年，湖北省国有企业改革已进入第三个阶段——改革脱困和结构调整，围绕“四创新一配套”，基本实现“三年两大目标”的改革任务，完成中小企业改制，形成县域经济以民营经济为主体的格局。虽然 2002 年湖北省围绕国有企业进行产权制度改革的热潮已接近尾声，但是阎志仍然到处找寻机遇，多次尝试参与国有企业改制，希望以此探索出实业发展的新路径。

正值此时，罗田县政府找上门来，希望卓尔能力挽狂澜，帮助濒临绝境的国有企业罗田楚乡酒厂走出困局。此事正中下怀，阎志欣然同意。2002 年 3 月，卓尔以收购未被银行抵押资产、租赁已被抵押资产的方式接手楚乡酒厂，成立湖北楚乡酒业有限公司。在宣布挂牌成立的新闻发布会上，罗田县委、人大、县政府、政协及各部、办、委、局共 50 多位领导到场祝贺，代表政府部门发言的县委副书记、县政协主席马惠军表态：“全县各部门要紧密配合，举全县之力把楚乡酒打造成享誉湖北、驰名全国的白酒名牌。”阎志对这次合作非常重视，邀请湖北电视台、湖北日报、楚天都市报、武汉电视台、武汉晨报、黄冈电视台、黄冈日报、罗田电视台等 20 多家省、市、县新闻媒体记者到罗田采访报道，盛况空前。

根据当时的媒体报道，卓尔已经是一家实力雄厚的集团化企业。“资产 2.2 亿元，企业员工 500 余人，拥有卓尔传播、卓尔企业形象设计、新丽广告、北方卓尔、京美 · 艾克、卓尔生物产业、卓尔实业等 10 余家全资子公司。”1999 年初阎志将公司“一分为三”的设想早已实现，如今已扩张到十几家公司，他并未满足，还在继续勾勒未来两年的宏伟蓝图：“实现拥有多个知名产品品牌、主业突出、核心竞争力强的中型集团企业，并进入全国广告行业 20 强，企业全年营业额实现 3 个亿，其中部分企业通过并购或核准途径上市。”

楚乡酒业无疑是阎志所绘蓝图中浓墨重彩的一笔，尽管这家拥有五十年悠久历史的县域龙头企业显露出强弩之末的颓势。1952 年，十几位农民在罗田城关东门建起一座不足 300 平方米的小作坊，以两担稻谷起家，命名罗田酒厂。1989 年，罗田酒厂更名为湖北楚乡酒厂，企业产值、销售收入每年以百分之十几的增速稳步发展。不过，直到卓尔入主之前的 2001 年，这家酒厂的年营业额才突破 1000 万元，而且其中有一半来自罗田县胜利镇，在国内、省内知名白酒品牌涌入后市场拓展进退维谷，再加上战略模糊、管理混乱，经营步履蹒跚，迫切需要新生力量重整旗鼓。

虽说阎志没有经营过白酒企业，但他对白酒行业尤其是湖北白酒市场了如指掌，通过大手笔策划成功帮助白云边东山再起之后，他还为随州市编钟乐酒业的野战酒宣传造势，2001 年前后“地雷瓶”装的“野战酒”在武汉风靡一时。如今亲手操盘楚乡酒业，阎志豪气干云，在 2002 年度第三次董事会上，他提出“2002 年 7 月 1 日至 2003 年 6 月 30 日投入 400 万元广告费用”的庞大计划。

就在同期，连接鄂州、黄州两座中等城市的鄂黄长江公路大桥于 2002 年 9 月 26 日正式通车。在此之前，卓尔捷足先登，独家买断这座“金扁担”十二年的户外广告经营权，不仅增强企业在湖北广告行业的竞争力，而且提升在黄冈的影响力和美誉度，为阎志在这片土地推行多元化扩张战略锦上添花。

正如阎志所说，“白酒的‘话语价值’载体是酒文化”。他邀请专家、文人为楚乡酒著文立说，把楚乡酒文化推向高潮。著名作家刘醒龙以《楚乡酒有》回味当年把酒临风的感动，著名白酒专家、美籍学者易利娟在异国他乡满怀深情倾诉楚乡情结——“饮不尽的楚乡酒，诉不完的楚乡情”，湖北市场调查中心主任“子豪”借古鉴今写出评论《品质至上，再创辉煌：楚乡酒经营理念剖析》，全国著名酿酒专家、湖北省白酒协会会长陶家驰赋诗一首：“轻车越岭来罗田，楚乡酒厂映眼帘。香气熏得路人醉，佳酿源于天堂泉。”

为了快速提升公司的管理水平和员工素质，阎志从卓尔总部抽调4名管理人员入驻楚乡酒业。转变效果立竿见影，以包装车间为例，以往慵懒散漫的女工脱胎换骨，劳动生产率比以往提高3倍以上，班产量由原来的180件增加到600件，白酒的损耗减少三分之一。到2002年底，楚乡酒业共推出“卓尔金樽”“楚乡王”“金楚乡”“楚乡醇”“天堂泉”五大系列18种新品，共30多个品种，销售收入增长一倍，达到2000万元。接手9个月以来，楚乡酒业的公司面貌焕然一新，管理、营销绩效全面提升，员工收入普遍上涨，基本实现从国企向民企的平稳过渡。

2003年3月21日，阎志在营销工作会上明确“一切为了销售”的理念，将年度总体营销任务提高到5250万元。集团副总裁方一兵宣读《关于组建楚乡营销有限公司》和《湖北楚乡酒业有限公司2003年度销售管理办法》，此前的九大办事处被整合成“三部六个营销中心”，即营销策划部、市场督导部、资金结算部，第一至第六共六个营销中心。方一兵生于1955年，老成稳重又勇于开拓，他先是在罗田县卫生防疫站当副站长，后来到黄冈卫校康达公司任业务经理，直到2000年加入卓尔，此时已45岁，人生道路从此变得豁然开朗。没过几个月，方一兵出任楚乡酒业董事长。

在这个春光明媚的3月，卓尔以之前收购的通灵矿泉饮料公司为基础，启动卓尔企业集团楚乡生态食品产业园建设，投入楚乡功能饮料、可乐、干红、酒精等生产线，提出“形成年产值1.5亿元，涉足酒业、食品、药材、旅游等多领域的生态产业链”的宏伟计划。

整个2003年，楚乡酒业捷报频传，市场覆盖范围已经从黄冈市内各县扩大到湖北省内的武汉、荆州、襄樊、鄂州以及河南、广西等地，阎志意气风发，每次开会都鼓励大家“做大做强楚乡酒，回报家乡回报社会”，政府官员关于楚乡酒“享誉湖北、驰名全国”的愿望指日可待。谁都没有想到，当初没落破败的老酒厂会在如此短时间内再创辉煌。可惜，乐极生悲，矛盾因效益好转而浮现，改制问题在接下来的一年变得艰难复杂。

2004年，卓尔提出彻底改制。然而，这一构想并没有得到好的回应。在这种情况下，阎志只好退出，但并没有就此罢手。十年之后，因为足球结缘，卓尔与枝江酒业共同开发白酒高端品牌“楚窖”。百里之外，楚乡酒业已深陷困局，再次易主，境况恍若2002年的悲情重演，只是出路远不如当年那般平坦开阔。

这当然不是阎志期望看到的结果，即便他曾被深深伤害过。

投资教育，痛并成长着

2002年7月，全国高考刚刚结束。阎志突然心血来潮般在董事会上提出，要创办黄冈外国语高级中学。此时距离卓尔接手楚乡酒业才4个月，如何安抚酒厂员工、做好营销宣传工作还千头万绪。

阎志擅长把握时势，总能嗅出政策变化和市场转型隐藏的商机。他对商业趋势有方向感和判断力，敢于决策并迅速行动，而且个性鲜明，身旁年长的辅助者都已形成跟随的力量。对于这家创业期的公司来说，民主、开放意味着犹豫拖沓，管理风格绵软无力，阎志的强硬专断正是那几年卓尔迅猛发展的原因。7月黄冈市各中小学已经放暑假，董事会讨论时，虽然大家都举手同意阎志的办学主张，却对招生工作忧心忡忡。“学生已经放假，生源的竞争正处在白热化阶段，招生的难度太大。唯一的条件是我们可以利用黄冈教育强市、教育大市的名气。”

这完全不是自我安慰。在“教育黄冈”的年代，全国各高中都争先恐后地拿“黄冈出品”的模考试题训练学生，到黄冈中学参观考察“取经”的团队络绎不绝，2001 年这所学校有近百名学生考入清华、北大，占据整个湖北省半壁江山。

除了“黄冈”这块教育金字招牌，“英语热”和“民办教育热”也是阎志快速拍板的重要原因。2001 年 7 月 13 日，北京申奥成功；11 月 10 日，中国加入世界贸易组织（WTO）的申请终获通过，这两件举国欢腾的大事在全国掀起又一轮学习英语的热潮。这年 12 月 21 日，《民办教育促进法草案》提请全国人大常委会审议，此后一年各种观念激烈碰撞，一波三折，围绕“民办学校举办者能否取得合理回报”展开的争论旷日持久，直到 2002 年 12 月 28 日终获高票通过，确认“出资人可以从办学结余中取得合理回报”，但“具体办法由国务院规定”。阎志早已习惯在争论中前行，当一切尘埃落定，也意味着机遇早已丧失殆尽。

看起来阎志占尽天时、地利、人和，拿到的资源却非常贫弱，他在黄冈这张教育界顶级牌桌上拿到一手烂牌——黄冈市体育局下属的市体校。进入 20 世纪 90 年代之后，因举国体制兴办的各类体校在市场经济中迅速衰落，资金匮乏、生源萎缩，负债苦力支撑者不在少数，黄冈市体校也难逃厄运。除了破败的教学楼、宿舍楼和一块场地，这所学校在师资、设备、管理、口碑上毫无优势可言，离 9 月开学不足两个月，卓尔要重新打造一所全封闭管理的全日制外国语寄宿学校，先不说招生难题如何解决，能否如期完成校舍修建、按时开学都值得怀疑。

阎志铁腕强毅，被派往黄州负责新校筹建的涂庆元夜以继日，这位河南汉子出生于 1962 年，先后在黄冈中学、罗田一中任教，又在罗田劳动局、黄冈林校任职，不惑之年加入卓尔。按照阎志确定的办学日程，筹建团队争分夺秒，到 8 月中旬就完成申报立项、批文办理、资金注入和体校租赁、校舍改造、教学设备仪器等纷繁复杂的工作。同时，阎志提出“名人治校，名师办学”的思路，邀请原黄冈中学党委书记骆东平担任名誉校长、原黄冈师范学院院长刘行敏担任校长，教师选聘工作顺利完成。他始终坚信“用专业的人做专业的事”，用人不疑，完全放权放手。最后10天，招生团队全力做好宣传推广工作，不可思议地招收到4个班的学生，9月1日按时开学。企业内刊《卓尔通讯》的评论员热情洋溢地写道：“这是一个比深圳速度还要惊人的卓尔速度。”

终于完成几乎不可能完成的任务，筹建团队的所有人和卓尔高管都长舒一口气，唯独阎志还一脸严肃，在黄冈外国语高级中学召开的专题会议上，他语重心长地提醒：“要冷静客观地看待外高。我们的外高还处在草创阶段，总体规模还很小，很多方面还不完善，还没有找到平衡点，不具备足以抵抗任何风险的能力。我们不能夜郎自大，不能自以为是，我们在很多方面有待完善。”

说完这些充满危机意识的话，阎志开始神采飞扬地表述期望：“从严治校，教学、安全、生活等各方面的管理都要突出一个‘严’字，把我们外高办成闻名黄冈的一流学校。明年中、高考要出状元，要有考上北大、清华、交大、复旦的，要抓尖子生的培养。要搞10个人的工程，培养10个人上名牌大学。用做企业的模式打造教学品牌，普遍的教学质量也要提高。既要抓尖子，又要抓全体学生的进步。”他越说越兴奋：“从纵向考虑，要把外高打造成一个双语教育品牌，形成小、初、高系列学校；从横向规划，还要办一所卓尔商学院，培养企业营销人才，形成一个教学产业链，必要时还要在武汉、上海、荆州等地开分校。通过纵向、横向的发展来架构我们的教育产业。”

在此后半年多时间内，黄冈外国语高级中学陆续被评为“黄冈市民办先进学校”“黄冈市民办示范学校”，社会影响力逐渐显现。2003年7月，毕业班学生第一次参加高考，“46人全部过线，上线率达到100%，其中专科过线率达到93.4%，本科过线率达到65.1%”。尽管这个成绩离阎志的“十人工程”还有差距，但对于低起点、初创期的师生而言，已足够欢欣鼓舞。

令人遗憾的是，黄冈外国语高级中学的经营状况从此裹足不前，甚至节节倒退。此后无论在学校办公会还是集团管理会议上，凡提及黄冈外国语高级中学，除了管理规范和教学水平，阎志强调最多的就是“招生”。2004 年 3 月 21 日，阎志在校长办公会上花了很长时间谈论“着力抓好招生工作”，甚至对招生方案、招生对象和宣传推广都提出具体办法，最后他直接下死命令：“从现在起，学校的招生工作会议每个星期都要开，学校的每一块都要服务于招生。”

听得出来，这是一种充满失望的愤怒表达，阎志此时对这所学校甚至教育产业的热情被消磨得所剩无几。几乎在同一时期，以英语教育培训起家的“留学教父”俞敏洪正经受巨大煎熬，那两年是新东方最痛苦的转型阶段，几位创始人因利益和权力再分配陷入无休止的争吵，俞敏洪为此痛哭过好几次。好在 2004 年以国际标准锻造企业，建立董事会之后，矛盾逐渐化解，新东方进入高速发展的快车道。

以退为进，阎志选择了另一条道路，放弃了在教育领域的继续投入。可是，如果 2004 年继续在教育领域深耕，很难说阎志后来做不成另一个“新东方”，甚至一所全国一流的民办高校。要知道，十三年前那个寒风凛冽的冬天，俞敏洪租用中关村第二小学一间平房当教室，挂上“东方大学英语培训部”的招牌，每天拎着糨糊桶寻找电线杆贴招生广告，谁会想到日后的新东方会成为中国教育培训行业的龙头老大。

当然，更不会有人想到，没过几年时间，在教育产业遗憾退出的阎志，会在更广阔的领域建功立业。

“三年纲要”

2002 年是卓尔的转折点。转型实业的路径看起来危机四伏，而内部管理又千头万绪，这些纷扰不过漫漫征程中的短暂插曲。从这一年开始，公司进入快速扩张的时代，阎志曾在2003年初总结说：“2002年是卓尔企业发展历程上最重要的一年。”

2003年1月2日，《卓尔通讯》公布了“2002年卓尔十大新闻”，除了“参与国营机制改革，成功并购罗田酒厂”“两月筹建一所学校，合力创造卓尔奇迹”“两岸三方密切合作，精心打造不凡传媒”“广告产业又添新彩，户外雄踞鄂黄大桥”等产业拓展，还特别提到，在年底“集团正式登记注册，企业构架形成规模”，“从组织结构、经营管理、硬件软件的建设方面不断完善，经过努力，终于成为名副其实的企业集团”。

整个2002年，卓尔就像奔上F1赛场的法拉利跑车，风驰电掣般的发展速度令旁观者心惊肉跳。到年底，阎志又对湖北省重要的纺织企业原雪龙集团进行改制合并，迅速在黄冈市龙感湖管理区注册成立“湖北雪龙纺织工业有限公司”。他一路狂飙，不但没有刹车的意思，还总盘算着再踩几脚油门，恨不得一夜之间把卓尔大旗树立在全世界所有角落。2003年初，阎志打算在3月的卓尔企业第四届管理集训会议上统一思想，鼓舞士气，继续快马扬鞭向前飞奔。

这注定是卓尔自1996年成立以来规模最宏大、影响最深远的盛会。2003年3月7日，春风和煦，桃红柳绿，83名卓尔中高层骨干管理人员齐聚武汉近郊的新洲阳逻山庄，参加卓尔第四届管理集训会议。自2000年开始，卓尔每年初都举行管理集训会议，大到公司的战略、管理、人事安排，小到分公司的宣传推广、招生工作和设备采购等，只要是关于卓尔的问题，全部都可以讨论、总结，畅所欲言。

3月8日是集训正式开始的第一天，上午9点，集团常务副董事长陈丽芬致开幕词，集团董事、副总裁傅高潮宣布新一届董事会人员任免决定：由董事长阎志兼任集团总裁，傅高潮、王子欣、夏禹、方一兵任集团副总裁，严安心、李勤、涂庆元任集团总裁助理。20分钟之后，阎志信心十足地走上主席台，宣读《卓尔企业集团 2003—2005 年战略发展纲要（讨论稿）》。他提出了迄今为止卓尔最为激进的发展计划：三年内把卓尔建设成为一个年产值 7 亿元，拥有员工 2000 人的中型民营企业集团。台下掌声雷动，声震会场。

当天下午，精英骨干们分成 6 个小组，讨论事关卓尔未来三年的战略发展纲要。“大家普遍认为，《纲要》规划科学合理，切合各个产业发展实际，符合现代企业发展思路，具有统领全体员工思想、统一行动的重要作用，必将为集团未来的发展产生深刻影响。”《卓尔通讯》以欢欣鼓舞的口吻写道：“代表们一致表示要切实按照《纲要》提出的战略构想和部署，站在‘同是卓尔人，共做卓尔事’的主人翁的高度，严格要求，积极主动，同心协力，踏踏实实做大做强‘四大优势产业’，全面推动集团持续、快速、健康地发展，为卓尔企业集团的美好明天共同奋斗！”

3 月 10 日是集训的最后一天，中午 12 点，阎志以“坚定信心，共创未来”为题总结四天集训的成果，并宣布《卓尔企业集团 2003—2005 年战略发展纲要》正式通过。这是一份雄心勃勃的战略规划，当然，这也意味着接下来的三年里所有人将为此付出无尽的汗水和努力。阎志豪情满怀地说：“作为一个民营企业能够拿出这样沉甸甸的发展纲要来，可能在当代中国民营企业里面也是少有的，我们正在走向理性。”

阎志提出战略部署：“以武汉为运营中心，以黄冈为实业基地，以上海为发展前沿。”并总结出发展思路：“工业化道路，高科技方向，多元化格局。”他希望卓尔能够树立起“学习”“年轻”“创新”的企业形象。

会议主题确定为“管理集训”并非徒有虚名，阎志提出完善管理体制的计划。“实施分层管理，集团设董事会、高层行政领导、中层行政领导和总经理层，形成‘决策层——执行层——经营层’分层管理的模式。董事会是集团最高决策机构，负责集团方针策略的决策制定。集团正副总裁、总裁助理、各中心负责人和各公司、机构中高层领导主要负责集团和各公司的管理，具体事务由行政领导个人或通过总经理办公会决策实施，集团充分授权经营层，各公司总经理对公司的具体经营业务负责。”

另外，阎志还首次提到员工持股理念：“逐步推行管理层持股，骨干员工持股计划。通过这些举措，逐步实现员工身份置换，调动员工积极性，激发企业活力，推动企业不断向前发展。”他一直有分享精神，希望实现所有人的价值，就在会议期间的表彰大会上，方一兵就因为“在企业新项目建设、合作过程中业绩突出”获得住房一套，李勤则“在媒介经营方面业绩突出”获得汽车一辆。

第四届管理集训会议和《卓尔企业集团2003—2005年战略发展纲要》在卓尔发展历程中堪称一座里程碑。企业制定清晰可量化的目标和方向，意味着它宣告粗放经营的结束，精益管理的肇始。公司内外开始讨论未来的发展方向、经营思路和管理目标，卓尔大厦、各产业园的筹建工作和广告公司上市计划提上议事日程，阎志教会管理者从战略高度重视如何统一企业价值观的问题。

从1996年创业开始，卓尔一直在激情、勇气和忍耐中迎难而上，积极进取。七年来，经过岁月的无情冲刷、磨砺，很难说所有人始终矢志不渝，信心满怀。第四届管理集训会议标志着卓尔是一家敢于挑战的企业，能够做出震惊业界的非凡之举。同时，阎志传达出一条重要信息，就是永远追求卓越，用行动把不可能变成可能。

差一点就上市

阎志的“三年发展纲要”并非好大喜功的动员号角，他明显意识到快速扩张过程中涌现的问题和风险，因此在报告中反复强调“稳健”“安全”。他说：“2003年是实现三年纲要、承上启下的一年，做稳做强的一年。要调整我们的思想和节奏。在2002年快速扩张以后，我们要放慢脚步，把现有的产业做大、做强。”他特别提到资金安全问题：“我们要为企业下一步发展做好资金、人力、管理各方面的准备。首先是资金准备。要把资金的安全放在首位，只有资金安全，才能确保集团1000多名员工的生活，这是做企业的根本目标，也是基本目标。”

多年后回忆与阎志同甘共苦的创业历程，傅高潮认为这段时期是仅有的最难熬的日子，也是他职业生涯的低谷期。他说：“当时卓尔有那么多企业，但是赚钱的又不是很多。广告主也不像原来那样赚钱，别人就不愿意给资金。我们又从来没有贷款。我从来是反对贷款的，当时想搞贷款但是没得搞，有段时间资金就出现了非常紧张的情况。”他停顿了一下，继续说道，“就在这个情况下，阎总还是永远地往前冲，还在扩张。当时是非常困难的，我就想不通，就会有一些怨言。因为当时紧张的状况，别人还不能知道，只有我和他知道。”

其实阎志心里比傅高潮更痛苦，情绪也变得急躁易怒。现任卓尔控股品牌管理中心负责人的黄萱对老板十多年来的境界修养提升有切身感受，她回忆道：“那个时候我是新人，觉得老板好可怕。他一发脾气整个11层楼都听得到。他当时的秘书说，一个星期有两三次做梦会梦到阎总，每次都被吓醒了。公交车里接电话挨批评，旁边的人都听得到。”说起现在的变化，她的眉头明显舒展：“现在新人进来觉得老板脾气不好，其实都好很多了。他有时候开会也会说，‘都说我脾气不好，我自己也在慢慢调节，我也不想吼你们，但是事情还是要推动下去的’。”

阎志和傅高潮都陷入了情绪低谷，很多问题无法当面沟通，傅高潮就请夏禹劝告他“步子要放慢一些”，岂料阎志非常生气。资金紧张的问题不应该让更多人担心，阎志生性孝顺，万一传到父母耳中他更难受。傅高潮多少有些逃避心理，于是他主动要求调往汉南区邓南镇农产品加工园区负责筹建工作，三个月之后才官复原职。

不过，傅高潮的话阎志应该是听进去了。在2003年6月的总裁办公会上，阎志开始主动减速，他反省说："原来一直提做大做强，现在应该提出做大不如做强。我们不能片面去追求做大，我们要开始消化现有的产业，消化我们现在的企业。我们到了认认真真做好每个产业的时候了。我们要把现在的四个产业、几个龙头企业脚踏实地做好。我们不必涉及更多的产业，多了干不下来。在现有的规模内实现最大的效益才是我们现阶段的目标。"

一个月之前，阎志已经启动"规模内实现最大效益"的调整，将原卓尔广告公司分为卓尔广告传播公司、卓尔广告媒介公司、卓尔广告工程公司三家独立子公司。其实广告一直都是卓尔的核心业务，即便大张旗鼓地进军实业也从未压缩对这项业务的投入。2003年，纸媒、户外等媒介式微，阎志在武汉果断买下500多栋高档写字楼的电梯媒介，开创武汉电梯广告的先河。这年5月，江南春在上海创办分众传媒——如今中国最大的户外广告平台，电梯广告正是他迅速发迹的捷径。从这个角度来说，阎志的商业敏锐度再次被证明。如果那时候他也身处上海，如果他也把这个模式复制推广到全国，卓尔会不会成为另一个样子？历史不容假设，但这些巧合总是难以制止后来者的遐思。

同样是诗人企业家，又是广告业同行，可江南春的创业故事终究没有引发阎志关注。更何况，阎志正沉浸于一趟激动人心的冒险旅程，如果成功，他将创造许多历史纪录。2003年5月16日，卓尔与香港上市业务服务机构签订协议书，双方共同约定：2004年6月底前，卓尔广告及相关业务以"红筹"方式在香港创业板上市。10天之后，香港的服务机构派专业团队进入卓尔，开始上市辅导和筹备工作。

据统计，2003年之前的五年间，内地企业在香港融资额高达5260亿港元，其中上市后再融资占6.4%，香港资本市场已成为内地企业便捷而重要的融资渠道。眼看着身边的企业家朋友前赴后继鸣锣敲钟，阎志怎能无动于衷？尽管他也清楚，资本介入只是锦上添花，不是雪中送炭，不过，外部市场环境和内部资金状况显然不允许他对资本漠视。

其实，早在2002年阎志就制订了卓尔广告公司香港上市计划。这一年，卓尔成为实力媒体在湖北的唯一策略联盟合作伙伴。这是一家全球业务量每年达到数百亿元的国际知名媒体经营机构，卓尔承担其在湖北的媒体发布工作。这次合作可以视为卓尔国际化的开端，阎志很早就注重与国际接轨。公司刚搬到新丽大厦时，他专门买回一本英文取名书，给每个员工取个英文名，直到如今，他名片上依然有英文名“Andy”——与刘德华同名。

与业务量增长相比，阎志更看重与行业领跑者合作的学习机会，他多次派员工去上海参加业务培训，提高业务经营素质。李勤印象深刻的是，通过系统培训学习，卓尔开始引入市场监测、受众分析、投放概率等精准工作方法。

没过多久，阎志开始了解、学习在香港上市的程序、法律、制度。阎志喜欢看书，早年间多是小说、诗歌，经营企业之后就是财务、法律、管理、营销。早上起床后、晚上睡前，或者在出差的飞机上、车上，他总是手不释卷，不分时间、地点，他经常在开会时运用某些经典著作中的理论，并提醒部下“你们应该把这本书看一下”，甚至事先安排购买现场给每人发一本。

2002年上市筹备工作启动后，全公司表现出一种紧张、振奋、热烈的氛围。刘红一年前刚进入卓尔，作为财务人员被抽调到上市财务专班，她回忆说：“那年我女儿3岁，需要人照顾，有一天在家里突然接到电话，让我到公司，后来整整一个星期我都没能回家，连晚上都在加班。”武汉的夏天很炎热，刘红和同事们毫无准备，临时在超市买了点洗漱用品，每天都在办公室，累了就轮流到沙发上靠一下，“很多财务工作都要按照香港审计的要求做，差不多有一个月都分不清日夜”。

黄萱当时在媒介部门负责资料归档、稿件梳理工作，最头疼的是公司创业初期许多单据、凭证、合同等找不到源头，而客户又不愿配合，只能反复沟通做工作。每次找回上市所需要的陈旧资料，她都如同珍贵文物回流一般兴奋、激动。那几个月阎志每天加班到很晚，带着一帮年轻人信心满满地向香港资本市场发起冲击。

这一次上市计划前后历时两年，直到2004年6月17日晚上的卓尔广告企业文化与发展研讨会上，阎志还鼓励“广告上市筹备工作已进入关键时期”，对广告公司员工的业务素质、工作面貌及团队精神提出更高要求，并强调发展目标是成为湖北省第一家4A广告公司。

然而，此时香港创业板市场尽显萧条，风声鹤唳。2004年4月1日，香港联交所《上市规则》修订新例生效，创业板公司转板主板的门槛进一步降低，此后，TOM集团、长江生命科技、凤凰卫视、香港网四大香港创业板巨头离开，金蝶国际、速达软件和宝德科技等内地企业也纷纷转板，创业板离当初号称“亚洲纳斯达克”的梦想渐行渐远，吸引力和美誉度跌至谷底。与此同时，因为政策制度和法律文件方面的原因，许多内地公司的香港上市计划被搁浅，卓尔广告不幸位列其中，功亏一篑。

对于这段“差一点点就成功”的上市故事，卓尔从未对外公开，内部员工也知之甚少。以至2011年卓尔在香港主板成功上市时，许多人都惊呼上市过程顺利得出奇，殊不知阎志早在七年前就开始准备，从那时起按照香港资本市场要求确立的财务、法律、管理制度就从未放松过。阎志曾自我评价“大无畏”，他说：“一件事情没做好，重新做一件事情，从头再来的能力，我有。”

实业经营乏力，冲击上市失败，2004年无疑是卓尔充满考验的一年。好在阎志有足够的激情和韧性，他重新调整思路，并发动整个公司的力量，让一切变得顺利起来。

新“雪龙”

大概在2002年6月，黄冈市龙感湖管理区负责人专程赶到武汉，找阎志解燃眉之急。

当时的龙感湖管理区原是国营农场，职工来自五湖四海，辛勤劳作生产粮棉油、鸡鸭鱼，堪称“鱼米之乡”。1986年，农场成立纺织厂，十四年跌宕沉浮，雪龙纺织已是龙感湖管理区最大的企业，也是黄冈市纺织龙头企业，其间还登陆“汉柜”（武汉证券交易中心）交易，风光八面。1998年亚洲金融危机之后，“汉柜”撤销，银根紧缩，雪龙纺织靠银行贷款继续扩张，在福建马尾等沿海城市投资建厂，2000年棉花行情上涨时还进入湖北省工业企业500强。可这已经是日薄西山时最后的一抹残阳。

受金融政策和行业环境不景气影响，加上企业因教育、医疗、养老等各项开支不堪重负，大刀阔斧的改革根本无法推进。高峰时期，雪龙集团棉纱年销售额达到1.5亿元，每个月产量500多吨，销售收入上千万元。但是，每个月支出费用至少需要2000多万元，公司固定资产和流动资产总值一亿元，可负债达到两个亿，如果算上各种坏账、赔偿、员工工龄买断成本，负债率将达到300%。到2002年，整个集团已人心涣散，银行停止贷款，债务纠纷败诉，电力公司为追债嚷着要断电，艰难时企业负责人只好到处躲债。

雪龙纺织已经到了非改制不可的最后时刻，龙感湖管理区的领导多次到浙江、上海、福建、广东等沿海省市引资，希望引进有实力的企业接盘，否则只能破产清算。先后有四五位投资人到雪龙纺织考察，可所提条件和方案都不尽人意。那几年卓尔在黄冈大张旗鼓地投资实业，大家对阎志的发展有所关注，经引荐，龙感湖管理区党委书记先后两次带队到武汉考察卓尔，对阎志非常认可。在此之前，阎志对纺织知之甚少，不过眼前的机会显然符合卓尔进军实业的战略，虽然这个“烫手山芋”体量大、矛盾多，风险无法预知，可他仍然信心十足，那些濒临破产的企业不都被卓尔救活了吗？而且经营得还不错。

这次改制“只能成功，不能失败”，管理区的领导当然谨慎稳重，前后犹豫半年，到年底时雪龙纺织资产明显缩水几千万元，改制进程陡然加快。2003 年 1 月 17 日，卓尔与雪龙纺织签订流动资产转让和核心资产托管经营协议，并注册成立湖北雪龙纺织工业有限公司。

改革是一项复杂烦琐的社会系统工程，任何设计都不可能天衣无缝，矛盾和冲突不可避免。因整个改制程序公开透明，还有第三方评估机构合理定价，阻力被从容化解。

摩擦和碰撞过后，稳定、融合成为新雪龙的头等大事。3 月 22 日，阎志在黄冈召集雪龙中层以上干部开会。会场气氛严肃，阎志以“树立信心，凝聚合力，强势管理”为题表露决心，他首先从战略高度提振士气：“从纺织行业看，纺织品需求有着巨大的空间，中国纺织品有着较强的国际竞争优势，雪龙纺织在技术、人才、市场、经验等方面更是有着诸多优势，我们不能因为企业运营过程中某一环节上的问题而怀疑甚至否定整个行业，更何况我们民营企业的优势，有在本地纺织行业最为强大的领导班子。”

这番话说得十分响亮，对行业大局的分析完全不像仅入门两个月的新手。接着他开始强调“要树立正确的经营观”，贯彻“以人为本”的理念，建立完善的沟通渠道，把全公司 1000 多人都激发起来，增强凝聚力。说完这些，阎志觉得可以说出此次会议的核心思想了，他提高音量，斩钉截铁地说：“我不希望我们提出的‘规范化’和‘标准化’成为一句空话，要将管理的规范和标准细化到每一个岗位、每一项工作之中。同时要推行强势管理，要确保总经理办公会决定（决议）的权威性，建立完善、明朗的管理体系，一级对一级负责，各车间、部门负责人对本单位的管理也要强势。只有每一级、每一层都把好关，才能把绩效管理工作搞好。”

临近结束之前，阎志动情地抒发理想，他显然对这家新公司抱有很大期望：“我一直致力于做大、做实雪龙这方事业，雪龙纺织的最终目标就是要做成一个集团，集轧花、纺纱、织布、印染、成衣于一体，打通产业链。我们不会因为暂时的经营困难走回头路。我始终相信历史的脚步只会向前。”

这次会议结束后还不到一个月，4 月 15 日，阎志与方一兵、严安心、张国平、范旭东、邓建林、崔锦锋、严锦红等下属琢磨出一套制度——《2003 年度湖北雪龙纺织工业有限公司经营管理办法》，他在题为《写给未来》的前言结尾处鼓励所有人：“我们从不奢望等待，从不言失败，坚信我们的未来在我们的手上，新雪龙的明天必将无比美好、辉煌！”

阎志的号召余音未了，就接到迎接领导视察的通知，这项关乎黄冈国企改革成败的改制自始至终受到湖北省委、省政府的重视。7 月 2 日上午，时任省长罗清泉在地方领导陪同下到雪龙纺织视察生产车间，询问改制情况和近期生产、销售形势，他对阎志积极参与国企改制、回报家乡的做法表示赞许，并勉励雪龙纺织在新的市场环境和新的企业机制下，“抢抓机遇，努力拼搏，再创辉煌”。

在政府领导鼓舞人心的词句感召下，整个公司都激昂起来。9 月 26 日，湖北卓尔鸿辉服装有限公司在阎志的故乡罗田三里畈镇投产。这家企业由黄冈卓尔实业有限公司与香港鸿辉科技有限公司联合投资 2000 万元建立，6 名管理人员和 94 名车工整装待发，按照规划，卓尔鸿辉将实现服装设计、加工、销售、出口的“产供销”一条龙服务。3 个月后，在楚乡酒曾担任安保部长、分管物流的副总经理阎荣全出任卓尔鸿辉总经理。这是阎荣全第一次独立操盘一家企业，勤奋刻苦、任劳任怨是他的本色，也是获得阎志提拔的重要原因，尤其是后来卓尔不断发展壮大，艰苦奋斗的精神逐渐被淡忘甚至被丢弃的时候，这种品质就显得格外重要而稀缺。

在此后一年多时间里，雪龙纺织的动荡、风波基本平息，风高浪急的海面归于平静。有人离开，有人进来，无论是老员工还是新一代，无论是阎志还是负责人夏禹、方一兵，所有人都满怀期待。

2006 年 12 月 22 日，卓尔、雪龙集团、中国农业银行龙感湖支行三方在武汉举行资产转让签字仪式，卓尔正式取得雪龙集团核心资产所有权。阎志言简意赅地吐露未来规划，现场所有关心雪龙未来的人静心倾听，生怕错过关键词："受让雪龙核心资产后，卓尔将适时投入资金进行技术改造和升级，并新增投入，把新的卓尔雪龙纺织公司打造成新型纺织企业，并为卓尔纺织服装产业的发展提供先进的管理经验和优秀的技术、管理、经营人才。"

一年之后，卓尔相继在黄冈麻城、咸宁嘉鱼新建两个 10 万锭规模的纺织产业园，沿袭"雪龙"的系列，分别命名卓尔玉龙纺织有限公司和卓尔金龙纺织公司。在此后的近十年间，卓尔一直在纺织行业深耕，"雪龙"被评为湖北著名商标，三家纺织企业的产能规模和综合效益在湖北省名列前茅，卓尔纺织在中部地区的影响力与日俱增。

老实说，卓尔对三家纺织企业持续不断的投入，并非出于丰厚利润的驱使，在整个集团各事业板块中，纺织可能是赢利能力最弱、最不被投资者看好的领域。在行业低谷期，雪龙有好几年发展差强人意，有些人建议将其割离抛弃，阎志摆手否决，从未动摇。多年后他总结说："坦率地讲，它（纺织）在我的整个格局里都不占重要的地位，但它是卓尔从做广告传媒到现在做交易体系的必备环节，锻炼我们做实业的能力，锻炼我们驾驭千人以上级别企业的能力，同时也是让我们了解实业企业在物业、交易方面需求的过程。这也使我们很多时候能够站在商户和企业的角度思考如何提供更好服务的基础。"正因如此，阎志始终没忘记十年前并购雪龙纺织的承诺，并对这份初心怀有自我感念之情。

更重要的是，介于“有心栽花”和“无心插柳”之间，正因为雪龙纺织的“催发”，才有了汉口北和卓尔（天门）棉花交易中心——如今卓尔的重要战略支柱。

当然，这都是后来的画龙点睛之作。最晚在2004年底，阎志必须直面惨痛的现实：多元化的诱惑有多大，并购就有多危险。自2001年开始的各项实业投资仅存雪龙纺织一枚硕果，其他业务都浅尝辄止、半途而废，阎志也从不讳言多元化投资的失败，但他仍坚持认为，“战术上是失败的，但战略上是成功的”。因为从战略角度来看，实业是卓尔非做不可的事情。更何况，当时国企改制和“武汉城市圈”正热火朝天，投资实业也称得上高瞻远瞩。如果放在二十二年的时间跨度来看，没有任何一次努力付诸东流，所有的付出都化作宝贵经验和积累，成为卓尔成就日后辉煌事业的基石。

现在，是时候把并购时听惯的“天作之合”“强强联手”等恭维话抛在脑后，也不必理会“投资失败”“虎头蛇尾”的批评，这位韧劲十足的企业家在深入反思之后，审时度势，继续前行，目标直指武汉。

1994年，阎志从黄冈出发，只身前行，第一次来到武汉。2004年，他再次转身，将视野从黄冈重新聚焦武汉。整整十年，阎志在黄冈与武汉之间转了一个大圈。这是个深思熟虑的重要决策。从此以后，阎志一发不可收拾，狂飙突进，花了不到十年时间，让卓尔成为这座城市里最受人瞩目的企业，甚至在湖北省内的影响力超过了部分世界500强企业。

第四章

守正出奇：第一企业社区

城市无法顾及这一切

我和城市一同成长

——阎志《陷落的城市》

发现盘龙城

在中国企业史上，2004年是一个令人欢欣鼓舞的狂欢年份。

如果将1984年定为“中国现代企业元年”的话，这一年，已经20岁的中国企业群体步入青春期后变得躁动不安：1月，TCL宣布并购法国汤姆逊，3个月后又闪电并购阿尔卡特，凌云壮志毕露无遗；7月，上汽集团以5亿美元收购韩国双龙48.9%的股权，业界跌破眼镜；12月，联想接手IBM（国际商业机器公司）的PC（个人电脑）业务，柳传志表示签字时“感受到了全中国乃至世界目光的注视”。新生代企业家也不甘落后，纷纷以另一种时尚方式庆祝胜利——在美国纳斯达克成功上市，携程、盛大、空中网、前程无忧、TOM、e龙等9家互联网公司成为时代的幸运儿。在盛宴狂欢中，中国企业的“第二春”扑面而来。

年初，在新丽大厦11层的办公室里，环视四周鳞次栉比的高楼广厦，听着窗外车水马龙的喧闹之声，阎志心潮澎湃。几年前好不容易买下整层楼，装修辉煌气派，可是商住楼鱼龙混杂，有住家的，做餐饮的，还有培训机构，整栋楼凌乱嘈杂的环境让公司形象难以维护。更重要的是，随着公司规模扩大人员增加，整个 11 层已无法容纳所有部门。阎志早就想自建办公楼。一年前就派人四处搜罗，可在市区兜来转去，发现耗费巨大。在市中心拿地建楼费用至少上亿元，当时阎志正全力扩张实业，新收购的“雪龙纺织”还需大量资金投入，如果再投入上亿资金建卓尔大厦，可能会重蹈史玉柱当年开发巨人大厦“大败局”的覆辙。

即便如此，阎志仍然坚持了建造卓尔大厦的计划，只不过做出了策略调整。也许这就是阎志既大胆又谨慎的双重性格的体现。阎志行事谨慎，经常与交情甚笃的企业家朋友以及广告客户交流，请他们出谋划策，也寻找温暖。没想到，阎志面临的问题并非个例，而是大家共同的心病，听说卓尔打算建办公楼，朋友们都委托他寻找办公场所。阎志为人热情，又讲义气，就把“帮忙”作为与卓尔大厦同等重要的工程列入日常工作，并组织人员调研考察。当有人提到“总部基地”这个新名词时，阎志仿佛嗅到了海风的味道，他觉得这个名词就像一只小巧的美丽贝壳，身后藏着一望无尽的蓝海。

尽管“总部基地”在武汉还是一片空白，但在国内外已有先例：远离市中心的美国硅谷吸引微软、IBM、惠普、英特尔等全球IT巨头，北京近郊丰台总部基地有 300 多家企业群聚。“总部基地”统一规划、统一拿地、统一建设，为入驻企业降低设立总部的成本，实现集约化经营。通过朋友交流、调研考察，阎志明显意识到：许多企业和品牌需要体面的总部基地、低成本的物流基地、廉价而规范的生产基地。商人的精明嗅觉让他惊喜地发现：“大家都找不到路，为什么我们不能铺条路出来呢？”

阎志在高管会上提出建设武汉总部基地的大胆设想，包括傅高潮在内的高管并没有积极响应，也没有激烈反对。傅高潮后来回忆：“刚开始搞地产我还真不知道要搞什么东西……开始建的时候我就知道要做总部基地，要多大的投资。这个是要卖的。当时我就觉得他这个有点悬，土地拿到了，要盖这么多的房子，卖不出去那就完了。”

所有人都为阎志捏一把汗，他专程到北京丰台区的总部基地考察，发现销售情况非常火爆，最后三期合并为一期建设，300 多家企业蜂拥而入。回到武汉，阎志热情高涨，调兵遣将，派崔锦锋带队到北京、上海、东莞学习考察“总部经济”。

阎志留在武汉，为项目选址翻遍武汉地图，跑遍荒山野岭，结果却抱憾而归，他回忆当初的艰难：“我想建企业社区的时候，连跑七个区都不接受我。我一直在找基层，因为没有领导支持，一直都不成功，当时我要到哪里去找领导呢？”直到 2004 年下半年，所有开发区中只有离武汉市中心最偏远的黄陂区同意接纳。后来的事实证明，无论阎志还是黄陂区领导所做的决策非常明智，可见无论是企业还是政府，都需要一点勇于尝试的创新精神。卓尔从此落户黄陂，在与汉口一河之隔的郊区再造一座商业重镇，延续百年商脉。

盘龙城距武汉天河机场只有 10 公里，驱车 10 分钟可直达市中心，南邻三环，背靠外环，与汉口中心城区五条大道相连，通往省内“1+8 城市圈”和全国各地都十分方便，“水、陆、空”立体交通网络优势得天独厚，是武汉市城市经济圈建设的重要节点。另外，这里都是住宅地产项目，政府希望通过卓尔的总部基地带动更多企业落户黄陂，带动经济发展。阎志善于整合资源，借势发展，将盘龙城的交通物流优势与总部经济结合，创造了点石成金的神话。

更令阎志惊喜的是，盘龙城是长江流域发掘的唯一一座保存较为完整的商代早期城市遗址，与河南安阳的殷墟有同等重要的历史地位，“商文化不出黄河流域”的传统观点由此改写。以至有考古学家评价盘龙城是“华夏文化南方之源，九省通衢武汉之根”。

2005 年 3 月，阎志拎着 6 大本项目规划与盘龙城经济开发区谈合作：社区内绿化覆盖率 42%，建设数百栋总部楼，配套建设 2 万平方米的高级会议中心、20 万平方米的总部公寓、5 万平方米的物流中心，还有商务酒店、会所服务体系。时任黄陂区区长兼盘龙城经济开发区管委会主任袁堃评价“设计很有创意”，卓尔“总部基地”进入实质阶段。

那时的盘龙城一片荒芜，杂草丛生。阎志还记得第一次实地考察时的情景：出了武汉市区，汽车一路颠簸摇晃，很多地方根本不通车。下车极目四望，荒无人烟，与市区的热闹相比，这里冷清得叫人绝望。从竹叶山往盘龙城方向只有一条泥泞的道路，蜿蜒看不到尽头。往后湖走一段路之后，很多农家菜馆的服务员跑到路边招揽生意。到了岱黄高速还要过府河收费站，旁边的桥洞非常狭窄。荒野的冷风吹过，阎志不禁打了个寒战，这里真的能够承载他“总部基地”的梦想吗？不过只要一想到脚底下深埋着 3500 年前的商业之火，想到总部基地建成后繁华景象重现的火热，他浑身的血液就骤然滚烫起来。

既然没有先例，那就让卓尔来当榜样吧！

先开枪，后瞄准

英国著名作家查尔斯 · 狄更斯在 1859 年出版的《双城记》中写道：“这是最好的时代，这是最坏的时代……这是失望的冬天，这是希望的春天；人们面前精彩纷呈，人们面前一无所有。”

自从阎志踏上盘龙城的土地，就经常陷入“最好”与“最坏”、“失望”与“希望”、“冬天”与“春天”、“精彩纷呈”与“一无所有”的悲喜苦乐之中。第一企业社区是阎志人生事业的转机，也是卓尔产业转型的关键，他将为此承受前所未有的磨难和考验。不过，和外人想象的不同，多年以后他倒是很怀念这段时光："我觉得那几年是我最好的状态。虽然很辛苦，但是也很有意思。我真的是什么活动都没参与，什么话也没说，什么采访也没接受。我觉得这个状态很好，就是在一个地方沉下心去做。"

这是阎志在历尽千难万险之后笑看风云的淡定表述。"回首向来萧瑟处，也无风雨也无晴。"2005 年，在武汉郊区的荒野开启一项前无古人的事业，想想都知道有多么激动震撼，当然也意味着有多么痛苦艰难。

为了打开局面，阎志决定冒险，派个"初生牛犊不怕虎"的田旭东冲上去。此人外表普通，个子不高，身形敦实，剑眉蕴含英气，脸上轮廓分明。他与阎志同龄，大学毕业先后在黄冈市龙感湖管理区的国企、政府机关工作，2003 年初进入雪龙纺织。2004 年情人节的前一天，田旭东被调到武汉总部，当时的温暖场面至今令他感念："那天下午宿舍的所有人提前一个小时下班，把我房间打扫得干干净净，被褥叠得整整齐齐。被褥都是同事买的，还给我安排一个单人间。大老远从黄冈过来，心里确实非常温暖。"他补充说："刚来的时候公司每个人发了一部小灵通，信号特别好，非常好用。"其实，田旭东一直想去南方闯荡，即便被安排到总部，他仍然心有向往。

随着与阎志交往增多，田旭东逐渐融入，才华也得到赏识。在第四届管理集训期间，阎志坚持让他同车前往，这对普通员工而言无疑是最高礼遇，沿途参观一家企业，在讨论是否收购时老板还请他发表意见。田旭东在进入卓尔之前不懂房地产，不懂图纸，也不会开车，甚至连盘龙城都不熟悉。阎志却把他肩膀一拍，派他负责项目建设。

当时的项目经理刘勇是个行家，田旭东跟着他学会看图纸，还弄懂项目规划的基本流程，以至到规划局谈业务时别人都喊他"田工"。他就这样从门外汉速成"工程师"，办手续、谈规划、认图纸游刃有余。可即便如此，田旭东还没完全看清阎志对第一企业社区寄予的殷切希望。

2005年前后，黄陂区的定位是“汉口的后花园”，工业和地产开发都是刚刚起步，一家工业园和大型别墅项目算是明星项目。与两位先行者相比，卓尔在黄陂还算新秀，可阎志却对田旭东等部下放言：“我们总有一天要比他们优秀。”

进入21世纪之后，在中国繁花似锦的商业舞台上，还没有哪个行业像房地产这样百花齐放，却又良莠不齐。阎志深信企业社区将在武汉房地产市场鹤立鸡群，并以“第一企业社区”命名与市中心的商务楼盘进行错位竞争，“立足于满足于大、中型企业在汉设立企业总部、地区总部的各方面需求”，他还提炼出三大特点——独栋办公、生态办公、配套办公。

这种按照完整体系将项目和区域、产业发展结合起来打造产业链的模式被总结为“产业地产”，有学者还给出标准定义：围绕“微笑曲线”构建的产业价值链一体化平台，以产业为依托，以地产为载体，实现土地的整体开发与运营。以独栋写字楼、高层办公楼、标准化厂房、中试研发楼为开发对象，整合自然资源、社会资源、经济资源等，打造产、学、研产业集群，帮助政府改善区域环境、提升区域竞争力；帮助企业提升企业形象、提高企业发展力的新型产业形式。

而今，“产业地产”在中国的商业版图中占据中重要一席。2017年中国产业地产前三强分别为上海临港集团、华夏幸福、张江高科，每一家公司都是几百亿的市值体量。不过，阎志却坚信他才是“产业地产”的首创者，他说：“‘产业地产’这四个字是我最先提出来的，有些人天天去拿着当饭吃。”

先驱往往会成为先烈。尽管阎志豪气冲天，可高管们心里没底。资金、人才、开发、管理、营销都是短板，许多高管都是像田旭东一样，还未来得及准备就奔赴前线，肩挑重担常常喘不过气来。跟随阎志从广告、实业再到房地产，一路走来，傅高潮最佩服阎志的就是他那超强的思维能力和杰出的开拓能力。在创业过程中，傅高潮和阎志有过很多次争吵，但几乎每次阎志都被证明是正确的，所以傅高潮自我定位为执行者，面对阎志所做的决策，即使他不理解、不同意也会全力以赴去完成。这是两人多年形成的默契，也是卓尔潜移默化的决策模式。

为了说服部下，阎志还发明一套"先开枪，后瞄准"的独特方法论。"先开枪，就算会放点空枪，绝对不会错过机会。如果等瞄准好了再开枪，那时靶子移动了，环境发生了变化，风速发生了变化，或者你的成绩已不再重要了。因此要果断决策，迅速行动。"他补充说，"就像射击，虽不射中 10 环，也有 5 环，还在靶子上混。决策和行动能力太关键了，机会往往稍纵即逝。"这个朴素理念是在商学院的MBA课程上学不来的，它反映出一个企业家的特质，并逐渐上升为企业文化，成为所有人的行事风格。

尽管傅高潮谨慎、稳重，但他对"先开枪，后瞄准"非常认同，并且不遗余力地实践贯彻。他解释道："靶子在那里，你就先要开枪，不管什么理由，我要你开枪你就开枪。我们企业做到现在，就是开枪和瞄准这个过程。大家可能不理解，但如果枪都不开，大家只是在这里讨论，可能就错过机会了；开枪之后可能打准，也可能打不准，然后在下一次开枪的时候慢慢调整，最终你就能成为百发百中的神枪手。大概就是这个样子。任务下来之后，首先要百分之百地执行，就算有不理解的地方，也要先开枪，再慢慢自己调。"

在企业管理中有这样一个问题："一流的点子加上三流的执行水平与三流的点子加上一流的执行水平相比，哪个更重要？"选择前者的人，注重细节，凡事深思熟虑；选择后者的人，尽管考虑不太周全，却能通过敏捷行动灵活转变，往往能取得成功。事实上，企业经营最忌讳的就是缺乏执行力，决策者犹疑不决，执行者无所适从。许多企业家寄望于请专家到企业做内训以速成，结果往往南辕北辙，或浮于表面。卓尔的执行力，大到战略布局、产业扩张、转型升级，小到吃饭、走路、说话，早已融入员工骨子里。

只要大方向正确，马上行动，实践过程中再想办法解决困难，不断调整。资金问题是第一企业社区开发过程中的最大难关，阎志摸索出一套“借力打力”的营销模式，以快速回笼资金：总部基地的超前概念和卓尔的精妙策划案打动黄陂区政府，推出一系列支持企业入驻政策，政府资源为卓尔所用；然后联合在广告时代熟识的家电企业认筹，以成本价销售，树立口碑。由此形成边建边卖、滚动开发的良性循环，在速度和安全之间寻求最大平衡点，四两拨千斤。阎志就像一个在高速公路上疾驰狂奔的赛车手，张弛有度，进退有据，快慢有节，不断寻找新的平衡点，实现新的加速度。

短短半年时间，第一企业社区的营销连战连捷，一个又一个的喜讯验证着决策者的英明。到2006年上半年购买总部办公楼的企业超过30家，主要分为四大产业集群：电子信息、广告传媒、品牌代理、机械产业。此后，又有一批知名企业预订二期的总部楼。看到供不应求的火爆状态，原本担心卖不出去的傅高潮长吁一口气。

第一企业社区不仅关系到卓尔转型，还事关卓尔持续发展、做大做强的战略决策，否则，卓尔只能像成千上万家小企业那样，难逃消亡的命运。但是，转型最大的难处不在于提出理念和模式，甚至不在于执行力。打江山易，守江山难。卓尔进入一个全新的领域，管理幅度更广阔、深度更精细，一旦自乱阵脚，一个美好的开始也只会沉寂为一个无果的故事。这对于阎志和所有员工来说，真正的挑战才刚刚开始。

服务精神

在卓尔控股的档案资料中，至今仍保存着第一企业社区第一份卖房合同。这既是一份荣耀——公司第一次卖房的见证，又是一个教训——合同里有一处涉及 260 万元的低级错误。

2005 年春夏之交，第一企业社区项目开始销售，阎志亲自出马，与某会计师事务所谈成第一笔交易，房款共计 260 万。随后，阎志带着财务负责人刘红前往签约，刘红特别开心，甚至兴奋过头，以致犯下一个不小的错误。合同一式 6 份，除交易双方之外房产局也有留存。刘红在填到第三份合同时鬼使神差地将“260 万元”全部写成了“0”。签约双方都没有留意这个细节，握手之后皆大欢喜。

回到公司之后，阎志吩咐刘红将合同锁起来，并随手抽出一份以做留念。没想到，“260 万元”合同款居然化为乌有，阎志立即意识到问题的严重性，如果客户的合同都是这样，后果将不堪设想。他拿起电话就把刘红叫到办公室，看着合同上的明显错误，刘红脸上冒火，吓得大气不敢出。阎志一脸严肃，他果断安排，让刘红以送书的名义拜访这家事务所，并借机确认合同是否有问题。第二天，刘红故作镇定地来到这家事务所，送书之后，她“不经意”地提出确认一下合同，对方爽快答应，所幸这几份合同都没问题，总算有惊无险。

实际上，那段时期卓尔内部还存在不小的慌乱和震荡。尽管公司从汉口新丽大厦迁到盘龙城的第一企业社区，但大部分员工还住在市区，上下班交通极为不便。而且，员工们每天只要想到漫天尘土和荒凉郊野，心中就有股京城贵族被发配边疆充军的失落感。另外，有些从广告、实业中一路征战过来的老员工猛然发现公司已杀入房地产行业，难以适应，在并不熟悉的领域重新学习充满煎熬，更何况第一企业社区能否一炮打响还是个未知数。于是，大家陷入了失落、焦虑、迷茫。阎志对这些变化都看在眼里，他十分清楚卓尔必将在三五年内迎来激动人心的成就，但他不可能对每个人劝说倾诉，做出挽留。

为了控制事态蔓延，一些应对措施陆续出台。没过多久，往返于第一企业社区和市区之间的大巴通车，员工可以从家门口上车直达公司总部，交通问题妥善解决。阎志换位思考，推己及人，将大巴车服务扩大到入驻第一企业社区的所有企业。此后，他特别规定，每一项为卓尔员工提供的便利措施，都适用于第一企业社区其他公司。

阎志说："卓尔的定位就是做中国领先的公用物业提供商和服务商。所有的经营管理都将围绕服务企业来展开。我们不做物流，但为物流企业服务；不做批发，但为批发商服务；不从事制造，但为制造商服务。"他曾说："相对于一般物业，公用物业对服务的内容和水平要求更高、更全面，第一企业社区、汉口北批发第一城的客户除食宿外，还需要贷款、信息、营销服务等。"阎志认为："服务精神将贯穿卓尔经营活动的全部过程。在公司内部，我特别强调'服务'，如果有人投诉，首先是我的人错了。"

这个定位的出现，有着极为深刻的意义。它就像一颗种子，虽没有高楼大厦钢筋水泥的那种可触可感的实体，却在卓尔的基因中埋下了为企业服务的定位。在接下来的十年中，正是这颗种子，为卓尔的壮大提供了生生不息的力量。

仅靠服务还不足以吸引更多企业入驻第一企业社区，阎志必须拿出看家本领——营销策划。营销是一门艺术，台上一分钟，台下十年功，阎志的大手笔营销策划也是在日积月累中逐渐形成的。

从2006年5月29日，星期天，当天下午，卓尔几百名员工早早赶到东方大酒店一楼，参加首届武汉总部经济论坛暨第一企业社区开盘仪式。田旭东提到阎志营销时候的劲头，非常钦佩，他说："当时我们的招商总部在东方大酒店，每天晚上开招商会，（阎志）真是非常辛苦，包括招商中心该怎么布置，比如沙发要怎么摆，饮水机放哪里，每一个地方需要放一个什么东西，阎总都管得非常细。"

张灯结彩的大厅里，阎志笑容满面地与湖北省工商联、武汉市工商联、黄陂区政府、长江日报报业集团的领导们共同庆祝，经过一年多的艰难跋涉，卓尔终于站到房地产行业的舞台中心。阎志在致辞中慷慨激昂地说：

> 几乎所有的企业和企业家都有一个梦想，就是实现独栋办公和生态办公。独栋办公是一个企业整体实力最好的体现，逃离市中心纷繁的交通环境，在交通便利、产业集成、配套完备、环境优雅的商业花园里办公无疑将激发起我们的工作热情，相信第一企业社区将为众多企业构建一个完美的事业平台。我们通过大量的市场调研，对武汉市所有的开发区进行了调查和分析，选择盘龙城开发区建立第一企业社区，一是因为盘龙城与汉口中心城区紧密相连的交通，二是生态环境独一无二，三是给予入驻企业的优惠和支持更是真诚而务实的。可以说通过黄陂区委区政府开发区管委会和所有开发企业的共同努力，盘龙城已经成为武汉市乃至中部地区最佳创业园、办公园和商住园区。

这次“总部经济”论坛的主题是“总部经济与中部崛起”。保育均、陈继勇、钟朋荣三位经济学家先后登台演讲，从国家战略和企业经营方面对“总部经济”给出鼓舞人心的结论。天门纺织机械公司的沈方豪和四川长虹公司的李吉兴作为入驻企业代表发言，以切身体会讲述第一企业社区的优势。在“总部经济”论坛的热烈氛围中，开盘活动非常成功。此后在2007年、2011年、2012年，阎志又陆续举办三届“总部经济”论坛，龙永图、余世维、秦尊文等著名专家学者都做了精彩演讲，每年的主题都随着经济形势和产业变局不断深化，甚至超脱“总部经济”的范围。到这个时候，论坛不再是阎志的营销手段，而是为客户提供的增值服务，甚至是经济、管理的思想启蒙课程。从这个意义上来说，卓尔不只是一家公用物业提供商，还承担着传播思想和启迪智慧之责。

“卓尔DNA”

从第一企业社区规划的那天起，外界对于“总部经济”的质疑就从未停止，最流行的说法就是“这只是一个房地产项目而已”。更坏的消息是，各种打着“产业地产”“总部基地”名头的房地产项目开始在湖北省内泛滥，这对于湖北“总部经济”的旗手阎志而言实在不妙。

结合卓尔第一企业社区的优势，阎志曾站出来正本清源：“作为一个环境优美、配套完善、功能齐全的总部聚集区，总部楼只是一个舒适的贵宾座。把总部基地打造成一个国内外成熟、高端企业之间交流互动、资源共享、共同发展的平台，实现共存、共赢、共荣，这才是发展总部经济的原动力。”

其实，不只是外界杂音烦扰，卓尔内部也对“总部经济”有过热烈讨论，直到2008年4月18日，阎志为第一企业社区量身打造的《总部通讯》中仍在刊文诠释。

> 说到“总部聚集”，人们很自然地联想到“曼哈顿”“香港”“新加坡”等字眼，也就是说，这种现象并不是中国特有的，而是经济与社会发展的一种必然。用老百姓的话说，市场经济就是做生意，生意的本质是合作，合作的本质是信任，信任的本质是了解，了解的本质是沟通。总部基地就是这样一个便于企业不断交流、沟通和感应的平台，它的社会学意义是将产生一种新型的“总部文化”，而它的经济学意义正在于资源优化与合理配置。
>
> 入驻总部基地的企业涉及行业上百个，围绕为这些总部服务的各种业务，今后还会有上千个提供各种服务的公司入驻，这些“核

聚变效应”所产生的能量才是真正的总部经济。

“为总部服务”带来一个庞大的市场，这个市场早已存在，只不过是总部经济做了理论性、系统性的归纳而已。这种以企业总部为专门服务对象的市场，包括贸易、信息、金融、科技、人才、咨询、财会、法律、文化等诸多方面。值得注意的是，这些方面的服务并不是一般性质的资料提供，而是具有创意性、建设性的高级智力型服务。也就是说，由总部经济理论和总部基地实践所衍生出来的“总部产业”，将是一个众多资源大规模聚合的产业，密集的人才、信息、技术资源效能都将在此得到充分释放。

文章最终将“总部经济”的核心归结到服务上，这正是阎志长期强调的理念，他以“服务”区隔卓尔与一般房地产公司：“我们做企业社区，开办总部大讲堂，提供金融服务，提供企业注册工商等方面的服务。我们不是卖完房子就算了，卖完房子仍然提供服务，为客户带来价值。其实做任何行业都是这样的，这个产品给你的时候，给你还带来什么东西。”

搬到盘龙城的卓尔大厦之后，许多人反映“饭不好吃”。阎志对员工的生活吃住等非常关心，他为此没少费脑筋。外包，不行；自营，也不行。钱没少花，饭菜口味却没有变化，有些员工甚至为此提出离职。

2010年的一天，阎志提出开办员工自助餐厅，确保每餐八菜一汤，配凉菜、水果。傅高潮等人听了连连摇头：老板真是不知道柴米贵，开自助餐厅，想吃多少吃多少，难免铺张浪费。结果自助餐厅不仅开起来了，而且员工满意度非常高，连傅高潮等高管都赞不绝口，只要不外出，中午都会到公司食堂就餐。

多年以后，有人将第一企业社区的成功原因总结为阎志很有气场。其实，气场源于一个人的实力和自信，只有足够强大的实力，才有超凡的自信心，他的气势才会由内而外不断扩散，对周围的人形成无法拒绝的吸引力。人与人之间，气场近了，万事可成。

武汉华天电子工业有限公司是第一批入驻第一企业社区的企业，公司总经理张纵予感慨："当时我们需要一个独立的办公场所，选择第一企业社区的 31 号楼是非常正确的决策……入驻第一企业社区给我们带来了不少实惠。自入驻以来，我们的企业形象得到了提升，而且还吸取了社区内其他企业的成功管理经验，经营工作步步高升，大大提升了我们在同行业中的竞争力。"

张纵予 1988 年毕业于华中科技大学电信系，目前任湖北联投公司董事长。他 1991 年开始从事电子产品批发行业，1995 年开始为小霸王湖北地区代理至今，现经营的主要产品为 vivo、oppo 智能手机以及步步高教育电子产品，是以上电子产品的湖北省代理。

张纵予是阎志做广告时候的客户，他对这个年轻人勤奋、厚道及对行业透彻观察且富有远见赞赏有加。阎志超强的营销策划能力和执行力让张纵予代理的步步高产品屡创佳绩，深感"笔杆子里出业绩"的惊喜，渐渐将阎志当成一个无话不谈且信任有加的好朋友。他们的合作或大或小，贯穿了两人的创业生涯，张纵予对卓尔创业起到了很大的助推作用。

正是因为在深度营销服务中，阎志摸索到一批以张纵予为代表的成长型企业对独栋办公、建立品牌形象的强烈需求，让他坚定了开发第一企业社区的想法，至今社区门头上仍有"成长企业领地"的雕刻。而当项目建成面市以后，张纵予作为步步高湖北总代理，成为第一个买家，将他要购置的办公楼选在卓尔第一企业社区临街面最显要处。以步步高长盛不衰的品牌形象，每天繁忙的货物进出，为这座生态花园办公楼的销售做出了最好的用户示范和"增信"。这在早期卓尔探索实业、转型产业地产前景不并明朗的时期是一种莫大的支持。以至后来阎志谈及合作伙伴时，张纵予总是被最先提及。

再后来，张纵予和阎志一起联合投资棉纺厂、酒店，对汉口北配套住宅的合作都只需要彼此一个电话，而不是合同，这其中就是一个“信”字。

湖北捷瑞车器时代投资集团有限公司总经理左平安从文化角度阐述说：“总部经济一直强调的是经济共同体，我认为这种经济共同体不仅仅是经济的利益攸关体，更是一种文化的攸关体。第一企业社区要创造的是一种多文化、多元思想解放的融合体。”

这种利益共享、文化共生的商业理念形成，并非“气场”二字所能简单涵盖，阎志将其总结为“DNA”。他回顾说：“每个企业做什么事或者做成什么事是有基因的，有它的DNA。iPhone（苹果手机）只可能出现在苹果这样的企业里，只可能出现在乔布斯这样的企业家手上。我们卓尔选择产业地产，之后又集中精力投资建设汉口北，这与我们自始至终的基因和发展以及我们形成的基础是分不开的。”

说得兴起，阎志以更宽广、深邃的视野继续阐释“卓尔DNA”：“我们最初做广告，它是一个服务业，让我能够比较近距离地广泛接触企业，对它们的需求有更多的了解，这里有一个很重要的需求就是物业方面的需求。所以当我准备做地产投资的时候，我们所具备的经验、品牌、资金都不能支撑投资市内的大型商业住宅项目，我们选择了城郊的产业地产，从最初的总部地产到现在的批发物业、物流中心，这样的方向和项目是一脉相承的。我们服务企业、研究企业的需求，其中一个重要需求是物业需求，我们去找最熟悉、门槛并不是最高的项目，这就形成我们所做的一些项目的格局。”

说完这些，阎志语重心长地提醒模仿者注意“基因”的重要性，他说：“大家都在做商业，并不代表都会做成功。就像大家都在做住宅的时候，真正成龙成凤的很少。我估计未来会有一批，由于我们这种模式的成功，很多人在学习，全中国类似的项目非常多，但是真正把它做成一个对区域发展有巨大影响、实现繁荣的可能并不太多。”此时的卓尔已渐成气候，“卓尔DNA”正上升为强有力的使命感和清晰的价值观、宏伟的愿景，加上整个国家对于总部经济、商贸物流的重视，全社会对批发市场的关注和热情，人们有理由相信，卓尔的巅峰时刻即将到来。

当然，在攀登的过程中，山路依然泥泞湿滑，陡峭险峻，依然要面临雪虐风饕，忍受饥寒交迫。但是，前进的步伐显然不可阻挡。

第五章

汉口北：

用心经营一座城

是的

我们要建一座城

在一座城市开始的地方

用坚强、勇敢和决心建一座城

用于纪念

用于重生

——阎志《结语·开始》

把“黄陂南”变为汉口北

在湖北乃至中国近代史上，张之洞是一个绕不过去的名字，他与曾国藩、李鸿章、左宗棠并称“晚清中兴四大名臣”。自 1889 年 11 月 25 日抵达武昌就任湖广总督，到 1907 年 9 月奉旨进京入参军机，督鄂十八年间，张之洞以一己之力主导当时武汉最大的一次腾飞。

商业重镇汉口的复兴是武汉崛起的重要推力，其中张公堤意义非凡，著名作家方方在《汉口的沧桑往事》中评价：“站在张公堤上，心里充满对这个人的感佩。就觉得要写武汉近百年间发生过的故事，必须从这个人写起，必须从这道堤写起。”汉口本是一汪水乡，长期受后湖水患威胁。1904 年，张之洞站在后湖的高台上，用望远镜举目四望，扬手一挥，划定后湖大堤修筑线路。汉口水灾从此解除，面积也扩大几十倍，真正变成大汉口格局，后人为纪念张之洞，将后湖大堤更名为张公堤。张之洞当年的功绩至今仍影响武汉，可遗憾的是，张公堤也是禁锢汉口发展的边界线。百年以降，汉口城区扩张始终没有突破张公堤。

2005年，自从阎志发现盘龙城并计划打造第一企业社区的那天起，他就立下雄心壮志——让汉口的商业版图跨越张公堤，丰富这座城市的发展空间和功能布局。历史是由人创造的，要有敬畏之心尊重历史，更要有勇敢之心创造历史。几年之后，他在巡查汉口北建筑时警醒部下："我们是给这个世界留下一堆建筑垃圾，二三十年后，我们用青春堆砌起来的东西是否还会二次拆迁？这是人的价值问题，所以还是抓品质，追求设计感，不是为城市复制房子，而是为城市的功能、格局做出我们的贡献。汉口北的房子也许在五十年后会被拆掉，但我们把武汉批发市场迁移到三环外，这个价值将永远存在，就像当年汉正街作为商业符号牢牢留下印记。"然后，他鼓舞说："像张公堤，当年张公画了一个圈，现在只有卓尔把汉口扩张到张公堤之外，这是有价值的。"

很多熟悉阎志的人都认为，他是这个时代最具战略眼光的企业家之一，汉口北无疑是一次超越地域的世界级战略布局，从命名就一目了然——"汉口北国际商品交易中心"。在2007年8月14日的营销人员入职培训会上，阎志解读说：

> "汉口"：强调汉口的区位优势和历史优势。
>
> "北"：指具体位置，武汉的北面，上风上水，优于南面。
>
> "国际"：我们未来的设定，未来的经营是要国际化的，我们要做国际化的交易会，我们要吸引国外的客商来汉口北采购。
>
> "交易"：项目形态，就是满足人类生活需求的买卖。
>
> "中心"：我们项目的位置处于中心，营造目的就是要将它打造成一个中心。

可是，仅仅在一年之前，汉口北还被称作“黄陂南”（黄陂南部经济带），一些地方官员认为黄陂的地盘不应该以汉口北命名，发展重点应该放在行政中心前川而不是黄陂南部地区汉口北，即便跨过一公里宽的府河就是全国商业重镇汉口。阎志具有画龙点睛的策划智慧，他比任何人都珍视“汉口北”三个字的价值和分量。

2006 年，黄陂区委、区政府对盘龙城刘店到滠口之间的 3800 亩土地做出规划——打造南部工业基地：布局 60 多家小工厂，但每家企业之间毫无关联，行业、规模都不一样。9 月初，阎志来到区政府会议室，为区域经济发展出谋划策。出乎意料的是，阎志对“南部工业基地”规划方案全盘否定，还一口气说出四个“不能搞”，归根结底一句话：“黄陂南部在区位上靠近主城区，功能上又重复了其他成熟、有基础的城区，开发区的定位应该重新思考。”

在座领导的热情和思路被阎志激发出来，似乎意识到他必定有另辟蹊径的好主意。阎志未作停顿，直奔主题：“黄陂南部适合搞轻纺产业，特别是轻纺加工贸易于一体的产业集群。”他动情地回忆，武汉曾经和青岛、上海并称为“全国三大轻纺城市”的辉煌历史，还提到武汉作为中部地区枢纽的物流成本优势，接着又分析东部产业转移和市内轻纺企业外迁的时代机遇。说完这些，阎志建言道：“黄陂区将轻纺产业作为支柱、龙头产业发展，集中精力发展轻纺产业，占尽天时地利。”官员们听过之后，也有茅塞顿开之感，觉得发展轻纺产业大有可为。

不可否认的是，对于阎志来说，只有另起炉灶，才有可能后来居上，参与甚至主导黄陂区这次轰轰烈烈的产业发展计划。毫无疑问，轻纺城是卓尔围绕纺织打造产业链、提升附加值的重要战略支点。9 月 23 日，80 位来自湖北经济学界、纺织界的专家和省发改委、经委、商务厅、纺织行业协会负责人经过论证会上的讨论，投票通过“盘龙国际轻纺工业城”规划方案。同时，卓尔投资公司与黄陂区政府签订运营此项目的协议。

不过，阎志仍然在谋划轻纺城的定位，随着思考不断深入，他逐渐调整方案，将轻纺城一分为二，交易部分扩大，打造成一个专业批发市场，定名为汉口北国际商品交易中心——国家一级批发市场；加工部分另行选址打造加工区，也就是后来的汉口北工业城。

我们已经无从考据当年阎志是如何在那些日日夜夜中，一个人独自思考得出这样的结论的。是他诗人的才情给予他敏锐的心思，还是商人的嗅觉让他闻到了利益的味道，抑或是企业家的博大胸怀驱使他做出经天纬地的事业？

无论如何，此时，阎志已经清楚地认识到这块地域得天独厚的商贸物流优势。那两年，先是占地 8700 亩的亚洲最大铁路编组站——横店编组站落户，黄陂成为铁路物流中心；接着武汉新港被定位为国家级内河航动中心；然后武汉天河机场第二航站楼改造、第三航站楼即将动工——国家三大交通枢纽环绕周边。而武汉本来位于中部中心，是九省通衢，京珠高速和沪蓉高速两条横贯东西南北的交通大动脉交会点就在武汉。阎志总结："武汉交通高度发达，这种区位优势绝无仅有，为武汉发展商业贸易提供最佳环境基础。"不仅是阎志这样看，2007 年，美国科特勒营销集团总裁米尔顿 · 科特勒多次实地考察汉口北后断言"做批发市场再合适不过"。

阎志还洞若观火地看准两个大趋势：以汉正街为代表的第一代批发市场必须升级外迁，交通拥塞、物流梗阻、火患丛生等现实压力让政府、经营者每天神经紧绷，不堪重负，转型迫在眉睫；另外，中国经济已经启动由"外向型驱动"转向"内需加外向型驱动"模式，沿海产业向中西部转移，批发市场、物流中心必将随之转移。阎志是位战略家，富有远见卓识，又激情澎湃，而且逐渐锻炼成一位能说会道的演说家，他鼓励部下"打造中国最好、中部最大的商品专业批发市场集群"，强调把信息、物流、管理、信用、金融、交通等"最好的手段全部用到位"，以实现“项目三五年不落后，确保能领先市场”。

在当时，这些愿景和规划都是海市蜃楼，几乎不可能实现，所以无论地方政府、银行还是企业员工，都觉得这是自吹自擂，于是将信将疑。阎志苦口婆心地反复解释、开导，在关键时刻豪情满怀地给部下打气：“我们要做成一件事，就要偏执地热爱这块土地。只有偏执地热爱这块土地，你才会经受住压力，愿意受委屈，愿意为之奋斗。别人认为我们建设超前了，而实际上就应该做成这个样子。”他总是能打动同事，等到大多数人点头，他就意气风发地拍板。

阎志是极少看出汉口北价值和意义的人之一，在当时，他甚至觉得，这辈子做成这件事就可以退休了。

拓荒者

2006年的汉口北，满目荒芜，杂草丛生，方黎回忆道：“只有一条主路，没有进出道路，都是各村庄的羊肠小道，没有电，没有自来水。地块上有水塘也有村庄，最高落差5米以上。”

当地街道一位官员记得，多年前他到附近探亲，连一条直达市中心的公交车都没有，“一眼望去，只有东一块西一块的菜地”，他还差点在野径中迷路，“人家要来投资，水、电、道路等基础设施完全需要自建”。他感慨：“没有卓尔的坚持，就没有汉口北的今天。”

这是一种逆境中独自求索、为了自我证明的坚持。当时第一企业社区边角有块地被别人买走，阎志想加价买过来，甚至提出在汉口北另补一块地，对方一口回绝：“那叫什么地？鸟不生蛋。”连银行也不看好汉口北，听说卓尔在黄陂投资一块荒地，一家省级分行直接打电话到黄陂支行，要求停止向卓尔发放贷款。而且终止贷款的银行不止这一家。

阎志后来证实：“我当时是冒着巨大的风险在做这个项目的，几乎动用了我所有能够动用的资金。当时很多人持怀疑态度，甚至银行得知我在黄陂搞市场时，都一度要停止与我的合作。”那两年阎志卖掉一批实业资产也与筹资有关，他还出让了唯一一块商住用地并低价出售了一批企业社区的总部楼，东拼西凑终于手握两亿元资金。用阎志的话说：“押上了全部身家，准备好了倾家荡产。”

2007 年 10 月 31 日，岱黄高速公路府河收费站北移 3.1 公里，进出盘龙城无须缴费。11 月 2 日，卓尔特意刊登广告庆贺：“1 公里走了 3500 年，盘龙城全面拥抱大汉口。”还未动工建设，汉口北就已经开始影响并改变一座城市。

2007 年 11 月 8 日，汉口北举行开工奠基仪式，同时举办“2007 中国优秀批发市场年会”，著名经济学家茅于轼、北京大学光华管理学院副院长单忠东、北京师范大学金融学博士生导师钟伟、著名市场研究专家唐淳风齐聚汉口北，以全球视野纵论武汉批发市场的问题与出路，《楚天都市报》在报道中把专家们的观点总结为一句话：“武汉将崛起第四代超级批发市场，汉口北国际商品交易中心有望成为批发市场标杆。”有意思的是，当时的主持人在领导介绍环节将“黄陂（pí）区”念成“黄陂（pō）区”，出现细小失误不能全怪她不懂多音字“陂”的准确念法，反而说明黄陂当时在湖北省外的影响力还很微弱。

汉口北能否一炮打响，工程建设是关键。阎志把担子交给堂哥阎荣全。这个身材高大魁梧、长相精明干练的中年汉子两年前从罗田调到武汉总部，整日在第一企业社区的建筑工地奔波，同时负责第一企业社区和汉口北两大建设工程，成为职务最高也是工地上最辛苦的人。

拆迁是阎荣全面临的第一大难题。汉口北地块涉及滠口、阳逻湾和刘店村三个村 100 多个小组，其中一个养殖户有十几亩鱼塘，坚决不同意拆迁，阎荣全每天去这位村民家交心说服，连续去了十多天，帮他解决子女入学、妻子工作等实际困难，最终顺利完成任务。在拆迁过程中，他从未采取暴力手段，非常关切弱势群体利益，没有出现一例上访事件。

阎荣全是农民出身，要求食堂为一线工人安排好伙食。与施工企业结算工程进度款时优先考虑支付农民工工资，对于少数不讲诚信的施工方结款时必须有农民工代表在场，并拍摄现场录像。夏天给员工宿舍安装空调，冬天安装热水器，员工及家属过生日他第一个提出庆祝，有些员工家里困难他就自掏腰包，先后帮助50多名同事。施工方对他也非常敬重，他从来不以业主身份施压，而是协商解决，并且帮助施工方尽量节约工程成本。公司内外都把他当作和蔼可亲的兄长，叫他“老阎”。

可是，阎荣全的以诚相待并未换来所有人的真心。有个经人介绍的建筑商施工资质不高，没有垫付资金，而且施工队管理混乱，散漫无序。眼看着汉口北第一期开盘日渐临近，建设进度却停滞不前，阎志把“狠角色”田旭东派来督战。田旭东了解情况后提出两个条件：一是只管基础建设；二是需要3000万元资金。阎志很痛快就答应下来。第二天，田旭东抱着铺盖卷搬进工地，这一住就是八个月。

每天早上，田旭东先与项目经理沟通，然后召开班组会，布置每天的工作进度。以前每逢下雨天就停工休息，田旭东等不起，派人搭起遮雨帐篷照样施工。他说：“不这样做肯定完不成进度。老天爷怎么做，我不管它了。我当作没有老天爷，全部按我的进度排。除非是下冰雹、下刀子，没办法。”

在工地连住了几个月之后，田旭东眼窝深陷，神经紧绷，“感觉像是要疯了一样”。他才深深明白为什么大家都称阎荣全为“铁人”。晚上睡在工地，田旭东整夜做梦，梦里全是工地上的事，根本睡不好觉，他只好回家住，可还是做同样的梦，仍然是睡不好觉，他又搬回工地。

田旭东没日没夜赶工程，却不见施工方老板来过一次工地，有一天终于碰上，田旭东告诫：“工程管理需要你来支持。”对方反而张口要钱：“有你在我来做什么？给我200万，我从明天就开始过来。”田旭东顿时火冒三丈:“你一来就谈钱！”两个人没说几句就动手，田旭东就是要给对方一个下马威。

到了后期装修阶段，卓尔拿出一部分工程找第三方做。没想到乙方不答应，几百号人扛着铁锹、镐头奔涌而来。田旭东毫不示弱，立即让施工经理把工地几百人都叫上。两方对峙，人命关天，谁都不敢轻举妄动，田旭东通过谈判将危机化解，对方败兴而回。

田旭东说:“这是我的作风，不配合我工作，我什么事都做得出来。我就是这种狠气，所以把他们‘镇压’了。”要知道，公司史并不全是浪漫温馨，总有残酷悲伤。

2010年五六月间，时值梅雨季节。为确保汉口北服装市场按期封顶，阎荣全每日坐镇挖土现场，铲车司机轮换休整，他却像钉子一样钉在工地，连续三天，直到完工才离开。八年来他把全部精力都扑在工作上，每天都是晚上12点过后才回家，几乎没有休息日。2009年汉口北工期仅剩40天时，他不舍昼夜，在雨雪交加的恶劣天气里仍然带领工程队赶进度，困了就在工地休息片刻，眼睛睁开接着干，直到工程按时完工。

2010年6月19日，阎荣全因劳累过度不幸去世。这是阎志此生最灰暗痛心的时刻，一日分别，阴阳两隔。他无法面对兄长突然离世的残酷打击。在阎荣全的追悼会上，卓尔追任阎荣全卓尔控股副总裁职务，并追授“卓尔终身荣誉员工”称号。另外，为了纪念阎荣全，阎志将第一企业社区中心广场命名为“荣全广场”，还在阎荣全故乡罗田县胜利镇定子丘小学捐建一座三层楼的“荣全图书馆”，并邀请罗田籍原湖北省政协副主席丁凤英题写馆名。

颠覆“自行车模式”

汉口北团队多线作战，当时阎志不仅要关注工程建设进度，还时刻牵挂另一路开拓者，期待他们凯旋。

在汉口北动工开建之前，阎志已经把全国大小批发市场看过一遍，并前往阿联酋、法、英、德、巴西、东南亚等国家和地区，最后决定聘请一流设计单位将汉口北做成“中国最好，中部最大的批销中心”。几年后他感慨道：

> 一个人要有理想，才会有激情，但是更重要的是有了目标后，要扎扎实实地去做。记得2006年到2008年，我为了做汉口北，考察了全国100多个批发市场；设计的时候，坚持找做义乌市场的杭州设计研究院，浪费了一屋子图纸；招商的时候，坚持自己接听商户的电话。要知道，汉口北每一栋市场的建筑外形虽然统一，但每栋布局、结构、功能都不一样，比如鞋城的通道宽是6米，而服装城的通道宽是4米；酒店用品城用自然通风系统，因为大面积需要用来堆放货物，用中央空调会浪费能源；轻纺城要用自然采光，方便客户查看面料。这种细枝末节的东西，你能不能想到，有没有尽心去做到，决定你能不能成功。

阎志把刘琴调到汉口北负责招商、建设、组建团队等工作，李斌、彭涛等日后中坚力量陆续加盟，刘琴回忆道：“我觉得人这一辈子总要做些事情，招人的时候汉口北项目规划已经出炉，大家都觉得这么大的项目，一二十年都做不完，跟着阎总一起干肯定会有未来。”

2007年9月5日，阎志带领刘琴、李斌等人到杭州拜访中国四季青服装集团。李斌回忆，刚开始对方只安排下属公司的两位负责人接待，坐在还不到10平方米的小办公室里，李斌很紧张：“这件事是我联系的，规格不高，老板心里会不会不舒服？”阎志对此毫不在意，认真详细地介绍汉口北的发展规划与合作模式，对方听完立即联系四季青董事长祝浩泉，随后双方又转到集团会议室做更详细的汇报交流，相谈甚欢，祝浩泉爽快答复回访考察安排。

会谈结束已是下午三四点钟，大家连午饭都没吃，当时李斌来公司还不到两个月。2007 年 7 月 9 日，李斌离开汉正街的白马商城，出任汉口北总经理助理，负责汉口北在汉正街的招商工作。李斌并不了解阎志的工作习惯，他觉得老板应该会带大家吃顿丰盛的午餐，没想到，阎志随手指着马路对面的牛肉面馆："我们就吃牛肉面。"一人一碗牛肉面，李斌边吃边感慨："要是能做成四季青这个样子就好了！"阎志信誓旦旦地说："一切都会有的。汉口北建成后你们赶快买商铺，将来你们赚到的肯定不止一个商铺。"李斌对这段话记忆犹新，他笑着说："我后来在汉口北买了商铺，很多同事买了，现在都发了财。"

那两年里，阎志调研考察武汉市老城区的批发市场，并且深入东南沿海商贸发达地区，走访义乌商贸城、深圳华南城、虎门服装市场、广州白马服装市场、无锡新世界国际、杭州四季青服装大市场、石狮服装城等国内顶级批发市场。随后，刘琴带着招商团队在每一个目标城市设立办事处，与当地政府、媒体、商会、商户面谈，举办招商推介会，每个地方一待就是半个月，然后马不停蹄赶往下一座城市。

阎志对中国批发市场的历史和格局了然于胸，他总结说："我国批发市场经历了三个发展阶段。第一阶段主要是农贸市场发展阶段，这一阶段的市场主要集中在城市马路或临街的一些房子里开设商品交易，这类市场表现为场地简陋，管理粗放。第二代批发市场的出现加速了批发业的发展，除了具备固定的专用建筑场所外，还具备运输、仓储、集散、住宿等初级功能，能够为市场交易提供较为多元化的基础服务。之后，第三代批发市场诞生，其硬件设施有较大改善，实现市场的商场化、品牌化、专业化管理，具有批零兼营的特点，目前这类市场在我国占有主流地位。"

阎志把汉口北定义为“第四代”：“正在全球兴起的第四代批发市场，重在市场环境营造和服务体系的构建，目的是为经营商户和采购商提供全新的购物体验，是未来批发市场的发展方向。目前，汉口北国际商品交易中心是内地第一个提出建设第四代批发市场这一目标的重点工程，全部建成运营后，这里将成为中部商品批发第一城，直接为中部六省提供一站式的采购服务，成为中国继义乌之后又一新的商品批发基地。”

面对《楚天都市报》记者的采访，阎志满怀豪情地憧憬说：

> 建成运行后的汉口北国际商品交易中心，将呈现全新的市场图景：市场内外交通畅达，物流中心通达全国168个主要城市；铺面装修精致，绿化景观空间布局协调；商品种类齐全，多达150万种；打货方便，自动扶梯随处可见，车辆由专行通道直达市场各楼层；里面的商户可在明亮的餐厅里享用午餐；中央空调实时控温，经营环境舒适惬意；这里没有“扁担”，仓储中心直接提货，送货电瓶车在市场内有序穿行，通过卫星地图，在电子大厅就能看到送货车的准确方位；无须现金交易，电子支付便捷迅速；外贸采购进入汉口北交易网站实时订货下单。更重要的是，该市场还着力打造汉口北网上交易平台，让入驻商户在拥有实体商铺的同时，还可通过网上虚拟店铺实现在线交易。同时，商户更能享受信用担保、流动资金支持，配套服务实行外包管理，餐饮、酒店、物业服务均由国内专业公司承担运营。总而言之，这里不仅仅是商品采购大本营，更是消费者和采购商家们体验愉悦购物的欢乐世界。

在阎志看来，房地产开发属于“自行车模式”——买地，盖房；再买地，再盖房，“无法停下来，不断地滚动，才能够保障它的发展。一直是高负债率，一直有不断做项目的压力”。汉口北则是全新的商业模式：

卖一部分铺位以获得现金流推进项目，持有大部分物业以实现对项目的主导。阎志说：“持有50%的自有运营，它就比一般的开发企业要健康得多。自持物业，经营性物业，我们大量持有，与我们的市场、我们的项目共同发展。”阎志甚至断言汉口北独一无二，极难复制：“你可以复制同样的建筑，你复制不了这样的区位；你也可能找到这样的区位，你找不到这样的时机了，这就是它的核心竞争力。”他不无得意地说：“我们每个项目都是这种核心竞争能力的研究，都是商业模式的创新和不断地改变。”

尽管汉口北的商业模式具有竞争优势，但只要一天不完工、不开盘，阎志心里就不踏实：“当时的汉口北还是一片荒野，除了我们自己，没有人看好这个地方的发展，贷不贷得到款、铺面卖不卖得出去、投资收不收得回来都是未知数。”政府对汉口北的发展前景也非常关心。2008年1月12日上午，天空飘着细雨，武汉气温接近零度，时任武汉市代市长阮成发到汉口北工地现场视察。新市长对现场工人嘘寒问暖，“要大家注意保暖，注意身体”，然后对阎志说：“批发市场的成功关键在招商，要扎扎实实做好招商工作，力争把一大批国际国内优秀批发市场吸引到汉口北国际商品交易中心来。”他还与大家约定，“项目建成后，还要再来汉口北国际商品交易中心”。

鼓励也是压力，招商是汉口北成败的关键，阎志把目光瞄准汉正街。

“请大家相信我”

汉正街有着近500年历史，不过被誉为“天下第一街”则是改革开放以后。1979年，103位武汉“勇士”冒着触犯“投机倒把罪”的风险，在汉正街摆摊做生意。三十多年来，汉正街从一条400多米的小街发展到占地2.67平方千米的大区，各类专业市场有数万家经营户，“买全国、卖全国”的经营模式吸引各地商贩前来“打货”，“满目东西南北货，一街南腔北调人”。当时流传一句话：“在中国，要看对外开放得去深圳，要看对内搞活得到汉正街。”然而，从20世纪90年代中期开始，汉正街的交易量被许多新兴批发市场抢占，辐射范围萎缩，低质、低价、低档的“水货”大肆泛滥，盛极而衰。2005年12月20日晚9时许，汉正街永安巷一栋七层楼房突发大火，4名13~17岁的童工不幸遇难，一场大火让所有人从梦中惊醒：汉正街将走向何方？

在汉正街往北10多公里，阎志的汉口北正虚位以待。当时他还不敢说把汉正街搬到汉口北这样的话，“我只讲老市场，市内老市场，暗指汉正街，我都不敢直接提，这个时候政府也没有提。因为有一个社会稳定的问题，有一个导向的问题，我就不能讲冒太大风险的这种话，那是要负法律责任的”。阎志要求李斌等人去汉正街“人对人、点对点地做商户的撬动工作”。

2007年8月14日，首批100名招商人员在卓尔大厦四楼会议室开启为期一周的培训，阎志亲自授课。随后，李斌按照行业类别把100人分成十几个组，要求他们一个月内什么都不做，就是与汉正街的经营户聊天。“你有多少商户，一共有多少户、多少人，做什么行业，”李斌吩咐，“在聊天的过程中了解汉正街，熟悉汉正街。最后对汉正街的历史和负责行业的历史倒背如流，就是个合格的招商员。”30天内，每个招商员每天都写调研报告，交给李斌检查，整个团队再组织统计、学习。初次调研、招商的情况很不理想，有入驻意向的汉正街商户还不到5%。

彭涛是这100名招商员中为数不多的女性，2007年7月27日进入卓尔，工作地点却是汉正街。每天从早到晚入户调查、宣传，可汉正街的老板只顾生意，根本不搭理。有个招商员专攻玩具行业大户，一位名叫孙水生的老板始终冷眼旁观，有一天他突然开口，招商员笑脸相迎，不料劈头就遭到一盆冷水：“说句实话，你们不要浪费时间。汉口北是老板忽悠你们的，搞不起来的，你赶紧换工作。”这个招商员以前做过快消品，没想到还真的被人家成功“策反”，到上游厂家去做业务员了。

每天晚上回公司开碰头会，大家都很沮丧、迷茫，客户反馈都是不认可、不信任。彭涛是团队负责人，外表漂亮，作风干练，虽然坚韧刚强，可每天面对同伴的低落情绪，她也毫无信心。“走到街上都抬不起头来。每天早上很难出门，排斥上班。到了单位也排斥出门拜访客户。但职责在身，只能逼着自己出去。”彭涛负责童装、玩具市场，商户很难扭转心态，倒是鞋业招商团队喜讯不断，浙江老板纷纷组团入驻汉口北。阎志在业务总结会上高声表扬，并且对彭涛等落后团队施激将法，把大家的好胜心都激发起来，士气高涨。

2008 年 3 月 18 日，汉口北现场招商中心正式启用，这意味着开盘进入倒计时阶段。阎志把开盘之前的招商说明会定在武汉市政府会议中心举行，既让商户感到被尊重，又能安心，感觉像市政府组织的招商引资大会。春夏之交的季节，彭涛和同事们冲劲十足，每天以汉正街的工行、建行为临时办公地点，开会就在马路边，她从小商品行业整体实力最强的文具类突破，带动整个小商品行业的招商。中秋节前夕，黄陂区区长出面召集商户开座谈会，热情洋溢地欢迎企业家到汉口北投资兴业，会后还赠送礼品。商户相信政府是巨大的保障力量，再加上彭涛不失时机地宣讲批发市场外迁升级大趋势，“商户们内心开始动摇了”。

9 月 28 日，汉口北首期市场开始认筹，彭涛心里忐忑不安，丝毫没有把握。没想到当天招商中心的铺位看板前围了不少人，有些人要求和彭涛单独会谈，她将客户带到二楼的 VIP 贵宾室，几十人蜂拥而入。彭涛一口气收了 79 间商铺的认筹金——79 万元。几天之后，国庆长假到来，招商团队没有一个人休息，大家乘胜追击，到汉正街继续“拉人”。

那半个月时间内，招商人员每天请商户吃两顿饭，阎志只要有时间就会陪每个人吃饭、喝酒、饮茶。意尔康、蜘蛛王、红蜻蜓、戈美琪、

ABC等鞋业大王终于被打动，成为首批签约大户，也是在汉口北受益最大的“第一批敢吃螃蟹”的人。直到汉口北60%的店铺被预订，阎志才长舒一口气，宣布将开盘日期定在10月28日。

开盘前两天，整个汉口北团队通宵达旦忙碌，一切准备就绪，开盘价格也出来了。10月27日早上8点，招商团队奔赴汉正街，热情好客地将目标客户邀请到一辆福田商务车里，送到沿江大道一家酒吧继续做工作，商户还是犹豫不定：“你们态度是蛮热情，可是汉口北做不起来的。”彭涛满脸堆笑，连劝带哄，谁要是中途想离开她都软磨硬泡拦截下来。下午4点，福田车开到汉口北销售现场，商户们被请到贵宾室，继续接受招商员滔滔不绝的“洗脑”。直到晚上七八点钟，阎志来到贵宾室，进门就与每位老板握手寒暄，商户们喜上眉梢，紧张沉闷的气氛顿时轻松活跃起来。阎志逐个拍着大伙儿的肩膀，像久别重逢的故交般推心置腹地说：“请大家相信我阎志，买我们的铺子，一定让你们赚钱！”

对于商户而言，这可能是他们经商以来最艰难的决定。晚上9点，启光文具老板王兴鹏终于打破沉默，他猛然站起来，一巴掌重重拍在桌子上，那架势就像赌场买大小下注时的情形：“搞了！”这声呐喊就像划破沉寂的炸雷，其他人争先恐后附和道：“好！好！搞了！”

彭涛对当晚的激动场面记忆犹新，她说：“除了沟通方式接地气，工作做得细致，还有重要一条，就是老板心细如发，设身处地考虑商户需求，制定非常灵活的招商政策。铺位可租可买，还可以租售结合，以租代售。就是先租下来试营业，一年之内如果效果好，随时可以用开盘价买回。这样的政策极大地解除了商户的后顾之忧。”

回忆最初在汉正街招商的日子，刘琴非常感慨：“汉口北前期招商非常艰苦，我们去汉正街招商，商户普遍抵触，他们不愿意接受新事物，还经常遭到市场管理方的阻挠而发生冲突，有一次在推搡中员工衣服都被撕破了。但是我们在阎总的带领下，不屈不挠，屡败屡战，让商户真正信任我们。”

决定阎志成败毁誉的时刻就要到来。追随他的员工、客户、投资者以前曾经享受过胜利的喜悦，领教过他运筹帷幄的才华和高招，随着开盘日到来，大家的期望值不断攀升，每个人内心隐隐的紧张焦灼的情绪也在蔓延。

一炮打响

在2008年那个激情澎湃的秋天，阎志每天热血沸腾，斗志昂扬，带着所有员工像北京奥运会赛场上的运动员一样奋力拼搏，全速冲刺。

10月28日，汉口北一期小商品、鞋业、皮具三大市场开盘，临时设在第一企业社区活动中心的营销中心被挤得水泄不通，上千位来自全国各地的商户心旌摇曳，当天销售商铺406套。在第二天的晨会上，阎志宣布开盘现场由刚加入卓尔的曹天斌负责管理，此人“能说会道”，做事有韧劲。自此以后，曹天斌的人生更加色彩斑斓。

那天彭涛的遭遇却有些尴尬，差点挨了一顿暴打。真彩文具老板周亨红因身体不适在医院做手术，匆忙赶来为时已晚，他看中的商铺被投资户认购。这回轮到彭涛体会被人关在VIP贵宾室的滋味了，周亨红不让她出去，非要那几间铺面不可。这桩冲突惊动了阎志，他明知卖给投资者收益更高，还是决定把铺子“让”给周亨红，“只有大户来了，市场繁荣才有好的基础”。投资客闻讯怒发冲冠，气冲冲地跑过来要打彭涛，幸好被身强力壮的同事一把抱住，大家好言相劝，又给折扣又是让利，对方转怒为喜，接受调换。“汉口北抢铺子”后来传为一段佳话，彭涛回想起来却还有些心惊肉跳。

现任卓尔控股副总裁的闵雪琴对第一次开盘的往事记忆犹新。闵雪琴身材瘦小，说话语速很快，带有一丝沙哑。她2008年1月28日进入卓尔，刚开始在股改办做文员，后来调到总裁办当秘书，她回忆说："以前我经常哭。那时候天天被老板骂，被骂完我就写个感言，总结教训。"在她办公室的文件柜里，整齐摆放着 14 本厚厚的工作笔记，堆起来将近半米高。阎志非常注重细节，至少有两次在会上为此点名批评闵雪琴，一次是搭老板顺风车时下车关门太用力，另一次是去机场接待客户派车太寒酸。想到当年的这些事，她不好意思地笑着说："那个时候很不服气，觉得他小题大做。现在我也这样要求员工，下车关门要小心。细节决定成败。"

可就算阎志如此强调细节，开盘当天仍然漏洞百出，几乎犯下了所有能犯的错误。许多人都是第一次售楼，而且还是临时从其他部门抽调，流程有些混乱，加上兴奋紧张，晚上盘点发现有 138 套商铺的客户档案全部填错，有些房子甚至被卖出去两次。阎志带着二三十位后台服务人员通宵加班，逐条复核，梳理流程，一直忙到凌晨 5 点。大家简单洗漱之后，6 点钟继续上班，吆喝呐喊。在那一周时间里，每天晚上都加班到一两点。闵雪琴至今回忆起来仍难掩激动："开盘开了一个星期，大家都很兴奋，团结一致，像好日子来了一样，那种精神状态，我觉得很多卓尔人一辈子都会记得。"她动情地说："我们的总裁、副总裁，都和员工在一起。没有把员工留着加班，领导自己去吃饭喝酒的，大家都是在一起，共同奋斗在一线，脚踏实地。这种氛围很感人。"

确实如此，许多当事者都有"一辈子都会记得"的感慨。15 天时间，2000 多间店铺销售一空，销售额达 5 亿元。闵雪琴特意提及："在老板的心目当中，深入骨髓地，他就觉得客户服务是第一位的。"11 月 8 日，开盘 10 天之后，汉口北成立了客服中心。

黄萱则将开盘大获成功归结为"阎总是个很敏锐的策划大师"。卓尔涉及地产的营销及广告业务从未外包，汉口北的策划、文案，甚至广告词的拟定，阎志都亲自参与，平面广告需经他审核后才能刊发，黄萱和同事们为此没少挨批评。每次给报社交稿卓尔总是最晚，要等销售人员把业绩汇报完毕策划人员才动笔，把掏心窝子的话说给投资者、商户听，稿件写得密密麻麻，连报社审稿老师都忍不住抱怨："别人的房产广告都很大气，字也少，你们像写报告。"

业内人士也批评阎志只坚持黄与红两种色调，认为太土，甚至有领导建议阎志把广告做得时尚漂亮点。可事实证明，卓尔的广告内容、形式和色调最受商户认可，阎志对客户心理状态的把握可谓炉火纯青。黄萱说："最后连审稿老师都买了我们的商铺，武汉商业地产广告都跟风模仿。"她感慨道："阎总审稿小到一个标点符号都很在意，每个词都很用心。起初我们很不理解，认为他小题大做，后来也印证了，正是这种细心、用心，才能打动客户。"

经此一役，整个汉口北的营销、服务团队变得成熟起来，从容沉稳，应对自如，以后每次开盘都非常顺利：2009 年 1 月，酒店用品市场开盘；2009 年 10 月 28 日、29 日，针织品、日用品市场和"壹号公馆"开盘，销售 2000 余间，销售额突破 6 亿元。媒体报道时，反复出现"火爆""万人排队""创纪录"等字眼。

中央政府开始关注汉口北的发展，鼓励像卓尔这样有实力的企业参与甚至主导建设新型商贸物流中心，一些政府官员纷纷到这里视察，其中有时任国家财政部部长谢旭人。他对汉口北的规划、招商、运营和现实意义给予充分肯定，并指出"对扩大内需起到了很好的推动作用"。有时任国家商务部部长陈德铭，他赞扬汉口北高起点规划、高标准建设，并指出："要重视市中心汉正街等传统市场批发功能的外迁，做好承接准备，并且在此基础上招大商户、招大品牌，做大市场。"还有在湖北生活工作五十多年的时任全国政协副主席钱运录，他说："武汉市要把汉口北国际商品交易中心定位为继沌口经济开发区、东湖高新技术开发区之后又一新的增长极。"

国务院、湖北省、武汉市三级领导都对汉口北寄予厚望。2011 年，时任武汉市委书记阮成发期望：“汉口北应担当起重振大武汉商贸物流雄风、为武汉城市圈‘两型’社会建设和加快武汉城市化发展进程做出表率！”同年，时任湖北省委书记李鸿忠指出：“汉正街是汉江之汉，而汉口北的定位是大武汉之汉。汉口北要做好承接汉正街外迁的准备，做全国最大的商品专业市场，以不愧大武汉之汉。”

2012 年 2 月 16 日，时任武汉市长唐良智率 20 多个职能部门负责人及 5 城区负责人，专题调研汉正街综合整治与传统市场搬迁改造工作，实地查看汉正街及汉口北市场。他提出：“汉正街的商业文化和精神要留下来，但这种落后业态不能再留，大规模搬迁现在就启动，不能零敲碎打。”

2013 年，时任国务院副总理马凯对汉口北立足武汉打造最大内需交易平台的定位和建设规模给予肯定，表示非常看好汉口北的发展前景，要求汉口北积极对接国际市场，为客商创新金融服务。

2017 年 3 月 4 日，刚到任的武汉市委书记陈一新考察汉口北，肯定汉口北抓住了机遇，要真正成为有国际影响力的商品交易中心，他同时鼓励“卓尔与各方携手努力，开拓进取，为复兴大武汉国际商贸重镇的历史地位做出更大贡献”。就在数天前，时任武汉市长万勇专程调研汉口北，详细了解汉口北市场采购贸易方式试点情况和“互联网+物流”发展情况，勉励“卓尔要瞄准目标，跨越转型，争取实现从中国 500 强向世界 500 强跨越、打造全球智能化交易平台、建设全国 B2B 领军企业这三大目标，要敢于异军突起，独领风骚”。

十年躬耕汉口北，一朝名扬天下知。平心而论，政府官员对于汉口北的重视，并非由于外界所流传“阎志有很深背景”，而是全凭实干经营获得的鼓励。

归根到底，阎志的成功离不开他把公司梦、城市梦和国家梦深深融合在一起。汉口北的真正主角应该是千万商户，阎志的过人之处就在于他认识到这一点，并以此为信念，团结一切可以团结的力量，把不可能的事情变成可能。

“赚钱走人的事，我们绝不干！”

据说中国新建市场存在一个“二八定律”：80%的市场没有正常开业，打开幸运之门的20%的市场中有80%的商户经营失败。门庭冷落的根源在于开发商常常只做一次性生意，卖完就走。

阎志对此评价：“服务对公用平台的发展至关重要。以往一些企业在湖北建市场，往往是将门面卖出去了就拍屁股走人，造成许多市场门可罗雀，投资客户欲哭无泪。我们觉得，商户掏数十万、数百万元将办公楼和门面买下来，是对我们的信任，我们做事应该让他们放心，让各级领导放心。将办公楼、铺子卖出后，我们不断地做广告，就是为了让更多的企业和商户聚集，为他们提供更好的发展环境。”他斩钉截铁地说：“赚钱走人的事，我们绝不干！”

一是在硬件装备上下狠功夫。修建汉口北中心广场时，原来规划为每盏价格1500元的普通路灯，阎志发现风光互补的路灯更环保，但是价格高达2万元。有人提出公共设施要降低成本，被阎志一口回绝：“中国和发达国家相比，环保差距很大。作为一个大企业，卓尔的成本应让位于环保。”仅此一项，卓尔多付出200多万元。

曹天斌后来负责汉口北的招商和运营工作，帮助商户快速装修、早日开业是头等大事，他对同事说：“你就把这间房当作你们家的，装修成这样你愿不愿意接收，如果你愿意接收，商户肯定也愿意接收。”传统店铺的室内光源安装是一个灯头装两个13瓦的灯管，负责材料采购的经理偶然听说LED灯管只要7瓦就可媲美，立即在网上搜索供应商，两全其美。

二是在软性服务上用细心思。在汉口北上千家商户中，有10%左右为第一次做生意，急需创业指导。还有一些投资者原计划出租、转卖，阎志要求团队尽量将商户转为自营，帮他们把店铺开起来，并提出“我们不做批发，我们为做批发的人服务”的“汉口北理念”。2009年3月到5月间，汉口北组织商户免费到原产地市场考察，第一站是深圳、虎门，第二站到义乌、温州等地，每次一百多人，促成与原产地市场对接。他们还专门邀请专家讲授“批发大课堂”，请汉正街的老商户指导创业者选货。

三是在无形营销上花大力气。在汉口北开业之前，阎志将销售商铺的大部分利润拿出来，投入3亿元用于市场装修、促销和推广：在全国100多个目标城市推广汉口北，宣传特色产品；联手市区政府出台30多项扶持政策；组织品牌博览会，让沿海知名品牌与本地商户对接；开通众邦网，以网上交易帮商户拓宽渠道。另外，汉口北专门设立客户服务中心、物业管理中心、综合管理中心、金融服务中心、仓储物流中心，将运营服务放在前面。

为了鼓励商户按时开业，汉口北提出“谁经营，谁就得实惠”的口号，送房送车：装修开业的前100名商户可以获得配套公寓楼一套房子的首付，商户只需承担后期抵押贷款；第101名到200名商户将获得一部方便送货的面包车。没想到，有个商户拿着刊登“送房送车”的报纸找上门来“两样都要”，无论怎样解释、劝说都无济于事，阎志拍板说：“承诺客户的事情我们都要办到。”然后大手一挥，“最后房也送了车也送了”。只要有利于汉口北繁荣的建议和申请，甚至是狂想，阎志都会快速批准，“花多少钱都批，尺度宽松没有上限”。打货满5000元免路费、提供免费午餐、商户出货有补贴……彭涛记得有个小商户一个月领了8000元的补贴，“笑得合不拢嘴”。

回想起开业之前那段时间，李斌感叹“就像打仗一样”，每天在汉口北来回检查，“那一阵子走的路比我前几十年走的路还要多”。商户有没有装修、上货，有没有假冒伪劣产品，甚至哪条路缺块地砖、栽歪一棵树都要立即处理，上千家店铺逐个查验，记不清走了多少路，爬过多少货架。彭涛连续一个月每天从睁眼一直忙到晚上 11 点多，“盯装修，盯商户进场。实在忙不过来就帮着商户一个个贴门头”。

2009 年 12 月 28 日，汉口北按时开埠，一期小商品、鞋业、皮具箱包、儿童用品、酒店用品五大市场、5000 多家商铺、60 万平方米营业面积同时开门迎客，100 万种商品吸引武汉及周边城市近 10 万人到场参观、购物。开业当天，汉口北完成销售额 5 亿元。不到 10 天，市场交易额突破 20 亿元。

可是，依然有很多问题无法掩盖。开业之初电力严重不足，经常停电，汉口北自购发电机，一旦停电立即开启，李斌回忆说：“发电机就像‘吸血鬼’一样，一个小时就能把油罐车里的油烧完，需要几辆车轮换，不停地加油。”

交通问题更严重。当时从市区通往汉口北只有 292 路公交车，为解决交通困难，汉口北购买 100 多辆大巴车，到武汉三镇所有的长途站和人流密集的地方设站点，免费请商户到汉口北批发货物。后来阎志又把湖北省内及周边省份的客运站老板们全部请过来，60 多人逐个做工作，商谈开通到汉口北的班车，或者设立停靠站点。谈判工作非常艰难，给司机的补贴一涨再涨，仍然无法满足需求。

为解决物流问题，汉口北招商引进 30 多家物流企业，基本满足商户的发货需求，但随着生意越来越好，发货周期拉长、规模扩大，汉口北出钱购买 20 辆面包车，组建中转站，帮助商户发货。武汉有些地方不让货车进出，汉口北就用面包车免费帮客户运货，所有员工身兼数职——司机、搬运工、客服、武汉话翻译……阎志珍视商户的信任，他要求员工诚实守信，凡事尊重他人，遇到困难团结合作，出现问题勇于担当，汉口北的运营逐渐走上正轨。2010 年 8 月，服装市场开盘，铺面一售而空。与此同时，总建筑面积 200 万平方米的加工园区和总建筑面积 100 万平方米的仓储物流园区全面开工，产业链不断完善。

三年前汉口北破土动工时，阎志曾放言：“再过三至五年时间，这里将成为具有全国影响的小商品市场。”三年过去，梦想已照进现实，昔日“天下第一街”的辉煌将重新闪耀。

再造“汉正街”

2011 年，当“汉口北承接汉正街”由设想变为现实，有些人冷嘲热讽“汉口北是阎志咬到的一块肥肉”。听到这话，阎志愤然反击：“如果当初我没做汉口北之前政府就有了汉正街整体搬迁的打算，这根本轮不到我阎志做！”

2011 年 1 月 17 日，农历腊月十四，春节将至，江城武汉飘起雪花。当天夜里 23 点 19 分，汉正街一栋用作服装仓库的商用楼火光骤起，大火烧穿整栋楼，14 人葬身火海。在汉正街居住多年的街坊说，住在这儿，几乎每个星期能听到消防车的叫声两三次。消防部门无可奈何：“走进去简直找不到方向。一旦发生火灾，极易火烧连营，小火变大火灾。”据不完全统计，2007 年 8 月到当年汉正街火灾火险事件达 10 起之多，又被称作“失火一条街”。

市政府痛定思痛，终于下定“彻底搬迁汉正街”的决心。一个月后，在武汉市第十二届人大七次会议上，时任代理市长唐良智称：“不看则已，你看了一定睡不着，随便一点火星就报废了，你跑也跑不掉，所以一定要下决心。”不过，“汉正街搬往何处”引发一场大讨论，最后基本形成一致意见，建议向成熟市场搬迁，已运营两年多的汉口北由此进入承接地候选名单。

时任汉口北集团执行总经理涂国喜分析说："与汉正街最大的不同是，汉口北严格遵循专业化原则科学布局，品牌服饰、海宁皮革、酒店用品等20多个专业小商品市场各成体系，而在商贸区之外，又另外建有仓储中心、物流园、居住区，各个功能区互不干扰，完全杜绝了汉正街的人货杂处的弊端。"他继续阐述优势："我们不是简单地复制汉正街，除了商贸、物流、仓储，我们还将兴建大型停车场、酒店餐饮等配套设施，同时还会对进驻的商户提供租金减免、宣传推广、无抵押担保贷款等综合服务。"

涂国喜生于1952年，从小住在汉正街附近的观音阁，他回忆说："我的祖辈也是生意人。20世纪30年代就在汉口沿街巷摆摊做生意。谈到对汉正街的感情，怕是没有几个人能跟我比。"1986年，涂国喜成为第一任汉正街市场管委会主任，对汉正街三十年来的盛衰沉浮感慨万千，"生产+生活+仓储+物流"简单合一的低端经营模式让汉正街日渐衰落，商居混杂、物流无序、消防隐患、交通拥堵等矛盾日益突出，"进去出不来，出来进不去"的问题无法解决。涂国喜哀叹："汉正街是一个无根的市场。""买全国、卖全国"的传统商业思想以及缺乏生产加工环节，让汉正街的光环日渐黯淡下来。

2011年2月，汉正街要整体搬迁的消息公布后，阎志托人三番两次邀请涂国喜见面，提出聘任邀请。涂国喜说："汉正街搬迁是大势所趋。人生总得做一些有意义的事情，符合社会发展。一个人的作用很有限，但是可以利用一些经验、资源、人脉推动事情发展，对社会发展、时代进步做一些自己应该做的事，以后别人会记住你，在书写历史过程有那么一点点留声、留音。"这位年过花甲的老人精神矍铄，思维敏捷，他希望帮助汉口北再现"天下第一街"的辉煌盛景。

在政府引导下，个别商户的自发行为逐渐转变为有组织的集体行动。8月，武汉市政府确定汉口北作为汉正街整体转移目的地。时任武汉市领导多次表示，汉口北必须转移、转型同步，新业态、新经济同步，在承接汉正街产业转移的同时，必须创新汉正街业态，做国内市场，也做国际市场；拓展有形市场，也要着力开拓无形市场，发展电子商务、虚拟经济。汉口北国际商品交易中心正是要按照中国最好、中部最大的国家一级专业市场进行设计和建设，强调“不是复制汉正街，而是提升汉正街”。

阎志喜不自胜：“能承接汉正街是汉口北千载难逢的一次机会。”他说：“中国商业的全国化时代或者大整合时代，武汉是一个不可忽略的地带。”在他看来，无论电子商务发展到什么地步，货物的交换、交割不可避免，武汉是实现这些交割、交换最好的地方。他说：“所以未来一切的商业都是要以成本为中心的，武汉这个位置它能够最大限度地减少这种成本，所以它是不可取代的。我对这个城市充满信心。”

为了鼓励汉正街商户搬迁，阎志制定了一些倾斜政策：“比如铺子卖给别人一万，卖给汉正街的商户则是八千、九千。我们配套的系列政策，仓储免租、免费接送、来采购包中餐。我们出钱做广告宣传，我们出钱帮你做生意。我们帮你做渠道，到下面 50 个分市场开通专线车，免费接送客户到这里打货等，一系列措施来推动承接转移。”不过，投资户不在此列，“首先你要是经营户，你必须有汉正街营业执照和品牌代理授权书”。到 2011 年 11 月 20 日，汉正街已有 5000 多商户迁至汉口北，还有 7900 户预订或购买汉口北二期商铺。

由于各种错综复杂的利益纠葛，有些人将汉正街与汉口北夸大为你死我活的对立关系，阎志非常谨慎：“我听到的言论中，没有人说汉正街要搬走，而是说汉正街要提挡升级。”他小心翼翼地对媒体解释，汉口北不可能成为第二个汉正街。汉口北正在承接汉正街的批发功能，而不是取代它。“那些高端的品牌的零售店、高档写字楼、高档社区和高端旅游商贸区，都会留在汉正街，这是汉口北‘抢’不来的，这是汉正街的固有优势，而汉口北的优势是大商贸、大批发、大物流，所以它是承接汉正街的批发功能。随着社会经济发展，汉正街原有业态已难以适应发展需要，提挡升级势在必行，武汉市欲将其改造为商贸旅游区。”

越是春风得意的时候，阎志越小心谨慎，他曾在2011年的内部讲话中告诫员工：“汉口北一颗火星，就可以把汉口北的基业、品牌，汉口北承接汉正街的正当性、合法性毁于一旦；汉正街搬迁到汉口北最重要的理由是汉口北安全，如果出了问题，就没有正当性、合法性，必须做到零事故、严控风险。”这一年，有两座塔楼因为质量问题被停工半年，阎志忧心忡忡地说：“不解决问题永远停工，卓尔经不起任何的质量事故、安全事故和管理事故。卓尔成就再突出，一起质量事故就什么都没有了。”

承担改善城市功能、全面提升武汉商贸物流水平的历史重任，阎志很自然地把汉口北与“武汉梦”联系起来：“我们是武汉本土成长起来的企业，一定要对这样的项目负责，更要对我们的商户负责。所以我们做的很多不是开发商做的事情，我们没有把它当成一个开发项目，而是把它当成我们卓尔安身立命的项目，一个代表卓尔的社会责任、代表卓尔发展水平的项目来做的。”

“土地性质”风波

汉正街已完成“天下第一街”的历史使命，批发商户搬迁到汉口北已是大势所趋。在时光流转中，不断繁荣的汉口北成为中部商贸物流最旺盛的市场，逐渐显露出货通天下、连接全球的气象。

危机就是在这种意料不到的时刻骤然被引爆的。一些对卓尔压抑已久的不满情绪在无形中悄然酝酿，如带毒的野草四处疯长。当这种危险以戏剧化的方式瞬间释放，众口铄金，谣言漫天，阎志和卓尔就这样被裹挟进舆论的洪流之中。

2013年3月12日，各大网站出现一篇题为《起底卓尔》的长篇报道，这是一家房地产媒体的讨伐檄文，攫取、钻营、灰色、虚假、残酷等带有明显负面色彩的词语充斥全文。文章说："这实实在在是一场胆大妄为的野蛮生长，一个不容抹杀和回避的'原罪'。"文章质疑汉口北在工业用地上做商品批发市场违法，铺面销售也涉嫌违法。

一个月之后，4 月 12 日，一家以调查著称的财经媒体发布调查文章《湖北首富的秘密：卓尔发展工业用地操盘商业地产》，将笔锋对准汉口北土地涉嫌违规，"土地性质明明是工业用地，却作为产权式商铺销售"，汉口北存在"售后再租的法律风险"。

同一天，另一家财经媒体发表题为《卓尔发展仓库用地建商铺土地证切割存法律真空》的报道，"汉口北市场工业用地上盖商铺的行为，未来存在的政策风险'不好说'"，"卓尔发展还将'工、交、仓'规划用途的汉口北市场切割成'细小'单位，以'商铺'形式出售"。从报道的内容来看，有些业主已受到报道影响，认为"卓尔方面应该为他们补齐土地差价，办理商服用途的房产证和土地证"。

这是卓尔第一次面临媒体记者的密集讨伐，也是公司创办以来面临的最严重的一次舆论危机，一波又一波凶猛而频繁的舆论攻击汹涌扑来。接二连三的舆论抨击逼迫卓尔必须做出回应。

2013 年 4 月 20 日，荆楚网发布一篇"本网调查"，标题为《卓尔发展汉口北项目不存在违规情形》，看起来是对《起底卓尔》的回应。记者钟边通过调查拿出一系列证据。

> 关于土地使用情况，武汉市黄陂区国土资源和规划局出具了《情况说明》："卓尔控股在汉口北地区的各宗土地均经过招拍挂合法程序取得，价格均为所取得土地当时市场价。卓尔控股和汉口北项目从未以零地价或低于国家最低基准地价取得土地。"
>
> 这份说明还指出：汉口北项目按综合仓储物流用途登记发证，

项目建设内容包括仓储基地、物流基地、展示用房及其他配套设施等，每栋建筑中都有仓库、展厅及物流设施，项目建设后投资单位对部分房屋化整为零销售的，以房产分割转让取得登记为前提条件，国土部门依据相关法规，对其中已进行房产分割转让登记的区域，按原土地用地用途办理土地使用权分割转让手续。

除此之外，记者钟边还公布卓尔授权代理人北京中伦文德（武汉）律师事务所发出的《律师声明》。

卓尔发展汉口北项目用地均通过招拍挂合法程序竞标取得，且符合用地规划，不存在违规用地情况。汉口北项目配套设施用地面积比例未超过7%、配套设施建筑面积比例未超过10%，符合国家及地方相关法律法规的规定。汉口北项目依据《中华人民共和国城镇国有土地使用权出让和转让暂行条例》第十九条、第二十四条，《中华人民共和国房地产管理法》第三十八条、第三十九条，《湖北省城镇国有土地使用权出让和转让实施办法》第二十条等相关条款中的规定为经营户办理土地分割转让手续。仓储物流用地根据其使用功能和使用需要，分若干单元进行房产和土地分割，在全国大部分同类项目一直在施行。

卓尔发展一直坚持合法经营，汉口北项目均严格按照国家相关法律法规办理土地、规划、建设、房产等相关手续。汉口北项目在招商招租时均按照政府相关部门的要求公示了相关许可证，五证齐全，并在签订合同时明示了土地性质为综合仓储物流，为经营户办理产权证时，土地性质也与取得的土地使用权证一致，根本不存在违规行为。

从报道披露的《情况说明》和《律师声明》来看，这是一次逻辑清晰、理由充分而且具备实质内容的回应，卓尔希望以事实化解媒体和公众的质疑，尽快平息风波。然而，危机并未解除，6 月 27 日，一篇题为《卓尔发展原罪：工业用地违建汉口北》的报道在各大网站流传，记者依然将矛头指向汉口北土地开发和商铺销售违规。

从卓尔公关部门当时的“舆情”监测情况来看，这篇报道并未引发连锁反应，此后再也没有出现媒体密集轰炸的可怕局面。阎志生平遭遇过无数危难时刻，还从来没有哪一次像现在这样叫他委屈和愤怒，记者罔顾事实、颠倒黑白的报道令他怒不可遏，再加上某些媒体动机不纯的利益要挟，怒发冲冠时阎志曾考虑请司法机关介入调查。想到自己早年的财经记者生涯，他不忍毁掉同行后辈的前程甚至整个人生，就隐忍而过。对于公众舆论的质疑和抨击，除了澄清事实，再也没有比加快汉口北繁荣发展更好的回应方式。

自此之后，卓尔不再受外界舆论干扰，对媒体沉默封口。不过与政府部门的沟通仍很有必要。2014 年 10 月 8 日，卓尔梳理出了一份《关于汉口北土地使用情况的汇报》，详细说明真实情况。

> 截至目前，项目已取得建设用地约 2501 亩，已取得的土地主要有六类：一是用于加工生产的工业用地约 364 亩，二是用作仓库建设和用于物流停车、物流站场建设的土地约 1248 亩，三是提供业主居住的住宅用地约 92 亩，四是用于项目商业配套的商服用地约 73 亩，五是用于货运场站的交通设施用地约 115 亩，六是用于工业品展示、交易、仓储综合用途（商贸物流综合体）的综合、仓储、物流用地约 609 亩。
>
> 汉口北项目中用于业主配套住房的项目有三大类：一是通过招拍挂程序取得的住宅性质土地；二是国土规划部门严格按照有关规

定审批的项目用作生活配套设施建筑（用地占比不超过7%，建筑面积比例不超过10%），此部分建筑通过租赁的方式供给在汉口北经营的业主居住；三是对汉口北项目在建拟招商的用于业主居住的四栋建筑，在国土规划部门的规范操作下，补交土地出让金等相关费用，依法作了土地和规划性质变更。

而对于过去已建成运营并完成招商的区域，业主已经在正常经营，从维护稳定出发，尊重历史，保持原状。

这份汇报材料足以让关心卓尔历史与未来的人松一口气，由用地性质风波引发的舆论危机暂时结束，公司内外重新风平浪静。在此后两年间，汉口北的发展势如破竹，电商、大数据、智能化等高新技术将汉口北的物流、交通和规模优势成倍数释放，那些当初因媒体报道提心吊胆的商户满怀喜悦地发现汉口北的前景原来如此广阔，再没有人对用地性质问题流露出丁点儿兴趣。

2016年9月，商务部、国家发改委等八部委联合批文，同意武汉汉口北实施国家市场采购贸易试点。这意味着汉口北将成为中西部最大的国际贸易采购中心，并逐渐发展为中国内陆开放桥头堡和国际采购中心，真正实现“走出武汉，辐射全国，面向世界”。

这块金字招牌来之不易，无疑是一锤定音，这意味着汉口北得到国务院八部委的认可和支持，是对汉口北合法性、合规性的整体认定，关于“用地性质”问题的传闻、质疑和抨击不攻自破。

2018年6月1日，商务部副部长傅自应调研考察汉口北，充分肯定汉口北市场采购贸易方式试点取得的显著成效。自2016年9月承担国家级外贸试点以来，汉口北积极搭建内陆国际商贸往来的桥梁，参与全球贸易分工，2017年实现出口额9.32亿美元，创造了新的外贸增长点，成为中西部重要出海口。同时，汉口北正在积极探索市场采购与跨境电商、外综服等新业态的融合发展之路，全力打造外贸新业态综合试验区。他对汉口北内外贸转型升级所取得的成绩表示赞赏，勉励汉口北发挥区位、政策优势，继续做强做大外贸业务，同时加快海外仓建设，进一步拓深、拓宽长江经济带开放大通道。

毫无疑问，经过这么多年用心经营，汉口北已超越长期以来的传统思维、世俗偏见和利益纠葛，以势不可当的姿态阔步向前。

从“运营商”到“先行者”

2009年12月29日，汉口北开门迎客的第二天，《湖北日报》署名文章把汉口北形容为“城市运营商”——“运营城市或区域的发展商”。

两位记者总结出“优秀的城市运营商需具备四种素养”：基于对宏观经济和区域发展判断的前瞻力；基于对市场趋势深入解读后的创新力；基于对市场群构筑各要素的整合力；基于对社会效益和经济效益权衡后的自控力。文章结尾画龙点睛：“城市运营商是政府与市场之间必不可少的中间环节，政府同时也应对城市运营商提供相应服务，如：优化环境，降低政府运行成本；改革体制与机制，依法行政；解放思想，‘不与民争利’等。只有结合政府和企业的力量，才能达到城市运营的‘双赢’。”

2014年11月5日，《人民日报》刊发署名文章《昔日的乡，今天的城，汉口北牵引城乡一体化》《新汉正街，新在哪儿？》，两篇报道将汉口北视为“探索新型城镇化道路的先行者”：“与其他拓荒者不同的是，汉口北选择的是一条建设市场集群、形成产城融合的城镇化发展道路。”记者总结说：“汉口北，已成长为传承老汉口百年商脉，承接汉正街整体转移升级的超大型产业基地，意在打造中国规模最大、辐射力最强的消费品内需交易平台，正成为武汉打造国家商贸物流中心城市的重要抓手。”

报道中援引博鳌亚洲论坛首任秘书长、经济学家龙永图的话说：“汉口北大型商品交易平台，呈现一种有产业、有财气、有人气的健康城镇化模式，这种创新和尝试值得赞赏。”原住房和城乡建设部官员则评论：“相对于第一代新城堆砌建筑形成空城、第二代新城产业与规划脱节造血功能不足的状况，汉口北发挥独特的交通区位优势，依托主城发展现代服务业，实现了产业与城镇的融合、居住与就业的平衡，既能确保新城的经济活力，又可对主城区功能形成有机疏散，是第三代新城及新型城镇化的成功样本。”

整整五年时间，从省级党报口中的“城市运营商”到中央党报笔下的“探索新型城镇化道路先行者”，汉口北的市场规模和社会角色都发生天翻地覆的巨变：先后建成100多万平方米仓储中心，引进300多家物流公司，为2000多名商户提供担保贷款45亿元，为上千名商户提供标准化加工厂房；有2万多商户入驻，2013年营业额300多亿元，2014年超过400亿元；直接吸纳就业人口约8万人，其中黄陂区农业人口占26%，还吸引1000多位当地人开店创业，催生新增物流、加工企业约500多家；围绕汉口北产业链已形成拥有28万人口的宜居新城，周边20多个楼盘踊跃入驻。

报道把官员、商户、员工的情绪都鼓动起来，阎志放言：“未来十年内，汉口北国际商品交易中心将在全面彻底承接汉正街整体外迁的基础上，大量吸纳沿海商贸产业转移，并稳步发展进出口贸易和电子商务，力争总成交额达到5000亿元，使汉口北成为辐射全国、面向世界的商贸物流中心。”

2014年12月6日，第五届中国汉口北商品交易会开幕，工商银行、招商银行、建设银行、交通银行、广发银行5家银行汉口北电商群体集体授信248亿元，这个产业平台计划三年内网上交易额达到200亿元。汉口北集团宣布启动“智慧汉口北”计划，按照“网上汉口北”“智慧服务”“智慧物业”“数字汉口北”四大构架打造中国第一家超大型智慧市场。一个月后，2015 年 1 月 6 日，中央电视台《新闻联播》栏目以《汉口北商品交易会闭幕》为题报道："第五届汉口北商品交易会今天在武汉闭幕，成交额近 212 亿元，比上届增长近 4 成。电商采购占到交易会成交额的一半。"

这是《新闻联播》连续第三年对"汉交会"进行报道，也是卓尔连续五年举办这项商品交易盛会。2010 年 10 月 28 日，第一届"汉交会"开幕，阎志希望它成为与"广交会"齐名又与"广交会"错位的重要商品交易平台，"'广交会'是以外向型，以外贸订单为主；'汉交会'是立足内需市场，以内需交易为主"。数年来，"外贸有'广交会'，内贸有'汉交会'"的格局已经形成，被誉为"中国内需第一展"。阎志对汉口北的定位也随之不断升级，从"面向中西部地区的'义乌市场'"到"中国最好、中部最大的商贸市场"，将来还会"走出中国，在世界贸易中成为重要枢纽站"。

早在 2011 年底，汉口北承接汉正街产业转移最火爆的时期，阎志曾憧憬说："我们五年就可以达到汉正街现有规模，十年应该是 1000 亿，十五年 1500 亿。"他胸有成竹地自问自答："这是为什么呢？它是有支撑的。我们用五年时间，前两三年做好承接，后两三年做产出，五年就把它的 500 亿生意搬过来。"分析完业态提升、产业转移、成本降低等优势后，他雄心勃勃地说："再有十年，外向型它也要通江达海，这些货物也要面向国际市场，这个时候我就当仁不让了，现在主要谈内需市场，那个时候我就当仁不让面向国际市场，这个时候会带来至少 500 亿。未来的汉口北国际商品交易中心，就是汉口北的核心市场十到十五年会有 1500 亿的规模。"

三年过后，阎志将汉口北"面向国际市场"的梦想与武汉打造"世界贸易之都"的远景精妙结合。2015 年 1 月 27 日下午，阎志以省人大代表身份，在湖北省第十二届人民代表大会第三次会议开幕后的首次小组讨论上提出："湖北省应支持武汉立足市场、港口、交通、金融、电商的优势，申办自贸区和武汉商品交易所，将武汉打造成世界贸易之都。"他在发言稿中只字未提"卓尔"、汉口北等相关字眼，没有人比他更清楚"建成世界级的商品交易、交割、物流中心"、"成为世界工业制造中心和物流中心"带来的巨大影响，受益者绝非某一家企业。

卓尔"产业地域化"模式的社会效益和经济效益的双重成果也十分明显。当然，这也得益于政府与企业的双向互动，企业带动地方经济发展，政府为企业提供政策支持，政企关系和谐发展。这也是一种新型政商关系的大胆尝试。随着企业影响力的提升，必将由"市域"扩大到"省域"，最终成为全国性乃至全球性企业。一个市场是一个生态，一座城也是一个生态。企业有倒闭的、破产的，生态却越来越大。阎志通过用心经营汉口北，深谙生态的价值和奥妙。多年来，卓尔一直用生态建设的思维发展卓尔。

2018 年在纪念改革开放 40 周年之际，人们纷纷将目光聚焦当年的"中国小商品市场模式开创者"汉正街及它的传承者汉口北。随着时间的推移，有形的汉正街市场变小了，无形的汉正街仍在长大。2008 年，在北去汉正街 30 余里的一片乱泥岗上，建起了汉口北。2012 年起，汉口北通过"国际化""互联网化"创新发展、转型升级，不断为"新汉正街"注入新的时代内涵。

2015 年，设立卓尔购交易平台拓展在线批发贸易，开创了中国批发市场互联网化、智能化转型的全新生态；2016 年 9 月，汉口北开启"市场采购贸易方式"试点；2017 年全年市场出口总额达 9.3 亿美元，成为中国中西部重要出海口。

如今，汉口北被冠以"全国规模最大的消费品交易与物流平台"，又一个全国性商业符号诞生了。

第六章

资本的力量

再远的航行
终究需要一个彼岸
用于停靠
用于补给
——阎志《好望角》

去家族化

家族化管理是中国几千年来民间经济的一个典型特征，指的是所有权与经营权合一的一种管理模式。在很大程度上，可以说家族式管理作为民营企业初创期进行资本原始积累的唯一选择，也对民营企业顺利度过艰难的创业期起到了重要的作用。但是，我们也不得不认识到，当企业完成了资本的原始积累，企业开始发展壮大后，依然过分依赖于传统家族制度来整合企业资源就将会严重束缚企业的进一步发展。

而且，国际调查机构麦肯锡在一份报告中直截了当地指出，在全球范围内，家族企业的平均寿命只有二十四年，其中大约30%的家族企业可以传到第二代，能够传到第三代的不足13%，三代以后还能够为股东创造价值的只有5%。在中国，“富不过三代”一直是家族企业无法破除的魔咒。还有一种说法，我国亲情化管理模式在创业阶段的积极影响达到99%，但度过创业期之后的负面作用同样高达99%，由优势转化为弊病。可见，解决亲情化管理问题是企业发展过程中必须经历的疼痛。

一个人创业、打天下，如果在初期没有家族人才、好友同学帮忙，很难做起来，亲朋故旧是一个企业家最初级的人才资源，堪称“开国元勋”。但阎志必须以大局为重，陪伴他一起创业的家族成员只能忍痛离开。

阎志“去家族化”的心愿由来已久，他在接受媒体采访时多次提到：“企业的家族化是不自信的表现，说明老板无法驾驭外姓，无法管理一个现代化的企业，这样的企业难以走远。”2010年夏天，在陈丽芬离开卓尔六年之后，阎志开始大规模劝退亲属，主要是他的几位姐姐、姐夫。

阎志的二姐阎萍最早进入卓尔，公司成立初期她就负责采购工作。她开朗耿直，做事雷厉风行，所向披靡。阎志的三姐阎红不仅是会计，还承担着业务员的角色，经常跑出去收账，给客户赔笑脸、说好话。可以说，阎志对她们的要求比其他员工要高很多，当时进入企业工作，光是适应期就持续了好长时间。现在，最艰难的日子好不容易熬过去了，卓尔每天都迎来新变化，到处生机勃发，可弟弟却让她和丈夫一起离开，阎红心里多少有点别扭。

在卓尔大厦的高管办公室里，阎志召集家族成员开会。近年来公司几乎所有的重要决定都在这个房间产生，这次讨论的主题既是家事，更是公事，关系卓尔未来的战略布局。按照常理，这种涉及切身利益的会议通常剑拔弩张，拍桌子、摔凳子，批评下命令的人“只能共苦不能同甘”，必是一场互相博弈较量的拉锯战。可现实情况是，这次会议开得非常简短，不到半小时就结束了。气氛温馨和睦，就像以往的任何一次家庭会议一样。阎志从小就是整个家庭关注的焦点，他所做的任何决定都会得到姐姐们的支持，这次同样如此，没有人表示反对和质疑。为了感谢亲友们以往做出的无私奉献，并解决将来的后顾之忧，阎志专门成立了一家公司交给他们独立经营。跟随自己身边在商海打拼十多年，他们已经具备自立门户的能力。

倒是阎志的父母无法接受这样的安排，他们不明白儿子为什么要把自家人劝退，几个女儿、女婿年龄都不小了，正面临养老扶幼的压力，离开卓尔怎么谋生？父母每次见到阎志就唠叨，却又没办法干涉。后来当大家把来龙去脉说清楚，两位老人也通情达理，表示支持阎志。

陈丽芬那边的亲戚同样也被劝退。刘琦是陈丽芬的姨妈的儿子，陈丽芬母亲姊妹三个，关系非常亲密，陈丽芬对待表弟如同亲弟弟一般。2003 年刘琦进入卓尔，负责广告部路演项目。与其他几个亲属不同，刘琦年龄比较小，2010 年还没有成家立业，一旦离开卓尔前景黯淡。

有一天，阎志直接找到刘琦的上司黄萱，郑重其事地嘱咐：将公司位于钟家村的一块户外广告牌经营权转到刘琦注册的广告公司名下，并语重心长地对黄萱说，亲戚出去是为了企业发展，但也得给他们提供创业的条件。这件事操作起来很有难度，因为客户是认准大公司才有了合作，现在转到一家小公司名下，很不放心。经过多轮沟通解释，对方勉强同意。

阎志借着"去家族化"的风头，顺手也解决掉了公司内部人才地域化的问题，甚至有些矫枉过正。如此决绝的态度，让许多卓尔高管不敢抱有"举贤不避亲"的思想，甚至因为刻意回避而错过一些德才兼备的人才。

所有这一切，在于阎志有更大的谋划。汉口北逐渐显露出王者气象，成为中部地区最有影响力的商贸物流中心，资本运作成为他那两年思考最多的问题，七八年前抱憾而终的上市梦时常令他心潮澎湃。可是，2010 年政府对地产行业实施宏观调控，对涉及地产的上市企业采取一刀切政策，把它们全部挡在了资本市场的大门外。尽管卓尔的定位并非地产，也难逃厄运，成为无辜的受害者。A股上市无望，阎志却坚定不移，必须借助资本市场的力量加快卓尔的发展步伐。他当机立断：放弃A股，移师香港。

为了给上市让路，为给引进精英人才、做公众企业做铺垫，把卓尔推向现代化管理制度的轨道，阎志不得不壮士断腕。就在那几年，因家族纠纷陷入困顿的企业家名单能轻易列出一长串：真功夫的蔡达标、国美的黄光裕、赶集网的杨浩然、土豆网的王微、香港地产大亨郭炳湘家族……这些商界枭雄在竞争对手面前勇猛无敌，对家族矛盾却束手无策。

时至今日，深受家族藩篱的束缚而步履蹒跚的企业并不鲜见，折戟沉沙者也不在少数。当各种爆炸性新闻不断冲击人们对家族管理的心理底线时，我们在喟叹之余，不免会重新回味阎志的远见与胆识。

求人不如求己

虽然A股上市的大门很难叩开，但阎志并非一无所获。

2010年，卓尔的净负债率接近于零，这对于一家快速发展的企业而言简直不可思议。当然，负债率太低也不合适，阎志希望用两三年时间，通过银行渠道以及银行间市场渠道把负债率提高到60%左右，把汉口北模式成功复制到天津、西安、荆州等节点城市，完成全国商贸物流网络布局。他更期待通过登陆资本市场募集更多资金，迅速做大、做强。而且，上市对于企业的知名度、议价能力、项目获取能力等都有很大帮助，这都是卓尔未来几年发展所需的资源。

因为有筹备上市的经历，这么多年来，阎志在股权架构、财务规范、制度设置等方面都有超前意识和合理安排，这给上市的准备工作省下不少麻烦。卓尔仅用9个月就完成了从材料梳理到通过联交所聆讯的所有工作，如此的高效率前所未见。

真正的考验随后到来。卓尔是武汉第一家在香港上市的民营企业，在推广企业之前先要告诉香港乃至全球的投资人武汉在哪里，武汉是一个什么样的城市。好不容易说完“东方芝加哥”的繁荣昌盛，他们又得向投资者说清楚卓尔是一家什么样的企业，当时地产公司在资本市场普遍遇冷，要说清楚卓尔“批发市场、商贸物流”的特性并不容易，最简单的办法就是找一家对标企业——深圳华南城。

卓尔上市的保荐人为法国巴黎银行和交银国际，实力不俗，可这并不意味着上市过程会一帆风顺。那段时间，阎志带着整个团队在香港和潜在投资人一对一沟通，每天不厌其烦地说同样的话，做同样的手势，从战略、业务、团队等角度介绍投资亮点，时任财务总监王丹莉说：“同样的话对不同的人说一百遍，就一直说到你想吐，但是你必须每次都保持足够饱满的精神。”阎志的心态要好得多，走在香港中环大街上，他和身边的人打趣道：“好多年没扫过楼了。”从第一场开始阎志的状态就特别好，他主要负责向投资人介绍发展战略；王丹莉介绍公司的业务、技术、投资亮点；CFO（首席财务官）介绍财务信息……整个团队配合互补，一天下来大家都累得头昏眼花。阎志犹如一台学习机器，聪明、勤奋、善于总结，在整个路演过程中他不断学习、提升，团队成员能够明显感到这些变化。

因为投资人对于武汉、卓尔和“批发市场、商贸物流”并不熟悉，销售状况很不理想。路演结束后，投资银行给出的定价远低于阎志能接受的底线。这时候他别无选择：要么放弃上市，打道回府；要么不依赖投行，自己把股票推销出去。这种进退两难的局面令他非常头疼，但他态度明确，决不放弃。这次上市对于卓尔随后的一系列项目布局至关重要，错过可能再也没机会了。阎志需要当机立断。

挂牌前两天的深夜，阎志和团队成员闷在酒店，商量投资银行给出的条件能不能接受。经过几天的讨论，所有人都疲惫到极点，却全无睡意，无奈、忧虑、不甘心，复杂的情绪弥漫整个房间。沉默许久，阎志突然发话："求人不如求己，我们增加两站，到北京和上海去做路演。"

按照原计划，阎志接下来的行程应该是香港、新加坡、伦敦、巴黎，最后到美国，但是在路演过程中他发现与境外投资人沟通的成本太高，效率却很低。卓尔在国内影响力更大，与投资人沟通上更方便，效率更高。此时离上市仅剩下最后两天，阎志和参加路演的高管几乎不眠不休，马不停蹄地奔走，在上市前夜累到筋疲力尽。事实证明，阎志最后关头的决策非常明智，北京、上海两站的路演很成功，投资人反馈的信息不仅令阎志欢欣鼓舞，而且连投资银行都受到感染。回到香港，王丹莉再次与投资银行谈判，这一回她底气更足了，几番交锋，投资银行同意将股票定价抬高，虽然还是不如预期，但勉强达到了阎志能够接受的范围。

上市前夜，阎志已经从痛苦中走出来。登陆港交所之路曲折、坎坷，困难无数，他为此费尽心血，却从不动摇，这并不表明卓尔到了山穷水尽、无米下锅的艰难境地，恰恰相反，随着公司的飞速发展和全面扩张，他越发感受到资本与实业相结合的益处来，对即将到来的上市场面满怀期待。消息传回公司，所有高管喜不自胜，至少以后申报新项目不用担心投入太大而被否决或削减。不过，用不了多长时间，他们将深刻体会到，有钱不会花比没钱花的滋味更痛苦。

湖北的媒体记者也难掩兴奋，他们甚至连标题都提前拟好了，新首富诞生的故事人人爱看。无论阎志愿不愿意，第二天太阳升起时，"湖北首富"的名头非他莫属。

上市：买"卓尔"即是买"武汉"

2011 年 7 月 13 日，卓尔发展终于在香港联交所挂牌上市，这是长达八年的等待。

这一天，卓尔发展"02098"高开高走，以全天最高价 3.09 港元/

股收盘，比发行价高出6.92%。这次IPO（首次公开募股）卓尔共发售5.25亿股，其中90%进行国际配售，10%在港公开发售，10多家重要国际基金和香港股民的热情追捧，首次融资15.18亿港元。公司总股本为35亿股，按照收盘价计算市值为108.15亿港元。卓尔上市开创了三项第一——香港资本市场第一只“武汉概念”股、第一只批发市场概念股、湖北第一家在香港上市的民营企业。难怪阎志底气十足地鼓动：“香港及国际投资者买‘卓尔’即是买‘武汉’。”

更令阎志欣慰的是，卓尔取得了香港联交所的豁免。按照规则，市值超过100亿港元的公司可以申请豁免。通常公众股至少要发行25%的股份，不过如果获得豁免，可以只发行15%。这样能够在一定程度上弥补价格过低造成的损失，对公司股份摊薄为卓尔争取到一个空间，未来如果有更合适的机会，卓尔可以用更好的价格再次发行。尽管在上市之前阎志对于豁免非常看重，但估价偏低令他有些沮丧，甚至对此不抱希望。如今市值有惊无险地超过百亿港元，从而顺利获得豁免，也算是意外之喜。

在当天晚上的庆功答谢宴上，阎志百感交集。卓尔已经15岁了，风华正茂的年纪，不能只做人群中为英雄鼓掌呐喊的见证者，他将公司放到风云际会的港交所上市，虽然有以退为进的成分，却仍不能隐藏争锋天下的雄心。几个月后面对《湖北日报》记者“是什么成就了卓尔的非凡”的采访提问，阎志回答：“当别的企业在做住宅地产的时候，我看准了产业发展和商贸平台；当别的公司盯着A股上市的时候，我看到了港股的潜力。”他推心置腹地补充说：“做企业，关键在于有梦想、有激情、敢创新。”

卓尔上市的钟声传回湖北，荆楚大地都为阎志开创的大好局面欢呼雀跃。作为第一家在香港上市的武汉概念股，卓尔上市得到政府领导的高度关注，湖北省政府专门发来贺信，赞赏卓尔的带头作用：“湖北第一家民营企业在香港上市，不仅有利于加速企业自身发展，也为我省更多的企业到境外市场融资起到了很好的引导和示范作用，对我省上市后备企业培育工作具有十分重要的意义。”武汉市政府在贺信中也不吝溢美之词，对卓尔扩大武汉市影响力的促进作用充分肯定：“卓尔发展在香港股市成为首家‘武汉概念股’，有助于武汉在国际资本市场上扩大城市声誉和影响力。”

作为卓尔发展的控股人，阎志身价飙升至76亿元，毫无悬念地成为“湖北首富”。在财富与成功画等号的时代，每有明星企业上市都会刮起一股“首富旋风”，这不只是创业成功者的盛宴与狂欢，也是公众对财富路径与经济规律的直观认识。卓尔上市第二天，《武汉晨报》就打出标题“‘卓尔发展’上市，阎志身家76亿成湖北新首富”，《楚天金报》宣布“卓尔在香港上市，公司主席阎志成为湖北新首富”，《长江日报》还算克制，评价“卓尔发展上市，点亮武汉创业梦”。与湖北省内媒体不约而同宣传的“湖北新首富”封号相比，香港财经媒体要夸张大胆得多，直接称阎志为“中国铺王”。

湖北省发行量最大的日报《楚天都市报》拿到了阎志的专访，发表消息说，“身家76亿，阎志加冕湖北新首富”，可整篇报道阎志都不愿提及“湖北首富”的话题，连记者奉承的“亿万身价”“传奇色彩”等令人头脑发热的词都尽量回避，翻来覆去只有四个字——“感谢武汉”。

“我只想说，把握机遇，不懈奋斗，人人都会靠近理想彼岸。大武汉是催生‘武汉梦’的沃土。”阎志动情地说，“回首看来，自己是从一名文学青年、财经记者，满怀激情一步步走到今天的。这种成长过程，离不开武汉这片丰饶的土壤。武汉是中国的地理中心，自古是中国商业重镇，武汉冲刺国家中心城市，进一步扩大内需，为主攻商用物业的卓尔发展提供了更广阔的天空。所以，卓尔发展香港上市后，我要说的第一句话就是‘感谢武汉’。”

阎志机智聪明，避实就虚，记者提问的针对性则更强，问他股价是否反映卓尔的真实价值，这也正是他想回答公众的问题："公司成功上市，头一天可用'抢眼'来形容，个人比较满意，表明卓尔发展业绩增长和武汉市发展潜力获市场肯定。将为汉口北注入更强劲的发展动力，使之成为与义乌、海宁并驾齐驱的中国首屈一指的批发市场。此次所募资金，将集中着力打造以汉口北为核心的中国最大内需交易平台，全力繁荣汉口北，加速承接汉正街外迁转移，做强汉口北。"

不过，几个月之后，一家湖北的财经杂志再次提问时，阎志的回答有些微妙变化："卓尔的股价还可以。但是被严重低估了，也不说严重吧……确实被低估了。因为现在一方面资本市场的情况也不好，另一方面香港市场找不到我们类似的一个东西，他们不懂什么叫作批发，没有概念。"

《楚天都市报》的记者不肯罢休，绕着弯子又问"成为湖北新首富你想说什么"。面对打破砂锅问到底的架势，阎志机警而圆润地回答："我的头脑仍然很清醒，不想谈论首富问题，自己也没关心过这个问题。真正的财富，来自自己创办企业的成长性和可持续发展，而不在于这些账面上的数字。上市只是卓尔的新起点，为企业搭建好了更大的平台。"他补充道："卓尔发展此次赴港集资所得款项当中50%会为发展中及未来发展项目提供资金，40%会根据合作或投资协议为未来发展项目提供资金，余下10%用作营运资金。我们的目标，是建设华中以及未来中国最大的综合批发市场群。"

上市是卓尔企业史上一个重要的转折点。从此之后，阎志在资本市场上的步子迈得更大、更快。

支点与扩张

卓尔登陆香港资本市场还不到3个月，阎志就开始了大手笔收购。

2011 年 10 月 3 日，阎志通过卓尔控股有限公司旗下的卓尔基业投资公司，提出以 4.27 亿元全资购买香港联交所创业板上市公司中国基建港口。按照收购守则，阎志先斥资 2.16 亿元收购原大股东周光晖的 5.99 亿股，占已发行股本的 50.97%。交易完成后，阎志将以每股 0.36 元全资购买其余股份，投资额约 2.11 亿，收购价比停牌前的每股 0.221 元溢价约 62.9%。中国基建港口主要从事港口兴建及营运业务，持有武汉阳逻港 85% 的权益。阎志不惜溢价 62.9% 收购连年亏损的“创业板公司”，只为了通过中国基建港口控股阳逻港，从而完善汉口北市场的物流系统。

短短 3 个月之内，阎志就拥有了两家在港上市企业，资本市场的战果不断扩大，公司内外都呈现出一派生机勃勃的景象，但阎志并不满足。他一直以汉口北为平台构建生态圈，上、下游产业链不断延伸，公用物业、商用物业、服务体系、物流产业轮廓初现，品牌影响力也随着卓尔对文化产业的投入而稳步提升。不过，上市以后，商贸业务下游的零售渠道和上游的商户融资渠道都成为卓尔发展的束缚，阎志开始了新的谋划。

2013 年 6 月 5 日至 18 日，在卓尔收购中国基建港口 20 个月之后，阎志在短短 7 个交易日通过二级市场增持汉商集团约 123 万股。而且三个月前，卓尔系在 20 个交易日共增持汉商集团股票约 420 万股。阎志和卓尔系是一致行动人，到 6 月底两者持股占比已高达 24.99%，与大股东汉阳国资办的持股份额非常接近。

媒体报道无疑将阎志意欲掌控汉商股权的微妙行动骤然放大。汉商是武汉老牌百货零售企业，经过几十年的积淀，已经发展成一家多元化的现代化大型商业公司，涉足商业、展览业、外贸、旅游等多个领域，这些行业无一不和卓尔的布局相关。早在 2012 年 2 月的第十二届管理集训大会上，阎志就旗帜鲜明地做出战略部署：“坚持同心多元化，环节专业化。同心是指公用物业，商用物业提供服务，围绕核心多元化。港口、棉花交易中心、卓尔国际中心、武汉客厅都是公用物业。服务体系包括物业、物流，也包括港口运输、金融等服务，商户、企业对此有大量需求。我们的传媒产业也是围绕公用物业这个圆心进行多元化经营。”若能将汉商纳入麾下，阎志筹划已久的卓尔业态也许会锦上添花。

峰回路转，阎志静水流深的收购计划无疑触及了汉阳国资办敏感的神经。通过公开市场增持汉商集团约 217 万股，汉阳国资力将持股比例提升至 27.86%，并声称将继续增持至 29.99%。见此情形，阎志果断收手，并通过媒体表明态度：“我无意改变现状，并尊重汉阳国资对汉商集团的管理。本次增持目的仍是看好汉商。”“汉商股权风波”由此平息。直到 2017 年，经过多次增持之后，卓尔及关联方合计持股比例达到 30%，与汉阳国资办的持股比例非常接近。汉阳国资办发动要约收购力保大股东之位，而卓尔承诺“未来一年内无意取得上市公司控制权”。但一年之后的 2018 年 11 月 27 日，阎志发动新的要约收购行动，若收购成行，卓尔系将成为汉商的第一大股东。

阎志将触角延伸至传媒经营业。2013 年 7 月 13 日，卓尔传媒集团宣布与长江日报社报业集团合作，联手打造卓尔长江新媒体公司。

以阎志的执着，不会轻易放弃一个自己曾努力的行业，广告传播业就是如此。阎志一直没有放弃进军传媒产业的想法。2010 年，卓尔成立云传媒科技公司，阎志将其定位为全国户外广告的交易管理平台，所有户外广告牌通过云传媒在线上呈现，以大数据运营，根据广告交易平台数据获得商业信息。

与此形成鲜明对比的是，传统媒体在移动互联网时代的新媒体冲击下迅速衰败。2013 年 7 月，长江日报报业集团启动内部整合计划，阎志再次表达接手意愿，双方联合成立新媒体公司，聘请资深财经媒体人何力担任《投资时报》总编辑，旗下设卓财文化传媒公司，在北京办报运营。阎志希望以此打造湖北乃至全国财经传媒行业主力军，他将长江日报社的王九陵挖过来担任总协调人，整个过程只花了十几分钟，用王九陵的话说“就喝了杯茶”。会谈结束后，王九陵走向电梯口，没想到阎志三步并作两步追出来，帮他按下电梯门。这个细节令王九陵非常感动，甚至很惊讶。

用人不疑是阎志的一贯风格，对于《投资时报》他大胆放手，只给何力团队定两条规矩：第一，不要为了拉广告故意打压别人，关于这一点，阎志曾深受其苦；第二，不要讲卓尔的半句好话，不要对卓尔歌功颂德。两条规矩成为铁律，时至今日仍严格执行。

不久后，阎志提出，以《投资时报》的财经专业团队为班底，打造一个视频+财经新闻为主要内容的新媒体传播平台。这个想法及初始团队，后来孵化了国内知名财经平台“界面”，卓尔也因此成为界面最早期的创始股东之一。至于因产业方向的调整逐渐退出，那则是后话。

到 2013 年，随着规模的扩展和业务的分散，卓尔渐渐成为一家典型的多元化企业：汉口北如日中天，武汉客厅形势喜人，第一企业社区稳步前进，阳逻港精耕细作，传媒业务初露头角。但阎志想到了多元化的风险，在 2012 年初的管理集训大会上就曾警告：“多元化是危险的，同心多元化对人才和管理的要求要高得多。到了各个产业集团和板块，坚持每个环节的专业化。外行领导内行，是多元化的危险。我强调每个环节的专业化，就没有危险，专业人做专业事。”

为了激励高管团队，阎志为各业务板块负责人制订了股权和分红的奖励计划。卓尔的精英们在开放成熟的平台上奋发图强，不仅想从事业扩张中寻求成就感，而且希望与企业一起在发展壮大中获得回报。这些被阎志委以重任的精英正雄心勃勃地为年轻一代树立典范：知难而进的勇气、诚信正直的品德、团结包容的心态，加上勤奋和些许运气，会在卓尔开创一片天地，让人生散发出闪亮迷人的光彩。

第七章

建设内需型现代物流平台

是的

这就是我宿命的港口

负责让我停留

负责让我驶离注定的大陆

——阎志《宿命的港口》

入主阳逻港

无论从哪个角度来看，卓尔在创业初期的选择和摸索充满迷茫和困惑、冒险和厮杀，这与其他公司并无二致。它真正显露出领袖气质或者说王者风范，成为新时代最精彩、最实用的商业读本，应该得益于汉口北一战。2011年7月，卓尔以汉口北为主体登陆香港资本市场，再次走向新的高峰，阎志也从广告、“地产类”企业家成为湖北家喻户晓的公众人物，尽管他并不喜欢“湖北首富”的头衔。媒体开始鼓吹：阎志已建成汉口北并顺利上市，自此可以高枕无忧了，卓尔将基业长青。

就在公司蒸蒸日上的大好环境下，作为掌舵人的阎志却隐隐不安。这种论调真不是什么好兆头。阎志置之不理，如果真如媒体所说，那卓尔就是一家房地产公司，铺面卖完即止。可是，建筑规模不能代表一个商贸批发市场的发展水平，客流、信息流、资金流和物流才是核心，汉口北的运营服务就是“四流”协同的过程，而当下物流是要解决的首要问题。

在香港上市还不到3个月，阎志就迅速拿下香港上市公司——中国基建港口的控制权，汉口北得以补强港口、物流、仓储等基础设施的竞争力，作为布局物流大战略的起点。通过这次并购，卓尔成为武汉阳逻港一期的实际控制人。阎志接受采访时说："收购中国基建港口，主要是为了与商贸批发主业相辅相成。汉口北是交易平台，港口是物流平台。利用这两大平台，卓尔可以打造中国最大的商贸物流体系。卓尔发展致力于做商用物业、超大消费专业市场；基建港口会积极参与武汉新港的建设，以武汉为中心，建设长江航运体系。因为我们看好武汉，看好武汉的交通枢纽优势，看好武汉的商贸物流需求。"

阳逻港港区位于京广、京九铁路连线以南30千米，拥有水路、铁路联合运输优势。公路运输优势更明显：京珠高速、沪蓉高速以及106（北京—广州）、107（北京—深圳）、316（福州—兰州）、318（上海—聂拉木）等国道均在阳逻港辐射范围内。此外，阳逻港也是国家一类开放口岸，拥有两个5000吨级（兼靠1万吨级）集装箱泊位，最低水位9.03米，几乎不受长江四季水位变化的影响，是难得的深水良港。

在设备规模方面，阳逻港同样令人称道：集装箱重箱堆场面积6万多平方米，单层可同时堆放1668个标准箱，最大堆存能力可达8124个标准箱。集装箱空箱堆场近1.5万平方米，单层可同时堆放604个标准箱，最大堆存能力可达3020个标准箱。为了满足冷藏集装箱的堆存要求，堆场内设有可同时支持32个冷藏箱使用的供电系统。

不过，港口是一项需要持久建设、管理的公共基础设施建设工程，卓尔接手阳逻港符合长期发展战略，需要巨额资金投入。当时卓尔面临第一企业社区、汉口北、阳逻港、武汉客厅等项目多线作战的局面，资金链风险陡然攀升，2011年10月底，面对《长江日报》提问时阎志胸有成竹地表示："现在全集团的资产负债率仅为2%，资金完全没有问题。我们现在有卓尔发展、基建港口两个上市公司平台，融资渠道畅通，银行授信也达到300多亿元。我们会在做好武汉项目的基础上，才推动‘走出去’战略，实现稳健发展。卓尔控股从而实现千亿市值、千亿销售中期目标。”

在卓尔入主之前，阳逻港的集装箱年吞吐量接近30万标箱，除湖北之外，湖南、贵州、重庆、四川、山西、河南、陕西等中西部省份的货物运转都被覆盖。2011年10月以后，阳逻港与卓尔的物流商贸业务的协同效应开始显现，吞吐量和赢利能力有所增长。

不久之后，国家政策传来利好消息。2012年3月21日，酝酿三年之久的《关于在上海试行启运港退税政策的通知》公布：从2012年8月1日起，对从青岛、武汉启运报关出口，并由上海浦海航运公司、中外运湖北有限责任公司承运，从水路转关直航运输经上海洋山保税港区离境的集装箱货物，试行启运港退税政策。这意味着从阳逻港启运港发往洋山保税港区中转至境外的出口货物，一经确认离开阳逻港即被视同出口并可办理退税，企业拿到出口退税款周期缩短。受此刺激，2012年阳逻港吞吐量逆势上扬，在全球深陷欧债危机、中国对外贸易增速放缓的背景下，吞吐量达到31.13万标箱，其中本地净增4.5万标箱，同比增长34%；集装箱场装、场拆、查验等作业量超过3万标箱，同比增长43%。

进入2013年，李克强总理的《政府工作报告》继续强调“促进区域经济协调发展”,“大力促进中部地区崛起”,“长江黄金水道”的话题不断升温。2013年7月21日上午，大雨洗涤下的武汉新港阳逻集装箱港区一切如常，一支车队悄然驶入，中共中央总书记、国家主席、中央军委主席习近平缓步下车，开启武汉考察的第一站。那天下着大雨，尽管积水漫过脚面，衬衣也被淋湿，他仍然卷起裤腿，打着雨伞，饶有兴趣地听陪同人员介绍设备、物流等情况，“总书记冒雨视察阳逻新港”的消息引起热切关注，湖北的媒体解读说“卷起裤腿，闯过改革‘深水区’”。习总书记在视察中指出，长江流域要加强合作，发挥内河航运作用，把全流域打造成黄金水道。

这正是阎志渴盼已久的政策和一直想干的事情。两年前，他曾经对媒体公开表达对长江黄金水道的憧憬，语气坚定，还有点慷慨激昂：“第一，中国的制造业从东南部向中西部转移不可逆转；第二，中国制造产品阔步走向国际市场的趋势不会改变；第三，对于出口产品，航运比陆路运输、空运都有成本优势。产业转移现在已经开始，等到转移体量再扩大一倍的时候，长江将会非常繁忙，会跟密西西比河一样繁忙，这直接拉动对港口的需求，我坚信这一天会来到。”

说实在的，那时候阎志说“以武汉为中心建设长江航运体系”“长江将会非常繁忙”根本没人相信，甚至几年后还有人质疑他买阳逻港是胡来。面对潜在的巨大机会和财富，绝大多数人感到的都会是紧张、惶恐，然后自我否定，阎志却带领着卓尔，用其独到的判断和舍我其谁的勇气，一次又一次地证明了自己。

卓尔持续扩大对阳逻港的投资。2015 年 12 月 16 日，总投资约 3 亿元的阳逻港通用码头投入试运营，成为长江中上游承载能力最高的重件码头，可装卸单件 600 吨的货物，进一步提升了阳逻港的运载能力，开辟特重件顺畅进出武汉的便捷通道。

汉南港崛起

2014 年 5 月 28 日，武汉轻轨 1 号线汉口北延长线正式通车。从 2010 年开始，阎志连续数年以湖北省人大代表、武汉市政协委员身份提案呼吁：“将轨道一号线通过堤角向北延伸至汉口北、盘龙城。”为民请命的愿望终于实现，阎志却无法亲临见证，只是在当天夜里 23 点 28 分以“新浪微博”抒发感慨：“今天轻轨正式开进汉口北，商户、市民采购更加方便！汉口北市场更加繁荣！”

这是一个令阎志激动兴奋的不眠之夜。这条微博发布两分钟之后，他迅速写完一条更长的微博：“乘着长江经济带建设加速推进的东风，卓尔基业投资兴建的汉南港今日正式开港运营。汉南港全部建成后，将是长江中上游年吞吐量最大的汽车转运港口和商品车装卸枢纽港，同时也是华中地区最大的临港物流基地。与卓尔控股的阳逻港形成东西呼应、集装箱与汽车滚装业务各有倚重的港口群。”

比汉口北轻轨提案更早，“汉南港”是一场长达五年的等待。多年以后，许多当事人或许将淡忘5月28日这个激情飞扬的夜晚，但阎志笃定不能，他有千万个理由怀念那个充满热闹与惊喜的“双喜临门的时刻”，以及此前无数个孤独与焦虑的长夜，但依然会感激这个梦想成真的年代。他不会忘记这些年湖北省、武汉市如何在千帆竞渡的改革浪潮中扬帆起航，并努力成为激流勇进的关键角色。

由阳逻港沿江而上，穿越整个武汉繁华市区，长江在汉南区以西绕了一个大弯，形成一大块地势平坦的宽阔平原。2009年初，阎志一口气在汉南区邓南镇买下3000亩地，计划建成以农产品深加工、食品工业、仓储物流等环保绿色工业产业为核心的“卓尔生态工业城”。汉南区是武汉市经济不甚发达的地区，阎志的大手笔投资得到省、市、区三级政府的大力支持，“绿色生态”的理念符合湖北省推行的“两型社会”改革试验方向。

可惜这一次，幸运女神没有站在卓尔这一边。在此后三年里，“卓尔生态工业”的招商运营状况非常惨淡。偌大的园区内杂草丛生，荒芜萧瑟，20栋厂房静默无声，像一群被父母遗忘的孤独孩童，与汉口北热火朝天的繁忙景象形成鲜明对比。由于园区地处偏远，周边基础设施不完善，加上“农业食品”概念遇冷，招商状况很不理想，阎志几次欲借助第一企业社区和汉口北的产业链集群优势带动“生态工业城”，结果都无功而返。他只能卧薪尝胆，从春到夏，从秋到冬，无时无刻不在思考这片土地的未来。

2011 年卓尔入主阳逻港之后，阎志“以武汉为中心建设长江航运体系”的战略规划日渐清晰，加上汉南区汽车零部件制造和配套产业愈加成熟，还有武汉开发区“中国车都”的优势，“卓尔生态工业”在地缘上的重要性越来越明显。妙手回春见真章，于无声处听惊雷，一场精妙的商业策划横空出世。

2012 年 8 月，卓尔拟用 169.5 米岸线规划建设两个滚装泊位、4 个件杂货泊位的码头区，打造有商品车停车场、散杂货堆场、大型标准化仓库、临港交易市场、临港加工园、金融服务中心、办公及生活配套等功能的陆域区。

在此后长达一年半的工期内，卓尔全力以赴建设汉南临港产业园。2014 年 5 月 28 日，随着悠长的汽笛声，一辆辆崭新的汉产轿车通过趸船缓缓驶上货轮，这些通过汉南港转运的第一批汽车将出现在全国各地的汽车销售中心。汉南港的趸船长 90 米，宽 18 米，是国内最大的内河趸船。此外,4 个悬浮式连接桥设计巧妙，连接桥随着长江水位涨跌而变化，无论什么季节，汽车都能够安全、平稳、便捷地通过趸船装运到货轮上。

同时，当初的“烂尾工程”摇身一变，建成占地 700 亩的港口物流加工园，包括 3 万平方米的仓库、3 万平方米的工业厂房和近 10 万平方米的露天商品车堆存场，形成包括商品车仓储区、物流区、交易区、汽车零配件仓储区域等完整的临港汽车物流产业园区，形成长江中上游最大的商品车集并、中转、分拨中心，服务于武汉汽车产业发展，同时辐射长江中上游地区。另外，汉南港二期项目还将建设 3000 吨级商品汽车滚装泊位 1 座、5000 吨级通用泊位 4 座，将具备年运转商品车 60 万辆、吞吐件杂货 640 万吨的运作能力，成为中西部地区最具现代化、功能性最全的综合性大港。参加开港仪式的当地记者回去后不约而同地写道：“随着长江黄金水道复兴，汉南港将以灵活的市场机制，成为中西部地区发展外向经济的水上物流通道，也是东部发达地区经济向内陆辐射的重要航运窗口。”

汉南港能够一炮打响，除了阎志胆大心细杀出“回马枪”，还因为他规划超前。相距不过百里，阳逻港与汉南港形成上下呼应的“姊妹港”，阎志“港口经济”的战略意义将在未来三五年内无限放大。到那时，人们谈论的不只是投资、物流、港口，还有国际化、全球市场和物联网等宏大主题。

距离汉南港开港还不到半个月，2014 年 6 月 11 日，国务院常务会议提出部署建设综合立体交通走廊打造长江经济带，讨论通过《物流业发展中长期规划》：“发挥黄金水道独特优势，建设长江经济带，是新时期中国区域协调发展和对内对外开放相结合、推动发展向中高端水平迈进的重大战略举措……打造新的经济支撑带和具有全球影响力的开放合作新平台……”特别强调：“建设长江经济带，要注重发挥水运运量大、成本低、节能节地的优势，抓好综合立体交通走廊建设。”

几乎同一时间，湖北省交通运输厅和武汉市交通委员会在北京召开评审会，通过“武汉建设国家物流中心战略研究课题”：“未来五至十年，武汉将借鉴美国中部物流中心——芝加哥发展经验，建设引领长江经济带、服务全国、对接国际的现代物流体系，成为具有国际水准、国内领先的现代国家物流中心。”“东方芝加哥”武汉再一次站在时代机遇的风口上，“国家物流中心”立意高远，“长江经济带”潜力无限。

时势造英雄，也是英雄造时势，阎志始终紧跟时代脉搏和市场变局，甚至走在前头，几年前就高瞻远瞩地提出“通江达海”的战略布局。

“长江经济学”

2013 年初，湖北省交通运输厅宣布全省港口吞吐能力、集装箱吞吐能力分别位居长江中上游第二位和第一位，航运发展方兴未艾。2014 年的最后几天，他们兴奋难耐地提前宣告：“阳逻港集装箱吞吐量突破 100 万标箱，比上年增长 17%，成为长江中上游首个过百万箱的集装箱港口。”这也意味着武汉新港同步迈入世界内河集装箱港口“第一方阵”。

此时距离卓尔并购阳逻港、启动“通江达海”战略已有三年。阎志的视野早已超出阳逻港、汉南港的范围，甚至跳出湖北，赶在“长江经济带”详细政策出台之前紧锣密鼓地布局，先后在宜昌转运港口、安徽铜陵港、上海临港码头等长江沿线港口精准落子。

宜昌是长江流域经济重镇，为湖北省域副中心城市，2014 年地方财政收入增长高达 31.6%。因为地处长江中游城市群和成渝城市群两大国家级城市群之间，而且是长江中上游承东启西、通江达海的区域性综合交通枢纽，交通优势得天独厚，江海联运、水铁联运、路水联运、陆空联运的“海陆空”立体交通大格局日趋完善。航运尤其突出，宜昌港 2014 年集装箱吞吐量达到 12.6 万标箱，宜昌转运港口无疑是卓尔在湖北省内的战略要地。

沿海经济带与沿江经济带交汇于上海，这里也是长江流域及长三角地区的中心城市和经济龙头，担负着建设国际经济、金融、贸易和航运四个中心的“国家使命”。在后来公布的“长江经济带”规划中，上海地区生产总值排名所有城市首位，无论经济实力还是地缘优势，都堪任整个长江经济带的龙头。许多年前阎志就提出“以上海为发展前沿”，如今立足上海临港码头依然适用这条思路。

沿长江溯流而上，卓尔陆续布局长江流域多个码头，继续完善通江达海的港口物流体系及配送网络，以长江港口群为基础，加快建设以港口物流为特色的内需型现代物流平台。

每一处港口码头就像一颗散落在长江沿岸的珍珠，卓尔就像穿起珍珠的那条线，让每座港口在珍珠项链上释放耀眼的光辉。阎志就是穿针引线的那个人，他有一套“长江经济学”，懂得并珍惜每一颗珍珠的价值，这也让卓尔充满奇光异彩。

在“长江经济带”国家战略出台之前的许多年里，这条线上有不少“珍珠”被遗忘、埋没，或随波逐流。2014 年 9 月 25 日，备受期待的《国务院关于依托黄金水道推动长江经济带发展的指导意见》正式发布，文件在论述大政方针时指出：“长江是货运量位居全球内河第一的黄金水道，长江通道是我国国土空间开发最重要的东西轴线，在区域发展总体格局中具有重要战略地位。依托黄金水道推动长江经济带发展，打造中国经济新支撑带，是党中央、国务院审时度势，谋划中国经济新棋局做出的既利当前又惠长远的重大战略决策。”

长江经济带已上升为国家战略，横跨三个城市群，包含 11 个省市、39 个节点城市，覆盖 6 亿人口，这意味着长江区域发展将迎来黄金期。

2015 年两会期间，“长江经济带”再次成为热门话题。3 月 5 日，农历元宵佳节，李克强总理宣读《政府工作报告》，他回顾了过去一年的工作，对新的一年政府工作做了总体部署，讲到“协调推动经济稳定增长和结构优化”，讲到“一带一路”时提出：“推进长江经济带建设，有序开工黄金水道治理、沿江码头口岸等重大项目，构筑综合立体大通道，建设产业转移示范区，引导产业由东向西梯度转移。”在他坚定有力的词句鼓舞下，整个长江流域都激昂起来。

阎志认真研读、学习这份求真务实、催人奋进的报告，他在谈论国家大事时热情洋溢。一个月之前，在湖北省第十二届人民代表大会第三次会议上，阎志以人大代表的身份积极建言：“湖北省应支持武汉立足市场、港口、交通、金融、电商的优势，申办自贸区和武汉商品交易所，将武汉打造成世界贸易之都。”他善于把事实和逻辑编织在一起，说起话来犀利又有条理，他说：“武汉贸易基础好，近几年工业发展迅猛，交通方面不但拥有长江黄金水道，还有江海直达的能力，而物流成本也是国内最低的。种种条件使武汉具备了成为交易中心的基础。随着中国市场地位和湖北工业基础的不断完善，完全有可能建成世界级的商品交易、交割、物流中心。”当然他也没有忘记自己是卓尔的一员，所以自然而巧妙地把政府利益和企业愿景说成是一个方向。

2014年5月20日，阎志接受媒体采访，特别提到“长江经济带”对武汉的影响：“建设长江经济带正上升为国家战略，作为中部崛起战略支点的武汉，必将迎来金融、商贸、人才、技术等资源的大汇集。大武汉全面复兴的时间窗口已经打开。”

这是阎志对“长江经济带”静心思考之后的肺腑之言。两年之后，阎志继续加速“通江达海”的布局。

2016年7月1日，汉江新港（沙洋港区）开港。这是汉江沿线最大的现代化综合性港口、湖北省最重要的港口之一，由中国基建港口集团和沙洋新港投资发展中心共同兴建运营。据卓尔官网介绍：“沙洋港总投资4.58亿元，共有6个千吨级泊位投入使用，全年集装箱转运量60万标箱，件杂货吞吐量150万吨，可实现营业收入3亿元，将成为江汉平原重要的物流枢纽平台。”

12月28日，荆门港钟祥石牌港区开港试运营，这是中国基建港口集团在汉江流域布局的第二家港口。据卓尔官网介绍：“钟祥石牌港区已建成4个千吨级多用途泊位，年设计通过能力210万吨，集装箱吞吐能力30万标箱，定位于港口、物流园、工业园三位一体的综合枢纽港。”

半年之内，卓尔连续在湖北省内汉江流域开港运营两大港口，两座新港口与武汉阳逻港、汉南港等长江港口有效互动，形成汉江、长江两江联运模式，将中国基建港口打造成全方位发展的综合性港口物流服务平台。

阎志一向信奉专业人做专业事，港口事务更是如此。他只需描绘蓝图，制定战略，而自有谢炳木为首的经营管理团队努力将它们一一变为现实。谢炳木，厦门人，20世纪60年代生人，满头华发，戴一副眼镜，斯斯文文，有浓重的福建口音，这都使他看起来就像一位儒雅的台商。从厦门港开始，他在港口摸爬滚打三十多年，拥有丰富的港口运营经验。自从2004年武汉阳逻港开港时，他一直担纲“大掌柜”。而从2011年加入卓尔以来，谢炳木结合母体的战略走向和管理优势，努力提升治理水平，拓展经营空间。2011年当年阳逻港一期吞吐量仅为30万标箱，全年亏损700多万元。而此后业绩逐年提升，到2017年实现51万标箱，全年赢利近3000万元，创造历史最好水平。2018年初，中国基建港口由香港创业板转往主板市场交易。这是谢炳木带领团队交给阎志的一份满意答卷。

从当年进军实业、打造第一企业社区、兴建汉口北时紧跟国家政策走向，到如今推行通江达海战略、发展“长江经济学”抢先半步，阎志并没有如外界传闻所说的事业做大后“背景更强”，“有内幕消息”，这种高瞻远瞩得益于他二十二年纵横商海的沉淀和积累，背后的失败、教训外人无法体会。

阎志既尊重客观规律又敢于创新，拥抱变革，所以能够在全新的领域占得先机，屡战屡胜。道理浅显易懂，歪曲或神化者却喜欢添盐加醋，甚至无中生有。而这又有什么关系呢，“不畏浮云遮望眼，只缘身在最高层”。这位眼光深邃而胸襟开阔的战略家早就站到更高远的山头上。你看，他又在思考为这个城市打造一座世界级的“客厅”。

第八章

武汉客厅：
回归与出发

历史冰冷也好，历史温暖也好
我们走到了世纪之交
我们即将跨入一个崭新的世纪
所有印记必将为我们顶礼膜拜
这是感激
这是安慰

——阎志《岁月》

我有一个武汉梦

2010年初冬时节，武汉长江二桥上车来车往。不知道从哪天起，过往司机猛然发现，桥头悬挂起一块崭新的硕大广告牌，有些突兀，甚至有点莫名其妙——没有任何广告内容或形象展示，只有四个大字——“感谢武汉”。

寒风萧瑟中，这份浓厚的感恩之情很容易令关注者心头涌起暖意，不过人们不免疑惑，要知道，当时长江二桥立柱上单月广告费至少四五十万元，这笔“感谢费”可不便宜啊？谁这么大张旗鼓又不露声色？

整整一年之后，“感谢武汉”的广告牌已经拆除，阎志在面对《长江日报》采访时才承认此事，他的言谈情真意切：“我觉得，没有武汉这个城市这些年的高速发展和发展环境，就没有卓尔的发展，就没有卓尔的上市，就没有卓尔的今天。通过卓尔和一大批企业的发展可以说明，在武汉是可以实现梦想的，武汉是可以孕育出更加伟大的商业机构的。”

“卓尔人很清楚，只有做好自己的本分，立足武汉，繁荣汉口北，才能有更大的发展，”阎志动情地说，“我深深感谢武汉这个伟大的城市，唯有大武汉，是催生‘武汉梦’的沃土。这些梦并非空中楼阁，而都有现实的基础。我现在只想为武汉做点儿什么。”

记者第二天就发了题为《阎志：我有一个“武汉梦”》的整版专访报道，将这个梦想公之于众，以激励更多的心怀梦想的人，阎志说：“现在，武汉有一批优秀的企业家在各行各业做出贡献，而卓尔专注于现代服务业。卓尔其实只在做三件事：第一是通过汉口北项目，重振武汉的商贸影响力，为武汉重新成为全国的商业中心提供支撑；第二，通过武汉客厅项目，专注于文化会展，完善武汉的高端服务业功能，为武汉成为全国的会展之都贡献力量；第三，通过阳逻港建设，以武汉为中心，打造长江航运物流体系。这是卓尔的三个使命，这就是我的‘武汉梦’。”

熟悉阎志的人都知道，每到收获的时刻，或者要干一件大事，他说得最多的就是“感谢武汉”。现在，他把感谢升华为梦想，并且将“卓尔梦”与“武汉梦”融为一体，后来又上升为“湖北梦”“中国梦”“世界梦”。

在那个用广告公开“感谢武汉”的冬天，阎志有太多表达这份情感的理由：汉口北赢得武汉市政府授予的“2009年度重大项目建设立功单位”荣誉称号，并作为重大建设项目再次被写入《2010年湖北省政府工作报告》。另外，卓尔还入选武汉市房地产开发企业综合实力10强、中国服务业企业500强……

阎志是个言必行，行必果的实干家。在他用心喊出“感谢武汉”之前，已经下决心要为武汉做点儿什么。

武汉是一座大气磅礴的城市，是楚文化的重要发祥地。清末洋务运动促进了武汉工业兴起和经济发展，使其成为近代中国重要的经济中心。在中国现代历史上，武汉是中国民主革命的发祥地，武昌起义作为辛亥革命的开端，具有重要历史意义。毛泽东曾以气吞山河的诗词写道：“茫茫九派流中国，沉沉一线穿南北。”著名学者易中天在武汉学习、工作、生活多年，他在《读城记》中饱含深情地描述武汉：“东湖秀色，珞珈青峦，琴台遗韵，红楼倩影，既有历史遗产，又有革命传统。登黄鹤楼远眺，江城景色一览无遗。晴川阁下，新枝历历；鹦鹉洲上，芳草萋萋。一桥飞架南北，三镇通达东西。大江东去，浪淘尽千古风流人物；紫气南来，云集了四海英雄豪杰。”

可是，自20世纪八九十年代起，武汉错失许多良机，雄浑气象消散，湖山俊秀黯淡，成为一座留下遗憾的城市。新上任的主政者肩负“复兴大武汉”的历史重任，从2008年开始展露雄心壮志，启动大规模城市建设，此后五年政府累计投入3500亿元，同时兴建13条快速路、20条城市主干道、6条轨道线，2013年全市工地数量达到11012个，密集区域每平方千米高达两个。大规模基础建设推动武汉成为快速城市化的城市。

看到武汉“每天不一样”，高楼大厦像堆积木一样拔地而起，阎志心头快慰。可是，诗人情怀又让他有些失落，在遍地开花的商业地产、住宅项目中，这座城市毫无诗意，文化气息正在被吞噬。他说：“武汉有条件成为中国的文化会展之都，这是一个具有深厚文化内涵的城市，在文学、杂技、美术等领域全国领先。要巩固和提升这个地位，需要有很好的载体，因此也就需要有一个高品位、高规格的文化展览中心。”

阎志将这个文化展览中心命名为“武汉客厅”。“每个身居城市中的人，都会把城市当作一个大大的家。每个人装修自己家的时候，客厅都是重中之重，因为这里突显了主人的品位和涵养。小家如此，大城亦如此。武汉客厅的灵感就来自于对城市的爱。”阎志说，“我希望武汉客厅成为武汉人的接待中心，成为展示荆楚文化、了解武汉的窗口，成为国家级交通枢纽的转运中心，成为中国历史名城、中心城市——武汉的文化新符号，成为武汉这座伟大的梦想之城的新地标！”

于是，武汉客厅选址于从机场进入市区的迎宾大道——武汉大道旁。2010 年 3 月，卓尔控股与武汉市东西湖区将军路街正式签约，规划在金银潭边、宏图路侧兴建武汉客厅。

这是源自阎志灵魂深处的回归与出发，武汉客厅甚至比第一企业社区、汉口北都重要得多，他视其为独一无二的毕生之作。

整个 2010 年，阎志还在用心打磨另一件心血之作——《挽歌与纪念》。这部耗费 15 年时光、五易其稿的抒情长诗作品于 2010 年 12 月在海峡两岸同时出版。原中国诗歌学会会长、诗人韩作荣评价：“这是中国长诗带有‘革命性’的作品。其绝无仅有的创造方式与写作方式，无疑具有‘这一个’的重要性，而非似曾相识的其他方式的写作。”中国当代文学研究会副会长、诗人谢冕认为：“在《挽歌与纪念》中，诗人的激情是内蕴的，隐藏在批判的锐利言语之中。而直接得到展示的是富于理性的思考，有时这种思考因激情的诉求而显得近于迸裂状态，也就在此时我们读到了作为诗人最可贵的品质。”还有评论家夸赞它“完整而清晰地呈现了一代人的精神成长史，是时代精神命运的巨型寓言”。

在这部诗坛交口称赞的诗集中，阎志在最后一节《开始》中写道：

是的／我们要建一座城／在一座城市开始的地方／用坚强、勇敢和决心建一座城／用于纪念／用于重生

是的／我们要住进去／让现实的光芒照耀我们的梦想／让城市重新开始新的旅程／朝着崭新的方向／正确的方向

如今，诗情画意正幻化为现实，阎志在这座城市“开始的地方”放飞“武汉梦”，“重新开始新的旅程”。

大事难事看担当

以摞起来的墨香书本为自然扭转造型，建造两栋120米高的双子楼。再截取地图长江武汉段的不规则波浪形为屋顶，盖一座气势恢宏的展览馆。俯瞰全景规划图，各功能区180万平方米建筑群由400亩湖面的狭长水系一脉贯穿，高达201.1米的中央标志性建筑如同风姿绰约、婀娜窈窕的青春少女。

卓尔曾邀请美国、法国、加拿大、日本以及国内的8家设计机构投标，经过层层评判筛选，最终选定法国排名第一的设计机构AS建筑事务所设计规划。仅凭这一点，武汉客厅的文化品位和文艺气质便得以彰显。

看得出来，阎志从刚开始就对武汉客厅寄予厚望。2011年3月29日，武汉客厅破土动工，湖北省内各路记者争相报道，然后告诉人们阎志"用国际理念打造城市文化新中心"的消息，关于武汉客厅项目规划介绍得非常详尽："主体工程包括一座10万平方米'中国文化展览中心'、5万平方米会议中心、一座3万平方米的中国民间藏品馆、20万平方米文化艺术品交易中心、50万平方米创意产业基地等。"记者还将武汉客厅称为"超级博览城"。

传承历史文化，承载未来希望。武汉客厅，180万平方米文化综合体，国家艺术展示中心，城市风尚地标，梦想生活特区，当之无愧的世界级城市会客厅。

汉口茶市，华中地区档次最高、模式最新的茶叶市场，全面承接中心城区茶市转移，百种名茶，应有尽有。

古玩城，珠宝玉石、陶瓷紫砂、钱币卡券、文玩杂项全业态，选购、体验古玩艺术首选之地。

奇石城，华中地区首屈一指，各种精品奇石琳琅满目，置身其中，如诗情画意般优雅。

红木城，华中地区规模最大、功能最全、定位最高的红木产业综合体，即将隆重开业。

汉艺SPACE、汉艺网无缝对接，打造集艺术品展示、交易、拍卖、电商于一体的华中首席艺术品交易平台。

艺术大厦，双子之塔，宛若龟蛇劲舞，以通天巨著表达对知识与文化的尊崇。

中国文化博览中心、奥莱商业街区，如翼腾飞。屋顶造型似长江、似汉江，拥抱中部崛起和文化建设的大潮。

一桥飞渡，连接两座大型综合展示厅，融合国际会议、高端演艺、学术交流、文化展示，展现万千气象。

梦想剧场，集马戏、杂技、戏剧、歌舞、文化演艺为一体，穿越时空，成就一方文艺乐土。

大家工坊，专为国际国内艺术大师设立，培育中国艺术创作交流天地，构筑中国文化产业高端领地。

楚汉灵韵，群星灿烂。凝聚人类心智的艺术精品，在此走出深宅大院，助推文化产业强劲崛起。

金银潭畔，2号线、3号线、8号线、机场线四条地铁交汇，以最短的时空距离连接都市生活与文化领地。

中华情怀，国际视野。世界级大师巨作，国际文化精髓，向世界展示武汉不凡历史与伟大成就。

文化与城市，于此欢聚！

按照当地媒体的说法，武汉客厅建成后“将是国内首个荆楚文化的集中展示窗口，更是国际文化在华的最大交流平台”。

如果说阎志是武汉客厅的总设计师，那武汉客厅项目总经理方黎就是总工程师。方黎是中文科班出身，酷爱文学，对传统文化情有独钟。他喜欢摄影，热爱电影，看到催人泪下处还会满眼噙泪。在谈论为人处世之道时，方黎曾总结说："很多事实证明，我们有时不能成功，不能受人尊崇，关键在于我们不够有范儿，没有让自己具有行家范儿、谈判范儿、时尚范儿、领导范儿、朋友范儿。殊不知，通常情况下，在灵长类动物圈层里，范儿是有感召力和穿透力的，能透过年龄、身份、感情和时空，成为面对的人的知己和追随者！"这一回，阎志把武汉客厅交给他掌管，看来是要让他有"国际范儿"。

武汉客厅令方黎充满期待，却又困难重重。在此后五年中，许多无法预料又不可抗拒的磨难令他饱受煎熬，经常被董事长猛烈批评，有时气头上措辞还很尖锐。他为了不被沮丧、失望的负面情绪击垮，付出了全部的精力和智慧。

尽管每个重大项目卓尔都会做好各种预案，未雨绸缪，但是像武汉客厅这样接二连三发生意外的情况还是第一次遇到。不夸张地说，武汉客厅从建设之初就处在失控状态下进行，许多事情都是不得已而为之的无奈之举。

事情要从武汉地铁8号线改造说起。按照规划，武汉地铁2、3、8号线将在武汉客厅交会，工程量非常庞大，施工难度极大。武汉客厅中国文化博览中心开建时恰好赶上8号线轨道改造，武汉市政府决定将原本规划的窄道B型车换成宽轨A型车。毫无疑问，博览中心的建设要为市政建设让路，只能停工等待，每天的损失先不必说，这一等就是好几个月，过往市民眼看着高调开工的武汉客厅毫无进展，流言蜚语不胫而走。

阎志讨厌被动等待，隔三岔五催促方黎，让他赶紧拿出解决方案。在阎志的规则中，什么事情都宽容，但公司的品牌形象和社会信誉不能遭受半点损伤。工程停摆，就像烂尾楼一样风吹日晒，阎志每天如芒刺在背。方黎更着急，工程进度严重滞后，他又无力对政府提要求，每天焦头烂额。好不容易地铁规划改造完成，又被房产证和施工证卡住，无可奈何。

方黎实在难受就在微博上写些富含哲理的话自我鼓励，比如：“大事难事看担当，逆境顺境看襟度，临喜临怒看涵养，取舍去留看智慧，兴衰成败看坚持……”他还写道：“人生是一种承受，需要学会支撑。支撑事业，支撑家庭，甚至支撑起整个社会，有支撑就一定会有承受，支撑起多少重量，就要承受多大压力。从某种意义上说，生活本身就是一种承受。承受痛苦，承受幸福，承受平淡，承受孤独。”

政府颁布的有些政策看上去是“过犹不及”。有块工地施工挖掘后没有及时回填，遇到武汉连日大雨，被灌满后形成坑塘，与旁边的湖泊连成一体。这下问题就严重了：既然形成湖泊，就要好好保护，不能随便回填。“填湖问题”武汉市政府非常重视，社会各界也非常敏感，为了证明是“坑塘”而不是“湖泊”，方黎在市里和区里来回奔走，一块小小的坑塘前后把他绊了一年半，过程不堪回首。

阎志始终强调“把不可能变成可能”，可是武汉客厅项目团队一时好像丧失了这份改天换地的气概。2012 年 2 月 3 日，在卓尔控股第十二届管理集训大会上，阎志当着上百位中高层管理者的面发火了：“武汉客厅的建设、办证、运营准备严重滞后，严重影响企业安全和企业形象。如果在 2012 年不能如期完成任务，方黎不是调职的问题，是免职的问题。”

整个会场静默无声，没人敢看阎志和方黎脸上的表情。公司越来越大，总是要有人受委屈，有人承担，有人奉献。方黎忍受一时的委屈，却换来战略大局的进步。

“金鸡”鸣，“百花”开

早在武汉客厅动工之前，阎志就看准了文化类会展市场的巨大潜力。

武汉缺乏优秀的策展人，还停留在“等米下锅”的阶段。他说：“武汉是一座有文化积淀的城市，也是有文化消费潜力的城市，但永远不要等市场起来了再去做。”

阎志无数次设想过武汉客厅建成之后的繁荣景象，他踌躇满志地对记者说：“这里还将主办、承办中国金鸡百花电影节、传奇大典、中国舞蹈节、世界炎黄文化论坛、中国艺术院校创新盛典、中国文学奖、世界华人电影节等活动。……一座文化艺术的不夜城将在此形成。”

其实阎志很早就提出承办中国金鸡百花电影节，他说：“我在2010年就提出，建成后的武汉客厅要争取承办中国金鸡百花电影节，省、市、区领导都表示支持我们积极申办电影节并承办大部分活动。”

2012年3月7日，在北京召开的中国文联部省合作项目洽谈会上，经过阎志长达一年多的四处奔走，全力争取，中国文联和中国电影家协会终于同意将第22届金鸡百花电影节颁奖盛典放在武汉客厅举行。

金鸡百花电影节是中国历史最悠久、影响和规模最大、最专业、最权威的电影评奖活动，被电影业界誉为“中国奥斯卡”。可是，二十多年来这个最能代表中国当代电影成就、推动中国电影进程的文化盛事却一次次与武汉擦肩而过。武汉客厅将承办金鸡百花电影节的消息传开后，从省、市政府到普通民众都万分期待这项文化盛事。可是令阎志万万没有想到的是，此后一年中，这件喜事却成为他心头的巨大压力。

此时距离电影节开幕只有一半年时间，可是主会场武汉客厅的建设进度却非常缓慢，照此下去很难按时完工。武汉市政府甚至已经准备好应急方案，如果武汉客厅到时还未完工，金鸡百花电影节就更换会场。

武汉客厅接下来的建设过程，用艰辛、惊险来形容毫不为过。

为了兑现承诺，离电影节开幕式只有几个月时，阎志亲自挂帅，担当起“总工程师”的角色。他放下手头的所有工作，每天跑到施工现场监督进度，破釜沉舟的态度不言而喻。工地噪音巨大，尘土飞扬，阎志的出现让方黎及同事心有愧疚，天天拼了命地干，一副不完成任务誓不罢休的架势。2013 年 9 月，中国文化博览中心终于赶在电影节开幕之前顺利竣工。

2013 年 9 月 25 日，第 22 届金鸡百花电影节正式开幕。同一天，首届中国（武汉）微电影大赛颁奖典礼在武汉客厅举行。两天之后，电影节迎来群星璀璨的时刻。中国最当红的导演及明星张国立、黄晓明、赵薇、张静初等巨星云集，上万名热情的影迷奔涌而至，共同感受电影艺术的魅力，同时也见证武汉客厅的美轮美奂。《湖北日报》不仅大篇幅报道电影节盛况，还高度评价武汉客厅："鸿儒往来，巨星闪耀；光影炫动，风雅流韵。以千年古城的人文底蕴，与世界对话，感受文化脉动；用兼容并包的城市品格，邀良朋嘉友，共奏高山流水。武汉客厅，从此成为武汉人文化生活'主场'，武汉人盛满热情，款待世界的城市厅堂。"

阎志心里的石头彻底放下来了，他终于可以尽情地抒发感慨，将打造汉口北以来心头积郁的沉闷之气全都抒发出来："卓尔在推出汉口北之后，公司管理层、社会各界、同行，都对汉口北的经营能力、运营能力，同时对卓尔能否成功涉足其他项目，复制成功，创新成功，创新模式深表忧虑和担心。但是我们通过武汉客厅的规划、筹建、建设、销售，再次证明卓尔不凡。"

"武汉自信"

如果说汉口北承载着阎志的商业理想，那武汉客厅更贴近他的人生理想。即便这是个商业项目，他也赋予了太多梦想、文化、情怀、责任等文人气质，故而坚定不移地去捍卫这个理想，并视之为无价之宝。所以每当部下兴冲冲地告诉阎志又卖出几栋楼或者多少间铺面时，他脸上只露出转瞬即逝的微笑，然后是长久的痛心和遗憾。他觉得武汉客厅综合体内的任何建筑单位都是独一无二的文化瑰宝，购买者实在是占了大便宜。

很少有人能理解阎志的这种矛盾心情，就像不理解他为何在第一企业社区、汉口北之后突然兴建武汉客厅一样。《武汉晚报》的记者评论说："未来的城市发展，在很大程度上'以文化论输赢'。在世界大融合的发展局势之下，武汉要有开放的眼光和包容不同文化的胸襟，更要在与外来文化的碰撞、交流和交融中，彰显自己的独特魅力，守住城市的'根'。让武汉人了解自己的文化，让外来客爱上武汉文化，一直是武汉客厅对这座城市执着的梦。"这种将武汉客厅与武汉文化相联结的分析角度，听起来气势恢宏，做起来却任重道远。

理想是用来实现的。从商业上来说，武汉客厅的运营逻辑与汉口北有共同之处：以精准策划、资源整合吸引人气，否则与地产项目没什么两样。由阎志、罗丹青主编的《武汉与中国电影》一书透露，阎志在策划、设计武汉客厅之初就将电影文化融入其中。不仅是电影，随着武汉客厅文化展演、艺术品交易、创意办公、时尚购物、主题婚庆集群、荆楚美食博物馆、特色文化街区、藏品博物馆等项目先后运营，武汉客厅真正成为武汉汇聚文化精粹，展示多元文化、吸引文化交流的大平台。

随着工程建设逐渐推进，阎志对武汉客厅的规划逐渐明晰：武汉艺术大厦、中国文化博览中心、武汉艺术品交易中心、汉口大戏院、中央音乐厅、中国民间藏品博物馆、五星级国际大酒店、喜宴、梦想特区等一系列颇具特色的文化建筑，最终形成的，将是中国文化的展示窗口，武汉市民乃至整个湖北的文化乐园。

2014 年 1 月 12 日，"2014 首届百名中国书法名人堂"开幕，中国书法家协会名誉主席沈鹏、中国书法家协会主席张海、中国文联副主席夏潮、中国书协副主席胡抗美、中国书法院副院长李胜洪等名家会聚武汉客厅，方黎说："作为武汉客厅的首次艺术展览，'2014 首届百名中国书法名人堂’标志着武汉客厅大众文化工程的正式启动。”此后一年间，面向普通大众的各类文化活动密集举办，涵盖绘画、古玩鉴赏、舞蹈、音乐等文化主题展览。

阎志始终没有放下电影。2014 年 11 月 1 日，2014 中国（武汉）电影产业博览交易会及第二届中国（武汉）微电影大赛开幕式和颁奖仪式在武汉客厅举行。这项每年一届的电影盛会将永久落户武汉客厅。阎志兴致勃勃地向媒体记者表达梦想："让武汉客厅成为中国电影文化的新胜地，市民可以在家门口欣赏到高规格的电影文化盛宴。武汉客厅将以魅力无穷的光影世界为媒介，向国人和世界展现大武汉的瑰丽形象。"

2015 年 2 月 2 日，赶在农历羊年春节到来之前，湖北省文化产业学会第一次会员代表大会暨成立大会在武汉召开，158 名会员聚集在武汉大学国际学术交流中心，共同探讨湖北省文化产业产学研融合发展之路。代表们推举阎志当会长，武汉大学国家文化创新研究中心主任、教授傅才武为常务副会长。按照他的设想，学会将建立和发挥产学研融合的机制，让教育界、文化界的学术智慧和文化积淀与企业家的激情与产业资本融合，推动文化产业的蓬勃发展，开创湖北省文化产业百花齐放的生动局面。

说这些话时，阎志心里所思所想不只是一座武汉客厅，也无关卓尔文旅集团将如何迈上更高台阶。要说阎志大公无私，热衷公共事务，也许是言过其实，但是他真有一种"天将降大任于斯人"的豪情。9 个月之前，武汉媒体请阎志谈"武汉自信"的话题，"对武汉商业文化的自信，敢为人先、对创新精神的秉持，是企业不变的武汉基因。"他说："企业家眼中的武汉自信，就是诚信、创新、自由、包容的商业文化自信，就是基于重商精神、良好产业基础与创业氛围的环境自信，就是全市团结一心打造国家中心城市、共圆‘武汉梦’的道路自信。"

武汉客厅的快速发展吸引了全世界的目光。怡和集团旗下的香港置地集团向卓尔抛出橄榄枝，在武汉客厅项目上寻求合作。

怡和集团成立于1832年，至今已有185年历史，是以亚太区为中心的跨国集团，在2017年《财富》世界500强榜单中位居第279位。香港置地集团是怡和集团核心子公司，有着先进的物业投资、管理和开发经验，是香港核心金融区最大的业主之一，在中国、新加坡、泰国等9个亚洲国家及香港、澳门、北京、上海等城市有着广泛的房地产开发及经营经验。

阎志看中了香港置地的开发和经营能力，经过与方黎等高管团队商议，大家一致认为，引入香港置地集团作为开发武汉客厅的合作伙伴，将促进项目品质进一步提升。阎志亲自出面与香港置地集团谈判代表交流，并最终在2017年2月22日正式签订合作协议。根据协议，双方将组建合资公司，共同推进城市综合体“梦想特区”、卓尔小镇等特色项目建设。

与以往不同的是，香港置地集团之前大部分项目都是与当地开发商联合拿地开发。而此次与卓尔合作非常紧密，双方成为“联手合作对象”。对于“强强联合”的选择，香港置地集团执行董事周明祖说道：“我们和当地的成功地产商保持合作，可以向它们学习有当地特色的知识，我们可以互相分享。地方的合作伙伴会告诉我们如何适应当地的环境，应对当地的问题，如何灵活妥协，双方可以发展成为很好的长期合作伙伴关系。”而卓尔就是这样一位合作伙伴，成为香港置地集团落子湖北武汉的首选。

卓尔梦想特区是卓尔响应武汉市委市政府、东西湖区委区政府号召，以智能控制前端产业为主，整合高端智力、文化、互联网金融等业态，加速城市升级的又一个重点项目。此地位于武汉市三环线以北、宏图大道以西，是“武汉创谷”金银潭梦想特区核心区域，扼守武汉发展最快的三大新城——后湖、金银湖、盘龙城交会门户。按照规划，卓尔梦想特区集创新空间大家工坊、梦想剧场、5A智享办公、专属梦想公寓、高端配套住宅等多种业态于一体，致力于打造武汉最具优势的创新创业聚合体、精英人士的梦想家园。

2018年4月，英国怡和集团董事局副主席詹姆士·沙逊勋爵及其夫人在阎志陪同下参观了武汉客厅。爵士伉俪参观了香港置地与卓尔智城合作的首个项目——武汉梦想特区，对双方合作推进情况给予高度肯定，并表示将进一步加大在汉投资，与卓尔在多领域展开深度合作。

从武汉客厅的持续发展、不断升级来看，无论何时何地，阎志的“武汉梦”都不是说说而已，而是义无反顾地担当起这座城市的历史使命，成为“武汉自信”在世界舞台的先锋旗手。

如果说2013年第29届中国电影金鸡奖提名者表彰典礼的举办，让很多武汉人第一次知道武汉有座自己的城市客厅，那么五年之后，形如两摞书的宏伟建筑醒目矗立在三条地铁线路汇集处，这个建筑群已经庞大到让人们不能忽视。武汉客厅已如当初阎志的构想一样，如愿成为武汉的新地标。

时间的洪流总是将梦想推升至更灿烂的高度。在阎志的倡议和推动下，一项世界级的城市景观，将在长江之畔拔地而起。

2018年12月27日，楚商大厦暨武汉商会总部在汉口外滩奠基。大厦由卓尔联合泰康、楚昌、当代、中诚信、奥山、伟鹏、维沃等多家楚商企业建设，楼高约500米，总投资200亿元，将与对岸绿地中心相辉映，形成雄伟壮丽的世界级人文地理奇迹——“长江之门”。

1919年，由工商业人士联合筹款建设的汉口总商会大楼成为重要地标，见证了城市百年风云。百年后的奠基仪式上，阎志以武汉市总商会会长等多重身份表示，新时代民营经济不断成长壮大，武汉民企希望通过建设“长江之门”，致敬改革开放40周年，致敬长江文明，致敬武汉这座伟大的城市。

第九章

“卓尔模式”可以复制

在泥土之中
岩层之中
把一个灵魂
变硬
变得虚无
变得不需要安慰

——阎志《宝石》

天津电商城验证“卓尔模式”

2011 年是卓尔的转折点。正如冬天的风雪挡不住春天的脚步，没有任何困难可以阻碍卓尔崛起的进程，无论是看起来危机四伏的行业环境，还是千头万绪的内部事务，这些纷扰不过是漫漫征程中的短暂插曲。从这一年开始，公司进入多线作战的局面：第一企业社区稳中求进，汉口北全面开建，武汉客厅待拔地而起，更重要的是，卓尔迈出了走向全国的扩张步伐。

2010 年 11 月，阎志带着考察团队到达天津，气温徘徊在零摄氏度左右，可阎志全身热血沸腾。从得知卓尔要在天津开发商贸、物流中心开始，天津几个区政府就积极接洽，希望争取到这个项目。阎志并不担心拿不到地，反而面临“甜蜜的烦恼”，滨海新区和其下辖的塘沽区都“逼着”卓尔签约，阎志要做出选择。

考察两个备选地块之后，阎志看中了滨海新区。塘沽区政府虽然热情，但地块上面附着物太多，拆迁问题非常棘手。滨海新区的地块让阎志眼前一亮，就像当初看到一片荒芜的盘龙城那样。崔锦锋和李勤的任务明确下来，春节之前签署框架协议。当时已经11月末，离春节只剩下两个月，时间非常紧迫。阎志简单布置完任务就离开了，他对崔锦锋堪称“无条件信任”。

李勤也对崔锦锋信心十足，在天津期间，崔锦锋的办事效率和敬业精神给她留下了深刻印象：“崔总是管财务，后来管事业部。有些高管会觉得：这是我事业部的事情，其他的我不管，其他的跟我没关系。他永远会站在高于他所在职务的角度去看待事情、做事情。这可能也是阎总对他信任的一个原因。”事情的进展确实如阎志所料，春节未到，卓尔和滨海新区已经签署了框架协议。

然而计划赶不上变化，天津项目在2011年没有取得任何进展，签署协议之后，具体的规划投资却搁浅了。天津项目似乎染上卓尔走向全国项目的通病：项目初期，政府一片热情，具体实施时却阻碍重重。此时，阎志的大部分精力都放在了武汉客厅上，无暇他顾。

崔锦锋始终没有放弃，在滨海新区折戟之后，他转而与西青区接触。事实上，西青区一直对卓尔兴趣最大、热情最高，只是在项目规划初期，阎志将视线锁定在了发展潜力更大的滨海新区。现在柳暗花明，不过西青区政府在具体细节上还有很多疑虑，它一方面希望卓尔落户，另一方面则信心不足，由于不确定卓尔的能力边界，所以无法下定决心。

政府信心不足那就给它们信心。2011年12月，在第二届中国汉口北商品交易会上，崔锦锋邀请西青区政府领导出席，直观感受卓尔的影响力。2012年10月，在经过曲折迂回之后，卓尔在天津的项目得以落实，项目毗邻西青区大学城，落户在霍元甲的故乡——精武镇。

捷报传回卓尔总部，阎志喜出望外。此前他一直强调卓尔永不言弃的精神，不过内心也做好了天津项目搁浅的准备。现在，崔锦锋给了所有人不小的惊喜，阎志说：“天津项目，体现了卓尔人典型的不轻言放弃，‘变一切不可能为可能’的精神，与天津接触最早是和滨海新区，后又和塘沽区接触，签订了协议，还写入了招商意向书。后由于种种原因，这两个区的投资没有得到落实，可以说在公司决策层已对该项目准备放弃时，已没有将其纳入年度考核目标时，第三事业部在崔总的带领下，不轻言放弃，变一切不可能为可能，和西青区达成协议……天津再次回到卓尔的版图。”

天津电商城成功的一大原因，是阎志提前预判“京津冀一体化”政策的出台。项目规划之初，卓尔将目标瞄向天津市内的大胡同、瑞景、永濠、洋货市场等老市场的升级外迁。但是随着“京津双城”战略的提升，尤其是从 2013 年末开始，关于北京动物园服装批发市场以及大红门服装市场等老市场外迁的言论一直都没有停过，在确定政策导向之后，河北一些地区纷纷做出应对，廊坊市永清、保定市白沟等地区都积极行动，希望分享北京老市场外迁的大蛋糕。此时卓尔天津电商城已经规模初现，天津市西青区协同电商城投入这场争夺大战中。

“目前我们在天津开始复制。能否成功复制的关键是执行力，我们的方向、项目、市场没有问题，那是执行力的问题，无须论证。”当然，商业模式的复制还需要因地制宜，对此阎志提醒说：“我们对拓展到新的地方去，很审慎。未来到别的城市，一定会结合当地的市场，结合当地的条件来研发产品。”说这话时，他已经与马云有所接触，半年之后双方将携手共进。

天津项目启动时，中国已进入移动互联网高速发展的时代。阎志敏锐地察觉到，电商平台是大趋势，传统模式还会存在，但必须与电商结合，天津项目定位“电商城”顺应时势。当时任天津卓尔电商城招商总经理的曹天斌介绍：“目前，我国还没有一家服装商贸城定位于O2O（线上到线下），即线上下单、线下体验的商业模式，卓尔天津电商城做到了。”

卓尔优秀的运营能力，电商的超前概念，以及西青区政府给出的税收、工商、子女入学、社保医保、商户落户、专项资金扶持等优惠政策，让西青区很快取得争夺战的优势。2014年6月底，在天津卓尔电商城举行的“商户入驻签约仪式”上，来自北京动物园批发市场、大红门批发市场、百荣世贸城的100余家商户，以及天津大胡同、永濠兴业等地的3000名商户签约入驻。

经过几年的深耕发展，天津卓尔电商城“深深嵌入京津冀协同发展内核”，产业疏解、承接转移取得突破性进展。北京动物园、大红门等批发市场主要商户整体入驻。2018年4月8日，天津卓尔电商城迎来2018首届卓尔夏季服装采购节暨卓尔精品服装城、卓尔天乐商城、卓尔红门早市、津温服装商城开业庆典，共引进商户8000余家，商业业态的互联网化、智能化对接升级全面启动。由此，天津卓尔电商城营业面积达到40万平方米，商户数量近万名，成为京津地区规模最大、品类最全的精品化、时尚化、原产地化服装交易市场。

在天津电商城一期建成逾60万平方米的基础上，卓尔于2018年启动二期40万平方米的建设，继续扩大市场体量，进一步丰富、完善交易品类，打造华北交易规模最大的现代商贸物流中心，通过全面信息化、互联网化、智能化提升集聚辐射能力，积极推动京津冀商贸服务业的协同发展和提档升级。

曹天斌说：“做生意讲究扎堆效应，品类足够丰富的市场，能形成客源共振，市场积聚能力更强，抗风险性更好，成长性更高。”这位善于思考的职业经理人还总结出一套“卓尔模式”：“与商户共同做大市场，巨无霸式全产业链、全业态布局，利用新城区便利开阔的区位条件，融合当地产业政策和规划，促使现代化专业市场转型升级，促成了汉口北出人意料的成功。”

天津卓尔电商城的成功，是汉口北模式跨区域复制的典型样本，既有传承借鉴，也有创新升级。其实，就在当年开发天津卓尔电商城之初，阎志的视野一路向北，落子沈阳。

走向全国：内部力量的外延

卓尔走向全国的战略有两个基本原则，第一是复制，第二是因地制宜。

2011年初，武汉客厅动工建设，此时阎志脑海中已有在全国重点城市复制武汉客厅的计划。经过半年多努力，2011年末，卓尔在沈阳市丁香湖畔以8.7亿元竞得地块，计划建设沈阳客厅，迈出跨区域发展的第一步。

沈阳是东北第一大城市。辽宁省委、省政府以及沈阳市委、市政府在2011年发出“大力发展高端服务业，大力推进文化产业发展”的号召，卓尔顺应大趋势，将武汉客厅复制到东北，计划总投资将近50亿元，打造总面积超过60万平方米的文化综合体。

时隔三年，2014年7月15日，卓尔宣布在沈阳永安现代商贸经济区投资50亿元，打造辐射整个中国东北部乃至东北亚的大型商贸物流基地——沈阳卓尔电商城。这块地据守沈阳国际物流港龙头位置，紧邻304国道和中国首条铁路客运专线秦沈客运专线，拥有一流交通区位条件。沈阳卓尔电商城涵盖商品交易中心、仓储、物流、办公、公寓以及大型商业配套，建成后将形成年交易额300亿元的超大型现代商贸物流基地。现在因为种种原因，这个项目进展缓慢，但它毕竟是卓尔全国复制格局的一部分，并不排除孕育着新的可能。

如果说沈阳是卓尔将汉口北与武汉客厅两大平台的复制试验场，那长沙则是第一企业社区的再出发。阎志选中长沙是因为和武汉情况类似——市中心的市场需要外迁，包括高桥市场、红星市场、三湘市场等。

起初长沙市政府对于卓尔项目表现出浓厚兴趣，答应为卓尔提供5000亩地，用于开发类似于汉口北的市场项目。不过，这5000亩地还在规划阶段，短期内不能开发。而且长沙的老市场外迁话题虽然持续火热，却一直没有实质性行动，阎志开始犹豫起来。这时长沙市政府给出折中方案，可以划出一块地让卓尔先做总部基地。

长沙项目由曹天斌负责，负责任、有韧劲、能吃苦是他能成功进入卓尔的重要原因，所以许多开疆拓土的重任他都参与其中，阎志在2012年初梳理过去一年全国扩张形势时特别提到："长沙项目，曹天斌在一线坚定指挥，有效部署。春节前15天，拿到土地证，不可想象。11月27日到达长沙考察，这个办证速度在中国开发史上都是绝无仅有的，这可以媲美万达。这就是价值，价值是在3月就可以开工，价值是我们在长沙可以铺开，就可以谈交易中心了。"

市场风云变幻，机会稍纵即逝，尽管卓尔拼尽全力，却迟迟没有拿到商贸市场地块的批复。与此同时，长沙市要外迁的几个大市场都逐个迁往新址，卓尔起了大早，却赶了个晚集。在阎志的商业字典中，只有规范、科学、透明、先进这类阳光健康的词汇，暗箱操作、潜规则这类拿不上台面的方式自始至终都被他拒之门外。即便错过机会，他宁可慢一点，也要保证健康向上，用他的话说，就是做任何事都要有"正义性"。

虽然卓尔在长沙错失打造商贸交易中心的机会，却在几年后的企业总部社区建设上取得重大突破。在曹天斌及卓尔长沙团队的努力下，卓尔长沙第一企业社区在几年内拔地而起。项目位于开福区长沙金霞经济开发区内，紧邻长沙新港、火车北站及绕城高速，背靠国防科技大学及中南大学，交通地理区位优势显著。然而，自2012年之后，曹天斌承受长达数年的招商压力，在长沙守着金饭碗愁饭吃的日子并不好过。

在阎志看来，卓尔长沙第一企业社区是武汉第一企业社区的升级版，从建设之初就保持高品质、高标准、高定位。项目建成之后，阎志还安排卓尔高管团队赴长沙考察学习，看得出来，他对这个项目寄予厚望。

美好的事情总是值得等待。在经历几年的蛰伏之后，卓尔长沙第一企业社区迎来发展机遇期。在军民融合发展为国家战略的大背景下，众多军民融合企业选择入驻长沙卓尔军民融合产业园。自 2017 年开园至今，园区已汇聚一大批拥有自主核心技术的军民融合高新技术企业，包括盾甲新材、华讯方舟、庄耀光电、云顶智能、海迅光学惯导、明湘科技、苍树航天科技、志合科技等，基本实现满园运营。

每一个新入驻企业，产业园都主动上门提供“金牌保姆式”服务，协调解决企业入驻进程中碰到的装修施工、环保消防、安保供电等方面的问题。在工商注册、税务登记、银企链接方面全程跟踪，做到“保姆式”全方位服务。入驻企业庄耀光电从签订入园合同启动装修到进入试生产，仅仅用了 3 个月的时间。园区还建设了高标准食堂，并筹备开工建设员工公寓，用完善的配套条件为入园企业解决后顾之忧。

对于初创型高科技企业来说，市场推广和资金实力往往是短板。曹天斌表示：“卓尔的使命就是要帮助创业者们补齐所有的短板，做大做强。”卓尔最具特色的服务主要在于金融服务方面的领先和创新。由卓尔企业发起的众邦银行与产业基金为入驻企业量身打造了天使投资、融资担保及中小微企业贷款三个渠道的融资体系，提供强大的金融支持。

2018 年，由于长沙卓尔军民融合产业园的成功，卓尔发展（长沙）有限公司荣获长沙市人民政府授予“2017 年度全市重点建设项目先进单位”称号，以表彰卓尔长沙公司在助推长沙深入实施“创新引领、开放崛起”战略、稳定经济增长、推动高质量发展等方面的先进作为和扎实贡献。

也许每一位企业家，都有一个商业帝国梦。其实从 2011 年开始，卓尔向全国扩张的每一步都特别艰难，阎志所选择的每一座城市，自古至今都是兵家、商家必争之地，唾手可得的好事也轮不到卓尔。与十年前的实业扩张战略相比，卓尔不再是浮躁多动的稚嫩孩童，早已洗掉铅华，返璞归真，探寻出商业经营中最本质、最原始的东西。

无论自己和团队的管理水平提高多少，无论公司规模有多大、发展速度有多快，阎志的经营哲学始终未变：只做一件事。这个哲学与曾经很受欢迎的一本书《最重要的事，只有一件》中的思想不谋而合：成功取决于你的目标是否明确，你是否专注。无论工作还是生活，想要取得最好的结果，就要尽量做到专注。

深耕湖北

其实阎志最早并没有考虑在湖北省内深耕细作，他的视野早已飞出中原大地。

就像当初被地方政府邀请投资实业那样，现在，湖北省各地市都争先恐后地找阎志去投资复制总部基地、汉口北甚至武汉客厅。大多数时候阎志都婉言谢绝，可有些人情世故他不可能完全放下，只好硬着头皮答应下来，到后来干脆制定标准，公开规则，只要符合条件卓尔就“帮一把”。就这样，一张合纵连横的战略图全面铺开：横向是全国重点区域城市，将“卓尔模式”快速复制。纵向则是深耕湖北，在三、四线城市复制汉口北、武汉客厅，还有一些新奇的创新项目也可以尝试。

2013 年 9 月 16 日，荆州卓尔城奠基开建，项目位于长江与江汉运河源头的黄金夹角地带，省、市、区各级政府大力支持。荆州卓尔城总规划面积 260 万平方米，按照设想，建成后将具备批发、零售、采购、娱乐、旅游、居住、创业等综合功能。不过，操盘手范晓兰依然很烦恼：天津、沈阳等城市与武汉类似，都属于区域中心城市，文化客厅或者交易市场的发展条件比较成熟。但是，省内三、四线城市与武汉千差万别，没有可以参考的样本。

在阎志的蓝图里，荆州卓尔城将是一个全新的城市综合体，以“乐在此，购在此”为口号，将时尚、文化、旅游和商贸结合起来。荆州卓尔城的进展与天津电商城相似，却走出了完全不同的路子，范晓兰说：“荆州卓尔城是要落地的，而且要强调它的体验。”阎志不仅要求重在体验，还提出亲子概念。这源自他家庭观念很强，平时无论多忙他都会尽量抽时间给孩子们讲故事，哄他们入睡。

2014年7月28日，荆州卓尔城顺利面市。两个月后，江汉运河通水通航。2014年12月10日，中国经济论坛在北京举行，江汉运河生态文化旅游城镇带获“2014中国创新榜样”奖。领奖台上，范晓兰英姿飒爽，铿锵有力地提出荆州卓尔城的目标——打造“新中国运河源头第一城”，并且总结说：“新的城镇带建设不能按传统思路，而要推进商贸、文化、旅游、生态统筹协调发展。”

这个观点听起来并不新鲜，关于“城镇带”“统筹协调”的话题，专家、学者高屋建瓴的文章在报纸、网络上连篇累牍。可是，这句话是范晓兰的肺腑之言，感悟至深，来之不易。

后来，卓尔在湖北省内扩展的脚步又陆续延展到黄冈、孝感、咸宁、宜昌、恩施、荆门、天门、洪湖等地，项目覆盖交易市场、文旅、棉业等各领域，几乎将小红旗插满了湖北全境，与这块土地的联系越来越紧密。但是，卓尔在省内的扩张并非一帆风顺，每一点进步都写满艰难。例如孝感的卓尔桃花驿小镇，就经历过多任推手共同努力，经过五年的探索，方在2018年“灼灼其华”，绽放风华。

站在新的人生起点上，人们总会在兴奋中渴望即将到来的大好局面，却又为未知的曲折和坎坷犹豫踌躇。对于同时在省内外大举扩张的阎志来说，新的梦想充满期待，却又困难重重。如果不能踩准互联网浪潮，把握时代机遇，以扩张促转型，以发展促稳定，极有可能会重蹈十年前的困局。

提前布局，“线上线下”相结合

进入2013年之后，“互联网”三个字开始在卓尔的内部会议和公开报道中高频率出现。在年初的高管会上，阎志对卓尔的互联网转型提出具体要求：“要做好11个自有媒体的运营，即6个官网和5个官方微博运行。”他继续部署：“电子商务取得实质性突破：汉口北电商、淘棉网、大宗商品电子交易、足球官网。”

整个2013年，阎志讲话时信手拈来的案例中，马云的阿里巴巴和雷军的小米成为他提及次数最多的企业，他要求高管必读“马云内部讲话”相关图书，上次被推荐的互联网相关图书是《史蒂夫·乔布斯传》。

互联网思维正在席卷中国，商业格局由此重构。然而，自1997年“中国互联网元年”起，经过十多年狂飙突进，浮华喧嚣的环境依然未变，夸大宣传、以次充好的现象比比皆是。尽管产品经理的概念已深入人心，但希望走捷径的模仿者多，埋头创新的专注者少。电商、团购、互联网金融、众筹、O2O……每次互联网新潮流兴起，追赶者蜂拥而至、趋之若鹜，经过营销炒作、免费体验、红包补贴等方式轮番轰炸后，最终一地鸡毛。互联网思维逐渐成为一门“显学”，互联网行业的浮躁氛围正在向传统行业迅速蔓延，人们注重短期利益，却远离商业本质——为用户提供有价值的产品或服务。

阎志是浮华年代少有的专注者。2012年初，阎志在媒体上公开表示：“目前武汉已经具备了商业基础，仅商业物流领域的上市公司就有六七家。不管未来商业模式如何改变，货物的交换、交割必须要在一些地方实现，而武汉是实现这些交割交换最好的地方，而且能够最大限度地减少这种成本。”如今，互联网思维越火热他反而越冷静，阿里巴巴、京东、苏宁等电商平台争雄称霸之时，也是卓尔异军突起之日——巨头编织天网，卓尔独造“地网”。

在过去几年间，阎志一直将卓尔定位为中国领先的公用物业提供商和服务商。通过纵横全国的布局，阎志计划打造包括 7 个区域中心城市、100 个中小物流城市的“7+100”战略。在阎志看来，物流必然绕不开通江达海，越是互联网热，卓尔越要抓住机会，做世界的物流交易平台，抢占航运、铁路、高速的关键卡口和端口，建设区域性物流中心，解决物流问题。

阎志并非互联网起家的企业家，却深刻洞见互联网的本质——互联网企业抢占市场的关键便是抢占关键卡口和端口。阎志很早就看清了互联网化的大趋势。2008 年第一批商户入驻汉口北之时，他就提出打造一个网上商城，每个商户都有线下和线上两个店面。这是一个比较理想化的设想，真正做起来非常困难。2013 年他们上线“OK汉口北”，试图把商户和产品都搬到网上去，但这次尝试基本上以失败告终。“OK汉口北”最大的问题是没有点击量，因为大部分批发买家网购的第一选择是阿里巴巴，让他们改变习惯几乎不可能。没有点击量就等于商场没人进来，当务之急是重建入口。

2013 年 5 月 28 日，天猫投资 21.5 亿元发起成立“菜鸟网络”，马云任董事长。2014 年 1 月 15 日，腾讯宣布以 15 亿港元认购华南城 6.8 亿股新股（占华南城扩大后已发行股本约 9.9%）。阎志从中洞察到线上线下融合的潮流：“线上有交易，线下有加工、仓储、配送、金融等。线下我们已经形成了体系，但如何将线上的交易体系、网络用到位，这是两个不同方向，最后走的是同样一条线。线上可以做线下，线下可以做线上。”这也直接证明汉口北模式、卓尔模式没有任何问题，可以在“天网”与“地网”融合的战略中焕发“第二春”。

成功是前进的动力，也是前进的障碍。企业就像一艘航船，如果过分依赖罗盘掌控方向的能力，其他的零部件就会在风吹浪打中老化、失灵，长此以往，最后连“罗盘”指针都辨识不清，航船变得盲目、笨拙，任何方向的风对于它来说都是逆风。一个不容忽视的事实是，在互联网浪潮中，卓尔正陷入这样的艰难处境：全公司围绕阎志一个人转。

早在2013年初，阎志就大力推行项目负责制，在3月2日的管理集训大会上，他大声疾呼："超人办不成事，阎志就算是超人，手下没有几个能干的人，也无法成就事业。我一个能盖房吗？一个人能与那么多银行接触吗？我一个人能将房子卖出去吗？不能，我是组织大家一起努力，一起解决问题。这个时代没有个人英雄，即使柳传志、马云再厉害，没有团队和调动资源的能力，就没有他们的辉煌。"

一年多前，他就有坚决放权的打算，而且在媒体上公开表达愿望："一个优秀的公司一定有离开某个人仍然能够正常运行的体系。我致力于有一天，我离开卓尔，或者我逐渐淡出卓尔，卓尔还能够稳健地发展，我认为这样做企业才有意思，不然的话，你离开了，或者你忙别的事，这个企业就不行了，你说做企业的意义在哪里？做企业的价值在哪里？这个企业的价值在哪里？"

2013年，卓尔的全国扩张战略大举推进，各项目在大江南北遍地开花，虽然阎志精力旺盛，夙夜在公，却很难事无巨细地管理所有事务，很多事情鞭长莫及。他坚定不移地推动管理模式转型和事业部制改革：全国范围的横向复制主要由第三事业部和第五事业部承担，第三事业部负责长江以北的省会城市项目，第五事业部统领长江以南的区域；湖北省内的纵向复制由第六事业部承担，所有管理层下沉一层。每个事业部都由一位集团副总裁挂帅操盘，并且按照规则给予现场决策权，重大事情直接与阎志沟通。

此外，每个项目都成立项目公司，独立核算，凸显各个产业集团的特色。每个产业集团、每个事业部的架构建立起来之后，管理方式的差别逐渐显现出来。这正是阎志希望看到的情景，他崇尚"和而不同"，并将其纳入卓尔的企业文化。阎志分权、放权的决策受到高管们的一致赞同，各个项目公司基本做到独立核算，人权、事权、财权全部下放，各事业部既是受公司控制的利润中心，又是产品责任单位或市场责任单位，拥有独立产品和市场，独立经营、独立核算。

多元化扩张是企业成长到一定规模时必然面临的选择，而规模和效率既是“孪生兄弟”，又是“绝命仇家”。企业家往往会调整组织架构以消除规模和效率之间的矛盾，稳步推进多元化战略，而事业部制通常被认为是最合适的方式之一。不过，事业部制并非所向披靡的“万能宝典”，“一抓就死，一放就乱”不仅是企业家遇到的旷世难题，也是我国经济改革进程中遇到的普遍难题。

如何解决这个问题，考验着每一位管理者的智慧和胸怀。唯有不断变革调整，才能解决体制机制和战略发展问题，卓尔员工早已习惯“半年一小变，两年一大变”的调整节奏，而我们欣喜地看到，每一次俯身调整，都为卓尔下一次起身跳跃蓄积了更大的势能。

如果将卓尔二十二年来的变革之路放在时代大背景中探讨，我们将惊奇地发现，改革开放一直是这个国家的主流，它像滚烫的血液一样成为每个人生命的一部分，成为促进国家进步和社会和谐的重要力量。我们已经习惯了在变化中回味历史，期待未来。

第十章

足球不是一门生意

在这座生长梦想的城市

我们一直深怀感恩之心

继续前行

因为有你

我们必将从胜利走向胜利

——阎志《因为有你》

五分钟，力挽狂澜

就在卓尔以新的“合纵连横”方式在全国范围大举扩张之际，一个意外的机缘，让他开始启动另一件大事——为他制造不少话题、曝光率极高的足球事业。

2011 年 10 月 30 日，秋风萧瑟中，湖北中博队在新华路体育场以 2：1 击败广州富力。短暂庆祝之后，中博球员习惯性地陷入一片死寂，就连逆转战胜劲敌都无法扫除大伙儿心头的阴霾——已经半年没发工资，球队未来生死未卜。

按照中国足协的规定，新赛季球员转会市场将于 2012 年 1 月 1 日准时开启，如果到时工资仍未付清，球员将自动成为“自由人”，这意味着球队将就地解散。中博俱乐部董事长王细南有心无力，当初振兴湖北足球的雄心壮志在惨淡的经济条件中荡然无存，此刻他正在积极寻找接盘者，希望将球队打包出售。可是，湖北本地企业陷入集体沉默。过去几年，中国足球在国际赛场上的成绩每况愈下，联赛水平也未见长进，其间还伴随黑哨、假球、高层贪腐等丑闻。暴风骤雨中，湖北企业家冷眼旁观，不愿蹚足球这摊浑水。

关于足球的话题在武汉整座城市中已是满城风雨，形势已经严峻到令所有关心湖北足球的人都感到沉重悲伤，甚至愤懑的地步，就连2008年武汉光谷宣布退出中超联赛时都没有这样痛心绝望，究竟谁能帮助湖北足球渡过这次难关，担负起力挽狂澜的使命？

对于阎志而言，他并没有特别感兴趣的体育运动，对足球也是一样，平时顶多随大溜看看世界杯比赛。不过那段时间里，他每天都能从报纸上看到湖北足球深陷困境的各种报道，其中一名球员对记者的询问深深打动了他——“一点留下的希望都没有了吗？”身为一位诗人，他敏感的内心能够触摸到每一位武汉市民心中的悲伤，推己及人，阎志坐不住了，他立即拨通武汉市足管部门的电话，直奔主题：“如果需要，作为本土企业，我们发展还不错，我愿意贡献自己的力量，贡献形式可以商量，赞助、接盘都可以……”当时他心里只有一个想法：湖北足球必须留在湖北。整个决策过程，阎志只用了5分钟。

没想到，半路杀出个程咬金。2011年12月5日，武汉亨达睿投资管理公司宣布正式接盘湖北中博俱乐部，俱乐部不需要卓尔的帮助了。当时阎志正在出国的飞机上，望着窗外飘涌的云海，他虽有遗憾，但更多是欣慰，毕竟武汉的足球队留在了武汉。

岂料峰回路转，这次意外惊喜更像是亨达睿导演的一场闹剧。接手几天后，亨达睿“老板”周汉坤高调宣布“三年冲超，百年宏图”；话音犹在耳畔，第二天亨达睿承诺的投入资金一分都不见到账；最后，亨达睿声明周汉坤的“老板”身份是假的……消息传出后，湖北足球界一片哗然，球迷们怒不可遏：“这是对湖北足球的侮辱！”原本处境艰难的湖北足球雪上加霜，谁来接盘？

刚回国就听到这个啼笑皆非的消息，阎志当即决定，重启足球投资计划。

“我不赞同！”

“我也不赞同，太烧钱了！”

在那次卓尔全体高层参加的投资足球决策会上，阎志的提议遭到一面倒的反对，所有人都想不通，一向对足球毫不关注的老板怎么突然要搞足球。阎志态度坚决，语重心长：“企业不能只图利，卓尔赚了这么多钱，也该为社会做一点回报了。”这句话并不能平息争论，大家都在试图说服他，阎志却摆摆手，以不容置疑的口吻宣布：“这个事必须做。”众人不再发言，董事长这一枪已经打出去了。

然而，包括俱乐部董事长王细南在内，外界其他人对阎志做出的决定还一无所知。2011 年 12 月 11 日，王细南和深圳一家企业谈定，双方打算第二天签约转让足球队。王细南把这个喜忧参半的消息告诉了老朋友——前武汉足球俱乐部总经理陈旭东，“情势逼人，我没办法”。

陈旭东一夜没睡，他不忍心看着湖北足球流落他乡。第二天一大早，陈旭东急匆匆来到武汉市政府，他找到时任常务副市长袁善腊，开口就问：“今天下午俱乐部就要签约被卖到深圳了，你看怎么办？”袁善腊已经得知卓尔打算接手的计划，并不十分惊慌。不过时间紧迫，他赶紧把阎志和武汉市体育局领导召集到市政府商议对策。会谈很顺利，王细南乐见其成，答应停止与深圳企业接洽。

多年后回忆起仓促接手足球的过程，阎志还有些兴奋：“头一天就是否接手足球谈话，基本准备工作也做了。第二天，各种报纸报道推测卓尔可能接手，这样一来，卓尔必须得做。如果不做，就成了第二大忽悠，与卓尔的声誉不符。经过快速思考，我决定，卓尔应该为这个城市做点更快捷、更明显、更关注的事。”

客观来说，在足球项目上阎志并没有做充分调研，他心中只有一个朴素的想法：“卓尔在武汉得到了发展，当它的足球队出了问题时，我们应该贡献一臂之力。”在他看来，足球是一项回馈社会的慈善事业：“毕竟我是本土生长起来的企业家，我对这座城市始终有一份感恩之情，所以我要尽力为这座城市留住一张名片。”

2011 年 12 月 14 日，卓尔总部会议室内一片繁忙景象。大家都知道公司将举行签约仪式，或许又要宣布在哪个省份开疆拓土，或者与哪位财富新贵携手合作，所有人司空见惯，不以为意。会场布置完毕，投影仪亮起，大屏幕上打出“足球俱乐部转让签约仪式”字样，所有员工惊诧不已，没想到报纸上每天千呼万唤的英雄，居然是整天在这座大厦里不露声色、平静如常的那个熟人。签约仪式非常简单，阎志甚至没有请媒体到场。

第二天，被突然到来的幸福击中的球迷奔走相告，在网络上打出“卓尔不凡、汉军威武”的口号。阎志的老朋友、著名作家刘醒龙也忍不住在微博上称赞：“认识阎志多年，从他才 16 岁到现在，记不起说过称赞他的话，这一次，要破例，不仅仅因为自己是中国最早的那批球迷之一，也不仅仅是因为见不得湖北足球与中国足球一道日益沉沦。而是因为，一个人无论做什么行当，最终都要回报社会，让公众分享自己的成功，这才是人生正途。祝福湖北足球队相逢文化盛世。”

这种万众称赞、齐声欢呼的场面，阎志在此后四年间再未享受过。他怎么都不会想到，卓尔在足球上遭遇的挫折和非议，比过去十七年都要猛烈沉重。他曾以产业和财富享誉湖北，今后将因为足球陷入毁誉参半的境地。

因为有你

宣布接手武汉足球队之后，阎志在微博上公开表达了三点：

其一，卓尔人热爱武汉、感谢武汉。愿意为湖北武汉文化体育事业发展做出力所能及的贡献，所以接手湖北武汉足球队。卓尔会本着对武汉足球事业负责的态度加大投入、合规经营；

其二，卓尔也要求和希望新的俱乐部和全体队员本着将足球作为一份事业的态度做好自己的本分。卓尔全力支持湖北武汉足球队走得更远，尽早打进中超；

其三，卓尔本着专业人做专业事的态度，将邀请和聘任专业人士打理足球事务。卓尔人仍将专注于汉口北、武汉客厅、港口物流等项目的建设和运营，致力于打造领先的公用物业提供商和服务商。

签约当天，卓尔就向湖北中博转出了第一笔资金——600 万元，用于支付球员工资。全面交接之后，俱乐部工作步入正轨。但阎志仍然不放心，非常注重资金问题，该到位的资金绝不拖延。2012 年 1 月 6 日，是卓尔接手俱乐部之后第一次发工资的日子。当天是农历腊月十三，等着发工资过年的球员们期待了一整天，可工资卡里的数额一点变化都没有，没领到钱，有些球员忍不住对媒体抱怨。消息很快传到阎志耳中，他怒不可遏地马上给李勤打电话，劈头盖脸一顿批评："这种事你都能做得出来？我的脸被你们丢尽了。你这接手接的，说好了从不欠薪，第一个月你们就欠薪！"

李勤非常委屈。一方面，卓尔内部工资都是在每月中旬结算，严格来说，卓尔并没有拖欠工资；另一方面，马上就要过春节，俱乐部工作千头万绪，她打算年后再系统结算。没想到阎志发这么大脾气，李勤带着团队连夜加班，第二天，所有球员工资如数到账。自此，卓尔俱乐部球员的工资再也没有迟发过。

2012 年的中甲联赛中，实力强者并不多，卓尔冲超的希望很大，但阎志并不想给俱乐部太大压力，他定下"一年打基础，两年争取，三年确保"的目标。赛季开始后，重整旗鼓的卓尔足球队状态慢热，到联赛还剩 10 轮时，冲超形势依然不明朗，球员们似乎还缺一股拼劲儿。8 月

15日，盛夏的武汉告别连日阴雨，阳光穿透大块云朵。阎志来到训练基地，鼓舞士气：“有的队员、教练有顾虑，冲超之后会不会大换血。我可以保证，冲超之后所有队员、教练都会获得一份条件优厚的新合同。如果今年冲不上去，那么明年球队将无法避免地进行重新大洗牌。我们会引进有实力帮助武汉足球冲超的球员来这里。”除了合同上的保障之外，阎志还增加联赛奖金：在剩下的10轮联赛里，球队的赢球奖翻番，从30万元提高到60万元，如果冲超成功还有800万元的额外奖励。

“冲超令”下达后，球队一路高歌猛进。2012年10月6日16点48分，与卓尔争夺最后一个冲超名额的重庆力帆败给吉林延边，武汉卓尔提前三轮冲超成功。武汉足球队在时隔四年之后重新回到中国足球顶级联赛，卓尔在湖北足球史上画下浓墨重彩的一笔。

很快，卓尔足球俱乐部收到时任武汉市长唐良智发来的贺电。他代表武汉市人民政府，并以个人的名义，向球队全体队员、教练员及俱乐部全体工作人员表示热烈的祝贺！

在贺电中，唐良智说：“今年，卓尔控股有限公司在武汉足球非常困难的时候，毅然接手职业足球俱乐部，扛起武汉职业足球发展的大旗，并在短短10个月内一举冲超成功，可喜可贺，必将载入武汉足球发展的史册。在本赛季竞争激烈的中甲赛场上，球队秉承和发扬敢为人先、追求卓越的武汉精神，不畏强手，勇于拼搏，打出了武汉的风格与气势，重振了汉军雄风，提升了武汉的美誉度和影响力，为城市赢得了荣誉，为武汉人民争了光！”

冲超成功的那天下午，阎志正和女儿在一起。于是，他边写边让女儿给出修改意见，30分钟后，一首《因为有你》面世了。

5个月前，很多热情的球迷希望他能以诗人的身份写一首队歌，以体现球队风貌，凝聚球迷，传承足球精神。湖北职业足球风雨拼搏这么多年，一直没有一首正式的队歌，阎志当时就把这件事记在了心里。在那个激动难眠的秋夜，阎志一气呵成，第二天下午就将队歌发布到了微博上：

因为有你
携梦想 /从澎湃的大江大湖汇聚的地方
一路前行/凭勇敢和坚强
从不曾/失去前行的方向/胜利因为有你在身旁
我们并起肩膀/能跨越所有阻挡
在这生长梦想的城市/Come On
让感恩的心和生命迸发耀眼光芒
我们像风一样/驰骋在赛场
燃烧每一滴汗的激情
勇往直前/无畏艰险
跨越巅峰当作起点
我们从胜利 /又走向胜利
书写属于自己的传奇
只因为 /每一刻/有你在/我身边
我们卓尔不凡

球迷们炸开了锅，他们为球队的战绩欢欣鼓舞，为卓尔足球的精神气质热血澎湃。很快，新的口号在各个球迷论坛传开——因为有你，卓尔不凡。看到球迷们热烈讨论，阎志解读了歌词表达的三层意思：

第一层是体现卓尔人对事业的执着，对目标的不懈追求，希望卓尔队也能秉承卓尔这一企业精神，在赛场上顽强拼搏，永不放弃；

第二层是对武汉这座城市以及关心、帮助过卓尔的那些人们的感恩之心；

第三层是对未来的一种期盼，希望武汉卓尔队能够踏实、稳健地一路向前，从一个胜利走向另一个胜利，永远追求卓越。

由阎志作词的卓尔队歌《因为有你》由孙楠谱曲并演唱，不仅在球迷中广为传唱，在武汉的许多KTV里也经常被点唱。

其实，《因为有你》更像是阎志对所有卓尔员工的倾诉，他希望足球精神能融入企业文化。阎志说："我觉得足球这项运动的形式很好，它能够把人的能力和一个团队的凝聚力都结合起来，然后又充分发挥每个人的才能去提升整个团队的战斗力。"接手足球之后，卓尔员工热衷于谈论足球，随着球队战绩起伏，大家的荣誉感和归属感更加强烈。阎志顺水推舟，专门请来足球教练为高管开设足球课程，讲授足球知识，让球队精神与企业文化融为一体。

球队提前三轮冲超圆梦，阎志激动地总结道："全体将士发挥'敢为人先、追求卓越'的武汉精神，永不放弃；同时充分信任球队管理团队，坚持'专业人做专业事'。"

作为卓尔的重要组成部分，阎志也将企业文化根植于球队建设中，他说："球员的能力固然重要，但是我更看重球员的道德品质和职业操守。武汉卓尔向来追求实在做人，做实在事。"与能力相比，阎志更看重人品，他说："不管是球队也好，还是企业也罢，一个人的能力总是有限的，但是人品是没有上限的。当企业或者球队发展到一定阶段的时候，总要面临各种各样荣誉和金钱的考验，如果这个时候主要核心人员没有足够的道德修养，那给整个团队带来的损失是不可估量的。毛泽东跟蒋介石这样的大人物，在选人的时候第一标准永远是'忠诚度'，第二才是能力。"

经过一年的熏陶与思考，阎志对足球和商业、公益的关系有了更深刻的认识。2012 年 10 月 18 日，卓尔冲超两周后，在体育类媒体上从未露面的阎志，接受了《足球》报专访，记者在手记中说他是“跳跃的、敏锐的、真诚的”。从商业角度，阎志坦率表示，希望足球能够进一步提升企业品牌的美誉度：“我们不是那种遍布全国式的房地产业快销产品，我们要做的是一个长期发展有浓重的文化元素蕴含在里面的商业平台，所以我们不仅要有知名度，还要有美誉度，以及忠诚度。在我看来，知名度和美誉度其实是并行和密不可分的，我之所以要强调美誉度，就是希望卓尔俱乐部在做事的时候，能够让大家在了解我们的企业之外，还要了解我们卓尔的核心文化和做事理念，要让大家对我们最出色的一面有更清晰深刻的了解，留下更好的印象。如果具备了这两点，你才能寄望于顾客对你有进一步的依赖和忠诚度。”

遗憾的是，卓尔足球俱乐部从此陷入为保级挣扎而悲喜交错的苦旅，从交易平台到足球的跨界，并非看起来那么简单。

坚守是一种品质

一年时间，阎志已经由一个从不关心足球的旁观者变成卓尔最狂热的球迷。他说：“足球这项充满激情与热血的运动感染了我，我从一个门外汉变成了热爱者。”

只要时间允许，阎志每逢比赛日都会准时出现在新华路体育场的包厢里，为球队加油助威。像所有球迷一样，赢球时他会高兴得睡不着觉，到处找朋友消夜；如果输了球，他也会气得“骂娘”，甚至在微博上舒解郁闷情绪。只要球迷提出的要求，他都尽量满足：要设计队徽，一个月后漂亮的队徽就印在队服胸前；球队要买一辆崭新的大巴，阎志特批 100 万元资金照办；要有队歌，他亲笔写就，还请孙楠作曲并演唱；至于开通俱乐部官方网站的建议，阎志甚至在高管会上提出要求。在卓尔控股旗下所有分公司中，阎志只在武汉卓尔足球俱乐部担任法人代表，他对足球投入的深厚感情由此可见一斑。

可惜，鲜花和掌声散尽，磨难接踵而来。卓尔踏上中超联赛征程以后，阎志找朋友消夜的次数就越来越少，几乎屈指可数。从首战 1∶2 败给江苏舜天开始，卓尔在两个多月的 9 场联赛中一场未胜。作为“升班马”，卓尔在赛季刚进行三分之一就陷入保级泥潭，赛季开始前“保十争八”的豪迈宣言似乎成了一句玩笑话。

球队的连败战让他郁闷且无奈，球场之外的不公平因素则令他愤愤不平，他接连在微博中评论比赛，质疑裁判判罚。2013 年 7 月 14 日，卓尔 1∶3 输给北京国安，阎志在微博上说：“不看了！我们可能赢得了对手，但肯定赢不了裁判！”

微博发出后，有球迷支持阎志，一起声讨裁判和足协，有人善意提醒阎志“不懂中超的‘潜规则’”，也有人冷嘲热讽“卓尔这是玩不起了”，更有人猜测，阎志会像 2008 年的那支武汉足球队那样退出中超联赛。阎志迅速发微博表明决心：“第一，请中国足协和国安放心，就算打到只剩一个人，武汉卓尔也绝不退赛！第二，武汉卓尔队再也不提赢国安，我们彻底服了，因为国安不是一个队在战斗！第三，从下次客场起，本赛季所有武汉球迷客场门票由卓尔足球俱乐部承担，只为感谢武汉球迷一直以来的坚守与支持！”

针对阎志的公开言论，中国足协很快做出回应，对阎志的“不当言论”罚款一万元。这个处罚决定将阎志推上了舆论的风口浪尖。不过，阎志见不得任何不公平现象，他觉得说出真实感受，为球队呐喊没有错。

8 月 10 日，卓尔在保级大战中主场 1∶2 输给长春亚泰，保级希望渺茫，阎志当天晚上 11 点再次开口：“本来答应朋友不再发关于足球的微博，但今天还是破例发几条，以免中国足协和某些球迷以为我怕了。”他还重提遭受中国足协罚款的事情:“据悉，因为我的一条微博，中国足协警告了卓尔俱乐部并处罚金一万元。实在无语啊，一场全国人民都看得懂的‘默契球’你不处罚？那么多不公平的判罚你不处罚？振兴中国足球还有多少该做的事你还没做？这个时候你要处罚个发微博的？难道我的微博危及了你的安全？可笑啊！对不起，我们拒不接受所谓处罚！”

20分钟之后，阎志心中的怒火逐渐冷却，他自我反省说:“必须承认，也必须向所有关心湖北武汉足球事业的人和球迷道歉：我们对中超的估计太不充分，准备得也太简单、粗糙，责任在我。我们大部分的球员尽力了。我只想说：请给我们时间，请相信，我们就算暂时失败，但一定会重新回来！因为有你们的信任、理解与支持！因为我们会坚持，绝不放弃！”这段话似乎不足以表达他内心的必胜信念，他又写下一条:“挫折只会让我们更加成熟，暂时的失败、再大的压力都只会让我们更加优秀！因为我们年轻、执着、坚持，我们一定会重振雄风，而且一定会站得更高！因为有你，卓尔不凡！”

然而，8月12日，曾经称赞阎志“跳跃、敏锐、真诚”的《足球》报口诛笔伐，以《武汉卓尔，何以言志？》为题在头版列出七大问题猛烈抨击，矛头直指阎志。

阎志隐而未发，沉默以对。直到8月31日，在卓尔与上海申花的比赛中，在1∶0领先的大好形势下连丢两球，最终被对手以2∶1翻盘。比赛过程中裁判的哨声多次激怒武汉队球员，双方在混乱中耗时101分钟才结束纠葛。当天晚上9点50分，阎志在微博上发出一声叹息:“天，为什么还是这么黑！”

这只是阎志彻底爆发的前奏，两天之后，9月2日夜里23点17分，阎志发布题为“致中国足协1”的微博:“一项比赛存在的根本价值是公平。一个丧失了公平与底线的游戏，输赢有什么意义？在不在这场游戏中又有什么意义？要么你改变，给所有人希望；要么大家放下、放弃。

看看吧，是你因为堕落、庸俗终将被人唾弃，还是因为改变，视公平如生命、视法则为底线，而成为备受信任与拥戴的一项赛事！”

半个多小时后，“致中国足协 2”依然炮火猛烈：“我承认我们还很弱小，就像中国足球面对世界足坛一样，非常稚嫩，甚至受到更多不尽合适的待遇。但我们没有放弃，而且绝不放弃！即使可能降级也会踢好剩下每一场，而且一定会回来。也真心希望你也不要放弃自己，勇于改变，敢于面对所存在的问题，为中国足球，为所有热爱足球的人们改变！”

那两天是阎志进军足球以来最绝望、最心酸的时刻，在漫长的无眠之夜，他心绪难平，继续以不屈不挠、不卑不亢的姿态直抒胸臆。9月3日零点24分，阎志发表“致中国足协 3”：“坚守是一种品质。在中国像我们一样热爱足球，甚至比我们更爱足球的人太多太多。你们应该有更多使命感和责任感，要看到太多问题真实存在着，无法回避！必须直面！强权与逃避解决不了问题。你们应学会坚守底线，向先进足球国家和组织学习，学会用更博大的胸怀听取意见，从而革新、进步！”

凌晨1点39分，阎志以“致中国足协 4”隔空喊话：“官僚、粗糙、庸俗是足球精神的天敌。中国足球承载着太多人的梦想与热爱，你应该学会秉承一颗公心和博大之心，兼容并包，海纳百川，放下‘高贵’的身段，主动跳出所谓的‘圈子’，积极作为，不推卸责任，不断反省自己，用更专业、严谨、公平的精神建立自己的公信。”

9分钟后，1点48分，阎志言辞恳切地发表“致中国足协 5”：“‘不要因为天空是黑暗的，而放弃追求希望之光！’我这番话，绝不是抱怨，我很清楚，抱怨没有任何意义。我只是想在离开前，说几句心里话，不为你，只为我们所热爱的中国足球！因为，有些问题并不会因为我们的离开而被带走。写下这些，只是希望有些事到我们为止；只是希望，你真的好起来！”

纵横商海二十年来，阎志经历无数艰难险阻，委屈、愤怒、伤心、绝望的时刻不计其数，可无论如何，他从未公开痛斥批判政府部门或体制内机构，足球将他的真性情毫无保留地释放了。以前阎志很少用微博，现在他常以此纵情表达，多与足球相关。“致中国足协”系列微博在网络、媒体引起轩然大波，阎志认为这只是善意表达意见，但多少有些不甘心：“卓尔队今年就算降级了，在我看来却是一笔宝贵的财富。只是这笔财富里绝不能也不应该包括对这种不公平环境的默认和屈从。”

结束中超之旅，卓尔跌入中甲，重新回到起点。在球场上屡战屡败，球场外又得罪了中国足协，有些人忧心忡忡，担心卓尔逃不出“湖北足球魔咒”。

着眼长远，长期规划

尽管2011年底卓尔临危“救火”的故事在武汉家喻户晓，但阎志却非常低调，并没有高喊诸如“百年俱乐部”之类的豪言壮语，只是低调承诺：“今年是卓尔涉足足球的第一年，我的想法是会一直做下去。”而且，目标制定也非常务实：“一年夯实基础，两到三年实现冲超。”

其实阎志非常清醒，“当今的中国想靠足球本身创造效益是不太可能的。”他甚至做好了长期亏损的准备：“只要我们将主业做好，只要自己的企业不出问题，拿几千万元甚至上亿元养一支足球队是没问题的。”在一次球迷见面会上，他坦诚相告：“我在接手球队之前就知道会亏损，接手后是正在亏损，冲超后会有更大的亏损。这么说吧！球队成绩越好，卓尔的亏损就越多。但我可以告诉你，我做好了五至十年内俱乐部一直亏损的准备。武汉队已经成为卓尔的责任，卓尔也有能力和义务去做好这件事情，我想市政府也会大力支持，所以请球迷放心，我们会一直做下去。”

阎志在接手之初就考虑过，卓尔足球要逐渐摆脱集团“输血”的境况，像欧洲足球俱乐部一样按现代公司管理制度独立自主经营。但是，他又不希望将足球与商业贴得太紧，而应更在乎其公益、社会责任属性："足球不是一门生意。生意做得好与坏、赚多赚少只需要向自己交代。而接手足球就要对得住那么多热爱足球、支持球队的球迷；足球成绩要配得上武汉这座伟大的城市！"

既然不是生意，那就不能急功近利，只顾眼前利益和声誉。2013年12月5日，卓尔控股联合湖北省教育厅、湖北省体育局、湖北省足球协会、武汉市体育局、武汉市足球协会共同制订"442湖北足球创新发展计划"，在卓尔悦玺酒店召开"442湖北足球创新发展计划"新闻发布会，准备投资5亿元构建"三大体系"，为湖北足球锻造后备力量。

这种良性循环的造血机制仅靠企业的资本投入很难实现，阎志还需要足球大环境的改善和净化。2014年8月23日，在2014亚布力中国企业家论坛夏季高峰会上，阎志就"足球与资本"话题放胆建言：中国足协要去行政化；俱乐部要更市场化、公司化；国有资本不适合投足球。三年冰火炼狱，阎志已经成为中国足球界意见领袖。作为公用物业第一人的阎志没有打开全国知名度，几番措辞激烈的言论却把中国足坛弄得波澜起伏，也让他成为众所瞩目的焦点人物。

将近7个月之后，2015年3月16日，中央全面深化改革领导小组办公室审议通过的《中国足球改革发展总体方案》正式公布，用11个部分、50条、7000余字为中国足球改革和发展指明方向，足协与体育总局脱钩、职业联赛理事会、俱乐部制度、球场建设、校园足球普及、联赛彩票等备受关注的内容都涵盖其中。消息传来，阎志又惊又喜，三年来他大声疾呼的许多建议都得到了回应，"足协与体育总局脱钩"与他在亚布力论坛所呼吁的"中国足球事业要繁荣，中国足协一定要去行政化"不谋而合。

又过了7个月，2015年10月19日，阎志致力于改善足球大环境、立足长远谋略的大手笔——“卓尔杯”全国中学生足球挑战赛在天津举行启动仪式，全国31个省、市、自治区的100所非体育专业中学参赛学生代表参加。阎志坦言：“期盼通过比赛能够涌现出一批未来足球之星。青少年足球是发展中国足球的重要组成部分，只有拥有了强大的青少年足球队伍，中国足球水平才有可能进步和提高。”

2016年1月，新赛季即将打响，阎志在“新赛季新征程”的座谈会上坦露心迹：“一个队伍要有目标，不能自甘平凡。”他告诉球迷：“对于卓尔来说，我们一定是着眼长远！第一年卓尔冲超成功，第二年征战中超，第三年差一点冲超，去年我们跌宕起伏，卓尔一直在这里坚守。对于武汉职业球队、对于卓尔足球俱乐部都要着眼长远，长期规划。首先确保这支球队在武汉，我们要夯实它，然后提高它的战斗力，要求更好的成绩。”他还反思说：“这几年对于我来说也是一个学习的过程，我们俱乐部的经营也要逐渐走向职业化。”

不放弃追光，再次冲超成功

与所有关心中国足球的人一样，阎志终于迎来一个前所未有的春天。但是，与绝大多数人不同的是，他身体力行，日拱一卒，并且始终笃定一个信念：“不要因为天空是黑暗的，而放弃追求希望之光！”

当年卓尔接手武汉职业足球队时，有很多人并不看好，甚至有好事的网友在网上放出豪言：“如果阎老板在2018年元月18日那天，中国职业足球联赛无论哪个级别有武汉卓尔足球俱乐部的身影，俺保证在湖北足球圣地新华路体育场裸奔。”时间一晃而过，很多人或许早已忘记这位网友的“裸奔”誓言，或许只是将其作为茶余饭后的谈资。但它真实见证了卓尔为湖北、武汉足球事业孜孜不倦的努力和付出。

面对投资足球带来的众多非议，阎志并没有过多关注，或者辩驳，因为在他心中，投资足球是为了公信和快乐，他更看重长远的价值和意义。多年来他一直在积极执着地坚持，他相信时间会给出答案。

几年时间，阎志在足球公园及基地建设、青年足球人才培养、足球学院建设等方面进行精心筹划和布局。2017 年 8 月，总投资 50 亿元的卓尔足球公园和卓尔足球俱乐部新训练基地、足球学校项目开工建设，规划有多功能活动区、多功能球场园等，并计划于 2018 年投入使用，为广大球员提供一流的训练环境。

这些年，球迷很少看到阎志出现在球场包厢看台上看球了，他的宾利座驾也很少出现在球场外，但是每一场比赛他都很关心，有时虽然在国外出差，他也会通过手机看现场直播。球队取胜了，他每次都会在微信上发朋友圈庆贺、鼓励。

其实，这些年阎志更关心青训工作的开展，把基层足球建设作为推进足球事业发展的重要战略，十分注重青年足球人才梯队的培养。他为卓尔冠名的“卓尔杯”全国中学生足球挑战赛站台，通过俱乐部大力推行“442 湖北足球创新发展计划”，积极组织校园足球、业余足球比赛，空闲时间还邀请南京丰盛集团董事长季昌群、驴妈妈董事长洪清华等企业家朋友实地参观俱乐部基地，考察青训工作。

卓尔多年来为青训工作倾注的大量心力终于换来了武汉新生代球员的异军突起。“95”“ 97”“99”等年龄梯队涌现出众多高水平球员，在 2017 年中国足协公布的 U22 国家队新一期集训名单中，卓尔俱乐部 6 人上榜，其中入选球员多达 4 人，成为青年国脚输送大户。武汉卓尔也成为中甲联赛 U23 球员出场最多的俱乐部，展现出球队强大的后备人才优势。1995 年梯队球员已成为武汉卓尔队中坚骨干。

2017 年 10 月 22 日，中甲预备队联赛第 29 轮，武汉卓尔客场 4 : 1 战胜大连超越，以 21 胜 3 平 4 负的优异成绩提前两轮获得中甲预备队联赛冠军。这也是武汉历史上首次摘得该项赛事的桂冠。武汉足球“青年军”的强势崛起，站上中甲预备队群雄之巅，不仅为城市赢得了新的荣誉，也表明俱乐部多年倾注心力的青训工作结出硕果，让卓尔乃至湖北武汉足球的未来升腾起令人瞩目的希望之光。

“留住人才，才能大有作为。”足球运动事业是一项长跑，在中国足协要求增加本土年轻球员出场频度的政策背景下，武汉后备人才充裕的优势将更加凸显。广大球迷期盼球队能依托青训人才优势，用好“青年精锐军”，凭借“兵多将广”早日重回中国顶级联赛。而这也是阎志的期望。

2017 年，新的转机，再度萌发。这一年，卓尔再投 5 亿资金，全方位增强球队实力，为重返中超联赛舞台打基础。

2018 赛季，卓尔足球俱乐部引进主赞助商——中国旅游集团 20 强之一的景域国际旅游运营集团，为湖北武汉职业足球发展增添新动力。同时，卓尔再投 5 亿元，让俱乐部管理水平、保障水平、作战成绩再上一个新台阶。俱乐部邀请前国家队队长、国家队助理教练李铁担任球队主教练，同时引进 2017 年“亚冠银靴”拉斐尔等一批优秀内外援。

新的希望，再度点燃。

2018 年 9 月 23 日，秦皇岛奥体中心，卓尔队对阵石家庄永昌队。卓尔足球队上一轮由于红牌停赛的拉斐尔，本场比赛解禁复出。永昌队这是卓尔队的老对手，两年前，正是在双方一场十分关键的对阵中，卓尔队负于对手，与冲超失之交臂，只能眼睁睁看着对方晋级。

比赛进行至 35 分钟，拉斐尔一脚射门，打破场上僵局，帮助卓尔 1：0 领先。下半场比，拉斐尔制造点球机会，并将球罚进。最终，客场作战的卓尔以 2：1 击败对手，收获 4 连胜。

自此，卓尔以一枝独秀的态势，凭着 15 胜 7 平 3 负积 52 分的成绩领跑，领先身后的绿城和深圳队 11 分，冲超近在咫尺，几成定局。

10 月 6 日，注定是一个令人铭记的夜晚。它注定将载入武汉足球队史册。

当晚，中南财经政法大学体育场看台，球迷汇成橙色的海洋。近万名球迷早早来到赛场，高举横幅，预祝湖北武汉足球继 1997 赛季、2004 赛季、2012 赛季后第四度冲超成功。

19 点 30 分，武汉卓尔与梅县铁汉的比赛正式打响。作为保级球队，对手奋力一搏。在两度落后的情况下，武汉卓尔两度扳平，最终以 2∶2 艰难战平对手，赢得关键一分。

比赛结束后，武汉卓尔球员与上万球迷都没有退场，直到 8 分钟后，传来深圳佳兆业客场 1∶2 不敌呼和浩特中优的消息。在联赛仅剩 3 轮的情况下，武汉卓尔以领先冲超对手深圳佳兆业 10 分的优势，提前三轮冲超成功！全场顿时发出雷鸣般的掌声和欢呼声，这一刻来得真真切切，轰轰烈烈！

场外，卓尔成功冲超的消息在湖北武汉球迷的朋友圈刷屏，国内各大媒体纷纷第一时间发布报道。网友“漫海潇湘”动情写道：“由衷感谢阎志的支持。陪伴着武汉足球十几年，去过新华路体育场，去过沌口体育中心，去过中南财大体育场，明年不管武汉卓尔在哪踢中超主场，我一定去支持加油！”

微博停更四年后，阎志发布了一条新的微博——一封题为“因为有你，卓尔不凡”的公开信。信中，冲超成功的喜悦溢于言表：“今天，我们终于成功冲超了！此刻的喜悦和光荣，不仅属于球队，更属于所有热爱卓尔队的球迷，属于所有关心、支持、爱护我们的人们，属于湖北武汉这座伟大的城市！”

他还充满感情地回顾了投身职业足球以来的心路历程：“七年来，人才引进、资金筹措、管理升级、赛事组织、梯队培养……我们克服了诸多困难，渡过了激流险滩，也遭遇了误解，承受了失落，但我们从未放弃对足球、对城市的承诺！”

武汉市文明办一位官员表示，卓尔的辉煌战绩代表着武汉的城市复兴与荣耀，是对武汉城市形象的一次广泛传播，将会提升武汉的城市知名度。《长江日报》评论说，武汉卓尔登上中超舞台，踏上国际赛场，彰显武汉力量以振兴中国足球——这不仅仅是一个球员、一支球队的荣耀，更是一座中国足球之城应有的担当。

在 10 月 6 日经历冲超喜悦之后，武汉卓尔队 10 月 7 日晚间再次收获一份大礼，由于浙江绿城没有在客场击败石家庄永昌，武汉卓尔提前三轮锁定本赛季中甲冠军！这是武汉卓尔队 7 个赛季以来首次获得中甲冠军，也是职业足球历史上，武汉队在时隔 14 年后再次中甲折桂。

时隔五年，卓尔足球队将再一次登上中超赛场。正如阎志在《因为有你》歌词里写得那样："跨越巅峰当作起点，我们从胜利又走向胜利。"

从 2012 年到 2018 年，歌词中激昂的梦想，再度变为令人惊喜的现实。重返中国足球顶级联赛，让阎志欣喜不已，感慨良多。对他来说，再次回到中超的狂喜，不亚于第一家上市公司在香港挂牌时的喜悦。正如他说，足球是圆的，胜负之间难以预料。整整七年，坎坎坷坷，沉浮起落，对足球的执着坚守，其中多少酸涩波折，多少喜悦收获；多少努力无怨无悔，多少付出不为人知！

所幸，所有坚持都很值得！所有的汗水都化为胜利之花！骁勇的卓尔队，重新为武汉这座伟大的城市夺回赫赫威名。在绿茵场上，人们期待着卓尔足球创造更多奇迹！

第十一章

卓尔书店：
在这里，再读书

有两条河流经过这里
一条来自高山，一条来自内心
我是这片领地的守护神
一会儿仰望高山，一会儿检视内心

——阎志《河流》

实现年少时候的梦想

“拒绝广告，谢绝赞助，设立诗界年度最高奖。倡导诗意健康人生，为诗的纯粹而努力！”

在《中国诗歌》杂志封二的中间部分，阎志开宗明义，逐行庄重写下这五条办刊宗旨。2007年，阎志出资创办《中国诗歌》(月刊)，并亲任主编，又邀请刚从湖北省作协退休的著名诗人谢克强任执行主编，著名文学批评家邹建军教授为副主编。诗刊由人民文学出版社出版，16开，160页，定价10元。阎志还与闻一多基金会共同主办中国诗坛最高奖“闻一多诗歌奖”，每年一届，奖金10万元，入选诗人从《中国诗歌》全年12期的“本期头条”诗人中产生。

与许多附庸风雅的企业家不同，阎志先写诗，后经商，用《中国诗歌》编委、诗人杨克的话说，“是诗人阎志成了大企业家，而不是企业家阎志也写诗了”。阎志对诗歌有着深入骨髓的理解与热爱。

真正的诗是诗人情感的宣泄，是孤寂的倾诉、落寞的呻吟。富贵与舒适也许是诗人的大敌。

诗人是在白天寻找星星，在黑夜发现太阳的人。他有着常人已然麻木的感觉系统。诗人往往是些敏感、自卑的人，对自己的失望是因为对人类精神的失望。

现代诗歌的行式是用分行的外表、表达混杂近乎病态的情感。这也许是诗人的聪明之处，但当心聪明反被聪明误。

在最后一期《诗歌月刊》(《中国诗歌》的前身）的刊首语中，阎志写道："读诗、写诗将不再可笑，读诗、写诗也仍将不再伟大到无以复加的境地；诗将恢复她的安静和美好，并将打动更多需要滋润的现代人的心灵。"

后来随着对商业经营和社会责任的认识更深切，阎志对诗歌的看法也悄然变化："作品的意义在于它也许会感动一部分人，这才是最重要的。但也是在这时候，诗就不是纯粹的诗了，而负担起社会的功利作用了。"诗歌背后是阎志的事业态度和人生情怀，他说："诗有三大特征，跳跃的、敏锐的、真诚的。写诗能够让我放松精神，激发灵感。我一共办了四份公开发行的刊物，也给每年中国诗歌评选最高奖提供奖金赞助，我每年都会提供几千万元的奖金助学。我想用各种方式回报社会，也想让大家知道，我阎志从来没有忘记自己是谁，我是个山里长大的孩子，我不是暴发户。"

阎志不仅坚持写诗，而且无论多忙，每个月都会抽两个半天参加《中国诗歌》编前会，每期开头几篇重要稿件他都会逐字逐句审读，如果发现质量不高的诗歌他会坚决拿下，并批评谢克强把关不力。谢克强说："他很认真。作为一个老板，这么忙，每个月必须安排一整天。"有一次，阎志晚上 9 点要坐飞机去深圳，谢克强把编辑部所有人召集齐，6 点多就开始，讨论了两个多小时，抢在 9 点之前奔赴机场。

《中国诗歌》杂志编辑部设在卓尔书店五楼，这里也是阎志最喜欢的办公场所，一杯清茶，万卷书香，远离卓尔大厦内应接不暇的繁忙事务，安静宁谧，真有种“大隐隐于市”的超脱意境。

“这家书店不为赚钱，只为实现年少时候的梦想。”阎志说，“要盈利的话，我根本不会把这一片地装修，只是租出去，一年也有近 2000 万元的收入。但现在即便是亏钱，我们也要做书店，一是基于本人对书店的喜爱，二是卓尔做了很多产品，有商贸、物流、会展中心、港口等，它需要展示精细的一面，展现另一种气质，使卓尔真正有‘卓尔’的感觉——‘卓尔’还算是个书卷气息浓厚的名字。”

轻常人之所重，重常人之所轻。读书是阎志的终身爱好，他的私人藏书有一万多本。即便在罗田县三里畈镇阎家旧宅的黄色瓷砖洋楼内，阎志仍留有一间大书房，红色书柜中挤满各种图书，既有青少年时期的学习资料，也有创办卓尔以后的阅读作品。尽管有些书脊残破，纸张泛黄，内文依然保存完好。

追忆起读书情结，阎志回忆说：“青少年时期基本都在镇上的书店待着，按我那时的想法，恨不得把整个书店买下来。当时书店里图书品种不多，一些书要攒够钱买。高中时，想买《北岛诗选》，等很长时间，还有一阵子特别想要有一套金庸的书。后来到武汉，武胜路书店、交通路的书店，都逛到了，还有满街的小书店，去得都很多。”说起读书习惯，他不假思索：“我应该算那种对读书有偏执的人，现在每天很忙，仍会利用在车上、睡觉前等零碎时间看书。”

谢克强是阎志人生道路的见证者，亦师亦友，他评价道：“阎志已是国内一位声名显赫的青年企业家，他与他的‘汉口北’的成功，在我看来，是诗的激情与想象为他插上了腾飞的翅膀！”谢克强总结诗歌有三性：“人民性，必须与人民的立场一致；独立性，有自己的独立思考，不会依附着旁人；叛逆性，诗要创新，要跟社会的某些传统东西逆着来。没有这三性你就不能成为一名诗人。”他认为阎志身上具备这三大特性，“他具有创新精神，具有独立精神，还有不随大流的叛逆精神。阎志的诗都是独立的。”

谢克强看人很准，在卓尔书店这件事情上，阎志的“人民性、独立性、叛逆性”得以彰显，卓尔书店当时还未开业就在武汉市民中引起了极大反响。

跨界：向诚品学习

卓尔书店是阎志深思熟虑后打造的精品项目，前后长达五年。

2008 年，阎志从武汉文华经济发展有限公司手中买下汉口澳门路、惠济路交叉路口处一栋五层楼。

按照当时的行情，这栋楼每年仅租金收入就可进账 2000 万元，有些政府领导认为卓尔会将其改造成一家快捷酒店，或者另起一栋写字楼，可阎志另有打算。“开书店是我少年时的梦想，”他回忆说，“我在 2008 年买下这个楼时就考虑实现这个愿望，当时有很多租户在，只得等待他们的租期完结后，我才开始做书店项目。”即便这一等就是五年。

开书店是阎志珍藏三十多年的梦想，他其实一天都不愿意等。2009 年，阎志在第一企业社区 35 号楼一层开办卓尔书店，提前在企业社区内部小规模试验一把。书店虽然面积不大，但环境优雅，整洁明亮，采光通透，装潢古朴典雅，富有浪漫主义风格。员工除了可以借阅图书、报刊，还能在“茶艺文化区”放松身心，在商务休闲区接待客户，洽谈业务。《卓尔通讯》报道卓尔书店的定位时说，“增添企业社区的文化品位，开辟创新土壤，提供休闲空间，做员工的心灵加油站。”

2013 年春夏之交，等到最后一位商户租约到期，阎志才着手建造书店，对因商户撤离房屋闲置造成的损失他毫不在意。这一年，卓尔各产业集团在全国攻城略地，阎志却忙里偷闲，每天待在这栋旧房子里亲自设计、规划，里面的每一个细节都经过他的精心打磨。其间，他“征询了上万种意见”，在挑选设计方案上花费了大量心血和精力，甚至还叫停了第一次方案的施工。阎志说：“这里是老厂房改造而来，我希望它保留原来的结构，比如钢结构等，保留老工厂的味道。还有，书店不宜太张扬，要内敛一些，但要有标识性，让人难忘。”

经过几个月装修打造，一栋褐色外墙、黑色玻璃门窗的新楼格外醒目地矗立在长航医院对面。阎志精心布置，事必躬亲，小到沙发、椅子的摆放，书籍的挑选，大到书店整体风格的策划，他都一一过问，事无巨细。

2013 年 11 月 10 日，时值晚秋。“芦苇晚风起，秋江鳞甲生。”总投入超过一亿元的卓尔书店正式开业。两万多市民慕名而来，让开业仪式热闹成一场文化盛宴。阎志把好友、著名作家刘醒龙请来，开讲题为“回到寂寞，回到经典”的人文讲座。刘醒龙幽默地开场道：“昨天是个好日子，广州恒大首夺亚冠冠军。今天更是一个好日子，卓尔书店开张，卓尔不仅支持足球，更支持文化事业！”对于实体书店普遍不景气的现实状况，他乐观表示：“实体书店目前正面临危机，我们不要光看书店是开还是关，而要看一座城市、一个民族是否还在阅读，这就是卓尔书店存在的意义。只要读书人还在，书店就一定在。”最后，他热情洋溢地说：“‘大武汉’以什么为文化名片决定了这座城市的格局、气质。”他赞许道：“多有几家像卓尔这样的书店，以书店为地标、为名片，是好事。”

作为武汉市新的文化地标、名片，卓尔书店的经营模式独特，以“书”为中心，又不仅仅是书。书店有五层，面积共计一万平方米。一层、二层的图书销售区达 4000 平方米，囊括 4 万余种、8 万册左右图书，人文、历史、生活、时尚、经管、少儿、艺术等书籍分门别类，甚至有原版外文书、港版书等很小众的图书。许多与武汉有关的图书让市民更了解、热爱这座城市。但是，书店拒绝教材、教辅类图书。“卓尔精品推荐”“卓尔书店畅销榜”等专柜让人眼前一亮，阎志倡导的“在这里 · 再读书”和“选择一本书，选择一种生活”的理念由此一览无遗。一层大厅还有一处挑高空间，四面墙体全部被书环绕，高耸入云的书架、藏书小阁楼、读者桌椅、楼梯等都以红木色调为主，温馨典雅，颇具欧美风情。

三层是咖啡吧，设有文学讲堂和可容纳200人的小剧场，各种公益性沙龙、论坛都可以在这里免费举办；四层是文化展示空间，书店将常年举办画展、设计展。阎志兴趣盎然地说：“我们的活动会以文化为主，立足本土，对本土文化有所推动，促进全国乃至世界的名家、文化人的交流，还要跨界交融，不仅仅是文学的，还有小话剧演出、电影放映、艺术展示、品茶、饮红酒、喝咖啡等。”

卓尔书店大楼的截面呈U形环绕，中间是独具匠心的小庭院，院落有雕塑、喷泉、流水，旁边是遮阳伞和露天座椅，周围是艺术餐厅、红酒吧、茶庄、画廊和花店。书店主楼和院落共同营造出“阎志烙印”浓郁的文化气质，阎志说：“文化的纵深，只有通过跨界才能形成强大的辐射力。”他按照文化跨界中心的目标大胆创新，力图使卓尔书店成为各种文化观点和知识交流、碰撞的场所：“卓尔书店欢迎文化爱好者、对阅读有偏执追求的人和生活爱好者！”大家可以共同体验“一种美的文化生活的享受”。

这种跨界风格似曾相识，阎志并不讳言将卓尔书店打造成武汉的“诚品”是作为一个爱书人的梦想。在阎志记忆中，只要走进诚品书店就能闻到咖啡香，入眼就是明亮开阔的空间，错落有致的书架。每个人在这里都能找到自己的小天地，一本书，一把椅子，一杯咖啡，一个下午，惬意又舒服。这是与传统书店完全不一样的感受。

在卓尔书店筹备前后，他考察过许多书店，包括本地的文华书城和台湾诚品书店，而诚品书店令他推崇有加，“跨界”“向诚品学习”是他经常挂在嘴边的词句，连设计都是请台湾公司操刀。阎志胸有成竹地说：“卓尔书店不考虑盈利，但这并不意味着它没有市场，没有前景。”

卓尔书店开业那几天，地方媒体奔走相告：《长江商报》连续赞扬“阎志开书店，气质不输‘诚品’”“向文学致敬，卓尔书店昨日开业”；《长江日报》赞誉有加——“卓尔书店开业，‘它的许多功能，网络做不到’”；《楚天金报》则揭秘说“阎志：开书店为圆少时梦想”。与此同时，新华网、人民网、凤凰网、网易、新浪网、和讯网、长江网、汉网等门户网站在文化板块密集报道，“武汉卓尔书店逆势开业，不指望卖书挣钱”“卓尔书店开业三镇‘书虫’热捧”“卓尔书店开业，武汉爱书人又添新聚点”受到网民关注。

阎志对各路媒体的鼓吹不以为意，至少儿时梦想不像记者夸耀的这样宏大、高远，幸福很简单，也很真切。他说，年少时没想到在武汉开书店，也没想到开现在这么大，那时觉得以书店为生就非常幸福。“做生意后，最大的好处，就是书想怎么买，就怎么买。”也许，这就是一个读书人对书最真诚、最直接的告白了吧。

再读书：唤起热情和记忆

阎志想怎么买书肯定不受约束，但要投资一亿元开书店却无法随心所欲。事实上，当他在 2013 年初抛出卓尔书店计划时，一年前投资足球的尴尬情景再次上演。只不过，这次反对声音要小一些，大家都知道他想实现的理想、要干的事情没人拦得住。

可当时实体书店已全面不景气。在武汉，阅马场“书店一条街”繁华不再，水果湖地区书店从 40 家缩减到不足 10 家，江汉路新华书店、中南路外文书店、交通路古籍书店等相继歇业或改造，光谷书城、崇文书城营业面积萎缩，就连拥有50多年历史的武胜路新华书店也闭门谢客。在这些凋零湮灭的书店中，大多数都伴随阎志青春岁月的阅读时光，留存在他的记忆深处。对于爱读书的人来说，这是写满哀伤的画面。

对于互联网时代人们阅读习惯的改变，阎志说："我对阅读的前景不乐观，也不焦虑。电子媒介和移动终端的发展肯定是在大幅度地冲击传统阅读方式和传统出版。但我们不靠这个赚钱，不会焦虑，也自信有人在坚守这种方式。未来的纸质出版物会越来越个性化、精品化，书店发展的空间还是有，总有人需要这样的生活补充。"他打比方说："就像大规模铅印时代开始后，有人说线装书完蛋了，但到现在也没完蛋，旧的文字载体会成为新载体的有益补充。"

为了唤起人们的读书热情，阎志发起"在这里·再读书"的倡导，这句口号在卓尔书店随处可见，阎志说："'在这里'强调存在感，一种自信，希望这里能成为文化交流中心，为来到这里的人提供一个停下来、静下来的空间。'再读书'是唤起人们对读书的新的热情和记忆。在网络风行之前有过读书的热潮，很多人都有读书的习惯，而现在受到网络普及的影响，大家的读书方式也发生了变化，步入了一个快阅读、海量信息的时代。我们希望，大家慢下来，聚焦读书，回归阅读的状态。"

徜徉书海，沐浴书香，每个人都会有种踏实心安的阅读感，书店成为读书人的精神家园，阎志"在这里·再读书"的号召放在任何实体书店都深入人心，甚至有两位外国人被卓尔书店深深打动。美国驻武汉总领事馆总领事李伟明在北京、纽约、东京都生活过，他说站在卓尔书店就感觉回到了那些国际大都市。而且，"全球实体书店的经营受到网络冲击，书店的本质在发生变化，现在更可能是文化的目的地，卓尔书店的许多功能，网络做不到。"法国驻武汉总领事馆总领事马天宁认为，卓尔书店采取一种很国际化的书店经营方式，实际承担了一部分公共图书馆的职能。“未来更多书籍将为电子书取代，年轻人将从电子出版物等多渠道获得信息，只有综合多种文化元素的场所才更吸引年轻人，卓尔书店的模式在中国比较有前瞻性。”

令人欣喜的变化正在悄然发生，当初对卓尔开书店很不理解的一些公司高管，逐渐认同并钦佩阎志的超凡气度，范晓兰说：“像卓尔书店这样的项目，按照阎总这种设想，就算让我去当志愿者、一分钱不要我都愿意站在那个地方。他是个很有梦想的人，做实业都是为了实现这些梦想，支撑这些梦想。不是所有项目他都要有资金回报的。”当她把阎志投资足球和书店两件事联系起来时，语气中透露出明显的饱满情感和崇高信念：“追求经济效益是本能，创造社会效益是责任。中国其实还有一些有梦想的企业家，大家要尊敬他们。这个社会应该努力去培育这样一种价值观。”

2014 年 4 月 22 日，赶在“世界读书日”前，日理万机的国务院总理李克强给北京三联韬奋书店全体员工回信，赞许 24 小时不打烊书店的创意。2014 年 11 月 15 日，在李克强总理给北京三联韬奋书店回信 7 个月之后，卓尔书店挂出“时间不打烊，阅读不停歇”的标牌，宣布 24 小时营业，成为武汉第一家 24 小时不打烊的大型书店。24 小时营业区设在书店一层，面积 800 平方米，图书将近 6 万册，并专门增设桌椅。

当天晚上，卓尔书店推出零点至次日早晨 8 点全场书籍 6.5 折优惠活动，一共有几十位读者挑灯夜读，营业额近 4000 元，与白天营业额相当。不过，书店并未因此增加利润，卓尔书店经理汪素娟盘算，夜间来书店的读者很多，但购书者少，每晚营业额仅 500 元左右，但每月需要多支出 5 万元成本。

一个多月后，12 月 22 日，冬至，卓尔书店宣布免费为环卫工人提供 24 小时热水和临时休憩场所。武汉是一座夏天极热而冬天极冷的城市，夏天高温湿热，冬天天寒地冻。环卫工人、出租车司机等夜间工作者非常辛苦，却常常被忽视，有一家书店可以喝口热水，暖手歇脚，人们就很容易感受到温暖和关怀。卓尔书店夜读灯长明，为这座城市传递温暖，照亮梦想。

自2015年起，卓尔书店已连续举办三届“武汉诗歌节”，每年邀请国内外上百位著名诗人齐聚武汉，延续江城的诗歌源流，打造诗歌重镇，让大家重拾对诗歌文化的热情，感受诗歌的魅力。中国诗坛标志性诗人舒婷、北岛、吉狄马加、杨克、林雪、潘洗尘等先后出席武汉诗歌节。慕名而来的读者常常席地而坐，聆听诗人们内心的告白，诗人也受到明星般的追捧和推崇。同时，武汉诗歌节与香港国际诗歌之夜合作，邀请来自英国、波兰、葡萄牙、俄罗斯等国的著名诗人及评论家齐聚武汉，为武汉诗歌节融入跨文化的深度思考。

书店的开放空间带来更亲切平等的视角，武汉诗歌节的活动全部对读者免费开放，这不仅是诗人的节日，更是诗歌爱好者的盛会。活动就在书店的楼梯间举办，普通读者受到感染，纷纷踊跃登台，拿起话筒大声吟诵，群众成为诗歌节的主角，白发老人主动上台吟诗并称要“潇洒再活二十年”，童稚学子集体朗诵唐宋经典……

武汉诗歌节随性而至、无处不在的诗意，恰如著名诗人、中国作家协会副主席吉狄马加在第二届武汉诗歌节开幕式上所言：“诗歌又回到公共生活空间，诗歌的生命力依然存在。她正在唤醒我们的灵魂。”武汉诗歌节让人们仿佛又回到诗歌的黄金年代。

在阅读碎片化、浮浅化的今天，卓尔书店为武汉点亮了一盏属于阅读者的明灯，而武汉诗歌节又将擦亮“江城亦是诗城”的城市文化名片，为诗意武汉、文化武汉、国际武汉的建设添砖加瓦。

经过多年的积累与沉淀，卓尔书店已成为提升汉口地区阅读文化、艺术氛围、对外展示交流的重要窗口，为武汉建设成为读书之城贡献力量，连年获得“湖北省最受大众喜爱的实体书店”称号。

很多人说，实体书店终将消亡。阎志却用自己的方式，让人们更加亲近阅读，贴近书店。

无心插柳的“卓尔书店现象”

阎志既是诗人，又是企业家，或许是创办人的双重身份的缘故，卓尔书店不仅深受国内外著名诗人的喜爱，也吸引了众多国内著名企业家光临，他们不约而同地将这里作为拜访武汉的首选站点。

2017年5月20日，武汉人的朋友圈突然被一张合照刷屏，照片中有三个人——阿里巴巴董事局主席马云，云峰基金联合创始人、主席虞锋，卓尔控股董事长阎志。合照的背景，正是卓尔书店。除了马云、虞锋，同行的还有新希望集团董事长刘永好、复星科技董事长郭广昌、中国泛海控股集团董事长兼总裁卢志强等10余位企业家。

在此前一个月，作为新晋的武汉首批“招才大使”，陈东升和雷军也曾深夜造访卓尔书店。

此后，到访卓尔书店的知名企业家名单不断加长，多达200余位：中诚信董事长毛振华、融创中国董事会主席孙宏斌、信中利集团董事长汪潮涌、苏宁董事长张劲东、奥康董事长王振滔、高德红外董事长黄立……他们在各自领域均是行业翘楚，管理的资产总额比北京、上海、深圳三地加起来的地区生产总值还多。他们的造访使卓尔书店成为武汉知名企业家出现次数最多的书店，以至不少市民专程前往“求偶遇”。从某种意义上来说，卓尔书店也成为武汉城市营销的重要文化平台。

2018年1月14日，到访卓尔书店的企业家名单上，再添上三位企业家，他们分别是SOHO中国董事长潘石屹、创办国内首家民营互联网服务公司瀛海威的女企业家张树新、正略集团董事长赵民。他们都不是首次来到武汉，却都是首次在卓尔书店分享自己18岁的故事。

2018年2月25日，马云、虞锋、张近东、卢志强、徐航等企业家齐聚武汉，参加由云锋基金牵头的“新民投（筹）”揭牌活动。这个总规模500亿元的武汉新民营经济投资基金（简称“新民投”），阎志也是重要的筹划者和发起者。新民投（筹）总部设在武汉长江新城，并打造“中国新民营经济创新区”，重点开展创新小镇、长江国际医学中心、中国企业创新总部区、武汉科学城等七大项目，结合湖北的资源优势投资新型民营经济实体，培育未来世界级企业。当天晚上，马云带着这个中国最有影响力的企业家群体到访卓尔书店，与阎志共同商谈“新民投”未来发展大计。

8月31日，10余位女企业家夜访卓尔书店。她们来自中国最有影响力的女性商业领袖俱乐部——木兰汇。木兰汇理事长、《中国企业家》杂志社社长何振红，此次带领10多位女企业家造访木兰故里武汉，既有考察之实，亦有“寻根”之意。

当晚，她们在与书店创办人阎志畅谈来武汉投资兴业的同时，也不忘诗歌相和。宾主交流过程中，多位女企业家表达了来武汉投资甚至设立第二总部的愿望，女企业家们还齐声朗诵了阎志的诗作《祖国》。

武汉市委机关报《长江日报》，将知名企业家们的密集造访称为独特的“知名企业家卓尔书店现象”。

近年来，在实体书店集体迎来寒冬的背景下，卓尔书店仍有新店开张，显得与众不同。

卓尔书店（光谷店）位于光谷腹地、政务服务中心一楼正中间，是一个开放式阅读空间。在这间由红木书架隔成的卓尔书店，往来办事的年轻创业者总爱停下脚步，取阅各类经济、法律、人文社科类图书。

2017年12月12日，卓尔书店微信公众号发表了一篇《总理经过卓尔书店（光谷店）》的文章。文章起因于前一天李克强总理途经卓尔书店（光谷店）时的一个暖心挥手。

当天上午 11 时许，卓尔书店（光谷店）内安静阅读的读者突然被一阵热烈的掌声吸引。人群簇拥下，李克强总理微笑着走进了政务大厅！他迈着矫健的步伐，快步经过卓尔书店。在场市民十分兴奋，情不自禁地热烈鼓掌，并齐声高喊："总理好！"在自动扶梯上的总理，听到了大家的问候。他转过身来，向大家挥手致意，满面笑容，眼神中充满了关切。看到红色书架里的读者，总理再一次用力挥手。

2018 年初，卓尔书店在乡间开辟了一家颇具特色的卓尔书店木兰花乡店，作为卓尔书店积极参与贫困地区文化旅游建设的试点和样板，书店内设有"悦乡民宿"，并有本地特色的文创礼品专柜。2018 年 7 月 27 日上午，刚刚履新的湖北省委副书记、武汉市委书记马国强在调研武汉市黄陂区精准扶贫工作时，参观了卓尔书店木兰花乡店，鼓励文化旅游产业积极参与美丽乡村建设。

关于卓尔书店的过往、而今与未来，一切源于阎志的那份初心。多年以来，他心中一直有盏心灯。罗田，三里畈，夜深人静。窗前灯下，书卷气，少年又提笔。经年累月，漫卷诗书，阎志身上逐渐散发出一种力量，一种信念，一种改变命运的勇气和毅力。

卓尔书店的存在，便是这盏心灯的传承，为更多的同行者、后来人点亮他们的心灯，去追寻无尽的时光之河中，生活的意义。也许，这就是卓尔书店所寄，那微小却又伟大的使命。

第十二章

多点支撑，让梦想切实可行

让我们开启每一条道路
让百合盛放、飞鸟翱翔
让所有人都看到这个崭新的春天

——阎志《祝福》

卓尔宇航：成为中国通航产业领军者

阎志的生日是7月1日，巨蟹座，按照星座分析学说，“巨蟹座是浪漫得很实际的梦想家，爱好艺术，当他同时具有艺术天分与商业头脑时，这个梦想家想积蓄更多财富的欲望，将更为显著”。

看来这套奇谈怪论还真说准了阎志的性格特色与行事风格。几乎没有任何征兆，阎志在2013年9月突然宣布要造飞机。

2013年9月的第一天，卓尔控股与黄陂区政府、美国TFH控股公司签署战略合作框架协议，共同在黄陂发展通用航空产业。三方合作项目包括通航飞机制造、零部件生产，还有通航运营、航空培训等。

为促成卓尔与TFH控股在武汉合资生产“格鲁门飞虎”，时任武汉市长唐良智会见了美国塞斯纳公司总工程师徐强以及美国TFH控股董事长兰卡斯特一行。唐良智说，通用航空是武汉制造业转型升级最重要的方向之一，未来三十年中国通用航空业将像过去三十年的汽车业一样，走出快速发展的曲线，“谁能率先进入这个市场，谁就能占领先机。武汉拥有明显的区位优势和人才优势，一直立志于在通用航空和大飞机领域有所作为。眼下，产业趋势日益明朗，相信第一架‘武汉造’飞机将很快出产”。唐良智最后表态：“将尽全力在产业、人才、税收、研发等政策上为通用航空业的壮大提供服务。”

9月是收获的季节，颗粒归仓，游子归来。就在2013年的9月，徐强正式加盟卓尔出任卓尔航空副总裁。徐强出生于湖北当阳，早年就读于北京航空航天大学，1991年赴英国伯明翰大学攻读材料科学与工程专业博士学位，此后在加拿大学习、工作五年，2000年进入全球最大的通用航空飞机专业生产企业——美国塞斯纳飞机公司工作，12次获得杰出贡献奖。作为公司最高技术代表和技术权威之一，他参与研发的多个重大项目为公司带来了巨大的经济效益。徐强儒雅谦和，才思敏捷，谈起航空工业和飞机制造滔滔不绝，对全球航空技术创新和行业格局了如指掌。因为在海外奋斗二十二年，徐强在谈话中说到有些专业词汇时用英文比中文表达更熟练准确，不过他内心有着浓厚的家国情怀，对于中国航空工业满怀期待。现在，卓尔航空是他为理想插上翅膀的广阔平台。

2013年10月23日，武汉卓尔航空投资有限公司注册成立。几天之后，基地选址确定：卓尔航空总部选址于盘龙城航空总部基地地块范围内，用地约150亩；飞机零部件制造基地选址于临空产业园，用地约1500亩；整机制造及配套的航空俱乐部、航空学院、维修中心、飞行展示中心等核心园区，选址于六指北湖地区，用地规模约为15 000亩。按照计划，卓尔航空将用三至五年时间打造一个大型通用航空产业基地。

航空产业不仅需要长期技术积累与大量资金投入，更考验耐心与坚持。2015年10月9日，卓尔通用航空产业园举行开工仪式。此后一年多一度陷入沉寂。进入2017年，卓尔航空的发展进度明显提速，步伐不断加快。5月，卓尔收购欧洲最大的轻型飞机制造商之一——捷克领航者公司，由此拥有领先的轻型飞机研发与总装能力，首批总装飞机最快将在2017年下半年下线并试飞。阎志说："目前国内私人飞机仅2000架左右，而美国已经有20万架，市场发展空间巨大。卓尔将围绕通航制造，结合现有产业形成通航旅游、通航物流、通航培训等全产业链，将卓尔航空打造成中国通航产业领军者之一。"

2017年11月2日下午，首架"武汉造"卓尔领航者600轻型飞机在卓尔航空工业园下线，这架飞机体态轻盈俊逸，白色机身上点缀着一点绿色，像一只白鹤，漂亮地完成了首秀。时任武汉市委书记陈一新、时任武汉市长万勇共同出席活动。

在当天的飞机下线仪式上，阎志首次公开讲述卓尔进军航空工业的雄心壮志：卓尔将建立轻型飞机的整机制造体系，推出多种型号的轻型飞机，以及工业级无人机和飞行模拟器。他还透露，多款4座、6座、8座及混合动力飞机、直升机正在研发中，其中一款新能源飞机即将首飞。"我们还要以此为起点，形成集飞机研发、制造、培训、飞行俱乐部等协同发展的通用航空产业集群，形成完整的通用航空产业链，让航空文化在中国蔚然兴起，让更多人体验飞翔的乐趣。"

也是在这一天，他正式给卓尔航空团队定下一个目标：建设通用航空综合产业集群和全产业链生态，致力于打造世界领先、中国最大的轻型飞机研发和制造基地，成为中国通航产业领航者！

两天之后，新下线的领航者飞机出现在首届世界飞行者大会上，成功飞上蓝天，完成了首飞。此后，阎志开始把注意力放在飞机后续生产的制度建设方面，他对公司业务合法合规性的重视一如既往。11月10日，中国、捷克两国在北京签订《轻型飞机生产许可双边协定》。作为捷克航空产业的重要合作伙伴，卓尔航空工业积极推动了协定的达成。这项协议意味着"一带一路"倡议框架下中、捷两国在通用航空领域的合作进一步拓展深化；对卓尔而言，此举标志着拥有自主知识产权的卓尔领航者飞机的完整生产制造链条可以正式落地武汉。至此，卓尔飞机扫清了法律法规上的所有障碍。此后，卓尔航空工业武汉基地步入生产加工飞机的正轨。

阎志坦承，航空是自己近年来倾注心力最多的板块之一，也是最寄予厚望的领域。因为他越来越清晰地认识到，卓尔航空工业承载着卓尔布局高端制造业的理想，承载着卓尔通过航空工业进入通用航空产业、实现转型升级的战略部署。他清楚人才对这个领域的重要意义，飞机下线前后就宣布新的人事任命：徐强担任副总裁兼总工程师、研发中心主任，要求徐强带领团队举全公司之力建好研发中心。他相信，只有拥有足够的人才和充实的基础技术，才能保障飞机的安全起飞和通用航空业的持续发展。

这些规划已经在阎志脑海中酝酿多年，并逐渐明晰，卓尔航空与汉口北、港口、文旅、棉业等产业一样，未来将成为卓尔问鼎世界级企业的重要支柱。

好消息陆续传来。2018 年 2 月，卓尔航空工业集团与新空航空科技（上海）有限公司在汉签订首批 100 架卓尔领航者 600 飞机购买协议，订单价值 1.98 亿元。飞机接下来陆续交付，用于观光旅游和飞行培训等。

政策方面，民航局管理部门陆续明确私人飞行有关问题，低空飞机服务保障体系建设提速，私人飞机进入普通消费市场渐行渐近。而卓尔航空加速了通航机场的布局，在宜昌、红安、恩施等地抓紧布设飞行网络，一个值得期待、激动人心的产业风口正在缓缓开启。

2018 年 8 月，阎志宣布将卓尔航空更名“卓尔宇航”。同事中有人不解：“宇航”特指大气层之外的飞行，老板还真要“放卫星”了？也有人激动地表示，“我看到了九天揽月”。这次更名，是阎志认真思考了半年的结果，隐藏着他在航空制造业的无限梦想。

更名之后，卓尔航空事业版图很快有了新扩展。9 月 3 日，卓尔宇航集团完成对德国挑战者特技飞机公司的全资收购。这是继并购欧洲最大轻型飞机制造商之一——捷克领航者飞机公司后，卓尔再次拓展全球化飞机制造产业布局。这意味着，全球领先特技飞机有望实现“武汉造”。

挑战者特技飞机公司位于德国马格德堡州，是世界上最先进的特技飞机研发制造企业之一。它主打的无限制级特技飞机已取得欧洲航空安全局、美国联邦航空管理局和中国民用航空局的型号合格证。挑战者特技飞机在国内外早已声名远播，屡次在世界特技飞行大赛中斩获荣誉。就在此次收购的 3 个月前，它刚刚揽下法国高级特技飞行锦标赛冠军。

对于这次收购，阎志没有太多犹豫。在他看来，这不只是一次对某家公司的收购，而是一个切入全球特技飞机市场的重要机会，未来卓尔有可能为飞行爱好者提供特技飞行基础训练，举办飞行竞赛，甚至普及特技飞行运动，为人们带来极致的飞行体验。

收购消息一传出，外界就传出看好的声音。有业内人士分析，这次收购是对卓尔现有通用航空，尤其是飞行器整机制造产业链的丰富和有力补充，将有助于其技术团队进一步提升自主研发能力。

这一年的中秋节前夕，挑战者飞机终于在湖北大放异彩，让人们近距离感受到了它的速度与激情。9 月 21 日，荆门漳河机场，2018“爱飞客”飞行大会举办。挑战者飞机划破长空，大坡度盘旋，半斤斗翻转，跃升盘旋，引起现场阵阵欢呼。

在飞行大会的飞行器静态展示区，卓尔领航者 600 以其轻逸的外形与仅相当于一辆豪车的价格，引来不少现场观众的驻足观摩。

这是卓尔挑战者飞机与领航者飞机的首度“相遇”，它们的首次联袂亮相，成为此次飞行大会的一大亮点，也让人们记住了卓尔宇航的风采。

满载凌云之志，挑战着未来的高度，卓尔宇航让人们充满期待。

转型投资，做中国领先的专业投资机构

2015 年 11 月 20 日，如烟细雨在秋风中纷飞。武汉盘龙城的街头行人稀少，可卓尔大讲堂门口却不断有人涌入。

上午 10 点，在二楼会议室里，阎志健步走上讲台。在卓尔内部，每个人都知道阎志非常威严，不苟言笑，可是吴奇凌博士等“空降”高管亮相时他却和颜悦色，带头鼓掌欢迎。阎志不仅将他们视为左膀右臂，而且将他们定义为合伙人。同样，从全国各地赶回来开会的卓尔高管都是阎志的合伙人，他身后高高悬挂的“卓尔企业首次合伙人大会”条幅直接彰显会议主题。

“这是各种大会中人数最少的一次，比集训大会、工作总结、半年调度会人少，甚至比财务大会人还少，”阎志对六七十位参会者说，“你们是精英中的精英，都经过精挑细选。”

说完这些，他将企业十九年的发展历程总结为“聚变中的卓尔”：“聚变是一个物理概念，也是一个能量概念，要聚集足够的能量。过去发展脉络不很清晰，不断创新，不断调整，在座的高管不一定都了解。这么多年公司仍然是以劳动密集、资金密集为主的传统方式，地产、港口、专业市场、纺织都‘很重’。”随后他提高了嗓门：“现在要做战略和制度的转型。”

台下的人都竖起耳朵，人们很熟悉阎志提醒听众集中注意力的方式。他分析起外部结构的根本性变化：“第一是‘新常态’，消费、投资不足，资本吃紧，基本面下行。第二是互联网改变生意结构、逻辑，甚至生活。任何一门生意忽略互联网是找死。”这些变化要求卓尔必须改革，进行制度创新，“制度设计要考虑每个人对美好生活的追求”。他甚至用“卓尔

重生”这样的字眼来体现这次变革的意义，而成功的标准只有两条：“一是互联网转型成功；二是转型投资型企业。”

从2014年开始，卓尔以电商为突破口艰难转型，阎志将大量资本、空间、精力、人才投入线上业务。两年来公司内外各种声音此起彼伏，互联网对传统产业的颠覆、冲击令所有人都焦虑、紧张，阎志始终坚持卓尔互联网化转型，毫不动摇。一些可喜的变化陆续显现，路线图日渐清晰。

与此同时，阎志比以往任何时候都重视资本对企业发展的推动力。自2010年卓尔发展登陆香港资本市场以来，五年进退浮沉，它的资本运作已娴熟自如，纵横捭阖，投资频率加快，手笔更大。阎志希望通过转变为投资型企业，把卓尔打造成中国领先的专业投资机构。

在阎志的投资版图中，卓尔传媒被放在重要位置，这既源于他多年的传媒情结，更在于他对传媒产业的深远洞察。卓尔传媒作为投资公司独立成长：几天之前，卓尔云传媒平台已经在新三板市场挂牌，脱胎于《投资时报》的标准排名、标点财经快速成长。阎志说：“要用互联网打法做内容，做产品，琢磨得更有价值。”

阎志几年前就开始投资布局卓尔的未来，卓尔航空被寄予厚望。“对于航空我只有两个字——‘支持’，全力以赴，高标准。从它出生起我们就把它当作皇族接班人培养。”在形象比喻之后，他说出了内心向往，“通过收购、整合全球资源，比如欧洲、美国的企业资源，卓尔航空要发展成为中国最大的先进航空材料制造商，世界领先的通用航空飞行器制造商、运营商”。

众邦金控是阎志进行资本运作的重要平台，他说：“众邦资本，要围绕企业内生动力，做‘生态’；众邦银行要创新，做供应链。另外还要做保险、证券、基金，做到上千亿、万亿交易量。”他看看台下，提醒大家要“抬头看”。

通过资本运作，阎志希望卓尔转变为投资型企业，卓尔创投将成为中国领先的专业投资机构。他已经将卓尔大厦的五层楼全部腾退，以卓尔物业为基础打造孵化基地“卓尔星空”，采取VC（风险投资）与物业结合的方式帮助创业者。他说：“投资要多帮、少管，要专业，帮助大家成功。”卓尔创投已经投资了1药网、界面、美国最先进的质子机项目、约瑟投资等国内知名企业和项目，他自称对现在“投资的状态很满意”。

事实上，这些骨干精英对于阎志讲话的内容并不陌生，在以往的管理集训大会、年会等各会议上，以及《卓尔参考》内刊中，几乎所有人都能够感受到阎志对互联网与投资的重视，并且对未来的公司战略、产业格局、转型方向烂熟于心。可这一回阎志却将老调弹出新意，因为卓尔的投资布局将与会场在座的每一位休戚相关，无论是财富受益还是事业前途，都将直接产生强关联。

几十年来，中国企业界的传统观念是组织大于个人，然而进入互联网时代，组织必须尊重个人，个人可以成就组织。卓尔的互联网化转型已进入深水区，无论组织特点、战略布局还是管理风格都在向互联网公司靠近，从职业经理人到事业合伙人的转型势在必行。阎志说：“每个人都想创业，想改变自己，在创业初期可能是求生存、求发展，但到现阶段，大家都在追求美好未来，我们要尊重人性。”

2011年7月，卓尔首次为优秀管理者安排期权，这些优秀管理者已在2015年12月20日正式行权，会场前排就座的许多人成了千万富翁、百万富翁。阎志发出豪言壮语：“今后要加大期权力度，实现期权全覆盖，所有上市公司安排期权，定期安排期权，期权范围扩大至高管、骨干员工、优秀员工激励股权。”他继续承诺道：“要引入股权、项目合作、产权概念，鼓励内部创业。推荐、负责的投资项目，负责人、联系人、推荐人必须跟投入股，比例越大越好。各公司股改时，进行一次内部配售，实现管理骨干持股。”他总结道：“优秀的一定是股东，杰出的一定是合伙人。”

显然，阎志希望打造一套激发员工潜能、强调利益共享的管理制度，卓尔旗下公司的管理者、核心骨干必须跟随公司一起投资项目，其他员工可自愿参与，项目经营成果与员工受益直接挂钩，如果造成损失也要承担相应责任。“共创、共担、共享”的机制更符合互联网时代的管理潮流。

在重申卓尔的两张船票——互联网成功与转型投资型企业之后，阎志深情地表达了对台下众人的期许：“希望大家积极、执着、坚韧，成为把自己的事业与卓尔的事业融为一体的合伙人！”

阎志振奋人心的讲话结束之后，台下掌声四起，人们喜笑颜开地走出会场，一边盘算着手头的股权价值，一边规划未来的事业版图。这些好消息很快就会在整个公司传开，不仅参会者高兴，那些还没有得到期权的年轻人也激动兴奋，能够参与这样的宏伟事业，他们清晰地感觉到大有可为的好时机已经到来。

两年多以后，2018 年 9 月 4 日，更名为卓尔智联的香港上市公司发出公告，启动上市以来第二单认股权授予方案，向公司所有管理层及业务骨干授出 5000 万份认股权。这项期权激励计划正是卓尔企业“合伙人计划”的一部分，使公司管理层及骨干员工前途与公司发展紧密相连，让更多人分享公司发展成果，将有望再度催生一批新的百万、千万富翁。

早在 2014 年，阎志已经清醒地认识到，个人能力、组织能力都是有限的，有限能力做不到无限的事情，多元化的卓尔要进一步壮大，必须从日常经营管理中摆脱出来，真正转为投资控股型机构。经过前期系列变革调整，整个卓尔企业的产业板块逐渐明晰，阎志将它划分为大智联、大文旅、大投资三大板块。卓尔控股的角色正式确立为“投资孵化平台”，负责孵化、辅导中小型产业板块逐个上轨道、上规模。中国通商集团、卓尔宇航、云传媒、长江青年城等明星企业及项目，各自锚定百亿级目标，正在“大投资”板块下成长孕育。

为大学之城“造梦”

卓尔诞生并赖以成长发展的城市——武汉，是拥有最多在校大学生的城市之一，是名副其实的“大学之城”。

2017年3月，武汉全面启动一项名为“招才引智”的行动，先后实施“百万大学生留汉创业就业计划”“百万校友资智回汉工程”，一时在全国引起广泛关注。

4月，作为扎根武汉的知名企业家，阎志与雷军、陈东升等人受聘为武汉市首批“招才顾问”。在接受媒体采访时，他坦承：“作为本土的创业者，我一定倍加珍惜这个平台，服务好、对接好这个平台。”

阎志在受聘发言中讲道：“在这朝气蓬勃的春天，我仿佛听到了城市拔节生长的声音。”

这声音起源于武汉在全国甚至世界的鼓与呼，亦在武汉校友企业家的聚力推动下不断生长。

阎志作为一位连接者，在其中扮演了重要角色。他促成了两座因青年而生的新城的从无至有。

一座卓尔青年汇已经落成，一座长江青年城正在繁忙建设中。

卓尔青年汇诞生在武汉颁布“百万大学生留汉”政策不到两周之时，由卓尔和黄陂区共同建设。

如果更严格地追溯，青年汇缘起于2014年。彼时，正值汉口北电商市场兴起，武汉大学生电商就业实训基地在汉口北挂牌开放。

因有电商创业的环境氛围，与优越的配套、补贴、培训福利，大学生们往来不断。次年，汉口北大学生电商创业基地被认定为“湖北省青年创业孵化器”。2016年4月，卓尔青年汇的前身——Z时空正式对外运营，Z时空创业咖啡馆开业，以创业团队为中心，为创业团队提供专业、务实、高效的产业链孵化服务。9月，卓尔联手李开复共建创新工场孵化器发起产业基金，共同运营武汉孵化器——“Z时空·创新工场”。

到当年年底，Z时空已获得省、市“众创空间”认定，入驻入孵优质项目达52家，注册企业35家，孵化项目涉及电子商务、线上教育、新媒体运营、互联网农业、人脸识别、无人机等众多领域，极力为湖北武汉激活本土创业因子。

正是有了这三年的扎实探索，阎志才有底气在极短时间内做出决定开建卓尔青年汇，并迅速推进。在阎志心中，作为Z时空第二期的卓尔青年汇不是简单为年轻创业者盖房子，而是为有梦青年“造梦”。

在阎志的直接指挥下，公司成立“青年突击队”，在黄陂区相关部门的支持下，打造了一个漂亮、精致、配套完备的青年创业社区。这里生态优美，环境幽雅，创业区按海洋风、足球风等不同主题布置，气氛热烈浓郁。大学生在这里不仅能享有食堂、卓尔书店、咖啡馆、健身房、洗衣房等，还能在这里找人、找钱、找圈子、找投资。被阎志的创想所感染，李开复、于刚、卫哲等一批全国知名的创投及行业领军人物挑梁明星创业导师，为大学生创业者答疑解惑。

2017年9月6日，一场武汉版的“赢在中国”创业路演在卓尔青年汇精彩上演，10位创客激情演绎，将奇思妙想变为创业实践的商业计划。阎志领衔高管团队评选出6个优胜项目，为它们提供了100万~500万元的天使投资。

经过不断打磨，卓尔青年汇逐渐形成“青年公寓+创客空间+天使投资”的联动发展模式，成为武汉率先尝试“生活、创业、资本”三位一体的青年空间。

一年后，卓尔青年汇建筑面积已经达到30 000平方米，精装青年公寓楼6栋，232套房间，单套面积70余平方米，已有830名大学生入住公寓。在这片“梦想工厂”，智能机器人、人机交互式钢琴、磁悬浮音响、智能碾米售米机等新技术产品在年轻创业者手中不断被创造出来。

2017 年 9 月 21 日上午，卓尔青年汇迎来了一位特殊的访客，他是时任湖北省委副书记、武汉市委书记陈一新。他走进大学毕业生“创富公寓”，与租住在此的大学生创业者们交谈，详细询问公寓的房租、物业等情况。来创业的大学毕业生申请公寓房后，即可“拎包入住”，陈一新听后十分高兴，勉励大学生们要扎根武汉，当好创业先锋。

在创业街区内，陈一新边走边问，与创业者们亲切交谈。看到园区孵化的共享打印、电商直播等项目，他不住“点赞”，勉励创业者们尽早把企业培育成为“独角兽”。

大约一个月前，陈一新书记在“第二批武汉百万校友资智回汉——武汉大学专场”上首次透露，武汉将鼓励企业探索用互联网思维开发人才住宅，争取让大学生以低于市场价 20% 的价格买到房子。正是在这次调研中，陈一新正式提出启动建设“长江青年城”的规划。

自此，一个安放美好青春、关于寄托着城市未来发展的温暖梦想，迅速落地生花。同为武汉市招才大使的阎志和雷军，携手响应这个梦想，共同开发首个长江青年城。

“智慧担当”雷军表示，将为项目注入更多高科技、智能化、互联网元素。阎志说，他与雷军有一个共识，要将长江青年城社会化、品牌化，作为双方重要的理想载体。

在开工前夕，雷军专程发来祝贺视频表示：“长江青年城是一个史无前例的创举，意义非常重大，希望能够更早完工，造福更多留汉大学生。”

2017 年 12 月 19 日，由卓尔控股和小米科技共同建设的长江青年城正式开工。从提出到规划到真正开工，仅仅用了 3 个月！

陈一新和时任武汉市长万勇等市领导均出席了开工仪式。这样的

“高规格”，体现了武汉对人才的渴望，对全国首个大学生居住创业社区的期待。阎志激情澎湃地说：“长江青年城要为青年人搭建人生出彩的舞台，我们将努力呵护每一个青春梦想绽放光芒，祝愿城市的青春之光永远灿烂闪亮！”

卓尔倾力投资、规划、建设，小米及其生态企业带来高科技、智能化、互联网元素，一个浸染着互联网精神的科技住宅和生活创业空间正在长成。占地1000亩的长江青年城，将分为青年公寓、人才居住社区、众创空间等形态，配套智能设施满足大学生工作、学习、社交、创业等复合需求，入住大学生约5万人。让外界称道的是，项目将全部纳入武汉市大学毕业生保障性住房管理体系，面向大学毕业生群体以低于市场价20%的价格出售和出租。

2018年7月19日，酷暑骄阳之下，刚刚在香港敲钟上市的雷军出现在武汉，坐标正是长江青年城。虽现场热浪袭人，一路挥汗如雨，但雷军依然面带笑容，深入施工现场，细致查看施工品质与建设进度，对项目建成充满期待，对未来客户——大学生们的关切溢于言表。

阎志曾透露出，他与雷军有更大的盘算，未来他们将深化合作，在武汉及全国大学生聚集城市建设更多青年城，以呵护更多青春梦想。

一个企业与一座城市共同生长，才能相得益彰。卓尔之于武汉，将有更多融合与共振。

通江达海，塑造港口物流体系

从长江之畔到汉江之滨，阎志用七年时间讲述了一个“通江达海”的中国企业故事。

2018年8月，中国基建港口（股票代码：01719.HK）股份简称将变更为“中国通商集团”。这是卓尔航运板块这一年的第二次重大调整——7个月前，它刚刚登陆香港联交所主板上市。

主板上市，经历了三度闯关。有媒体不解，为何如此执着转板？因为，从接盘中国基建港口起，阎志就一直将卓尔通商版图看得很长远。

六年间，中国基建港口新建、收购了4个新码头和多个物流园区，从阳逻港一期开始，阳逻港重件码头、汉南港、汉江新港一一繁忙起来。2017年前三季度，阳逻港总吞吐量达到37.37万标箱，是2006年中转量的3倍！

上市后的更名背后，显现出阎志对通商、物流、贸易、基建的更大野心。围绕长江经济带，他希望有更大的作为。更名确立了公司"现代物流与基础设施综合服务商"的新定位。卓尔对外透露，中国通商集团将立足中国、面向全球市场，围绕大通商、大物流、大贸易、大基建的发展格局，聚焦通商港务、通商建设、通商资源、通商贸易、通商投资五大版块，深耕港口物流、基础设施建设，涉足绿色矿产资源、临港加工贸易，提供国际贸易服务，打造中国最大的内河港口物流体系和国内领先的开放型贸易服务体系。

2018年4月26日，中共中央总书记、国家主席、中央军委主席习近平在武汉主持召开深入推动长江经济带发展座谈会。他强调，必须从中华民族长远利益考虑，把修复长江生态环境摆在压倒性位置，共抓大保护、不搞大开发，努力把长江经济带建设成为生态更优美、交通更顺畅、经济更协调、市场更统一、机制更科学的黄金经济带，探索出一条生态优先、绿色发展新路子。

两个月后，湖北省港航管理局与中国基建港口有限公司在武汉签署战略合作协议，将在湖北省绿色港口、生态航道、清洁动力船舶等方面展开全面战略合作，并先期联合成立武汉通商绿动科技有限公司，启动"绿色汉江、气化汉江"项目。

一条绿色生态航运产业链，将跃然汉江之上。到2022年4月前，

200 艘新型 LNG 动力船（3000~5000 吨级散、集两用船舶）将完成对老旧柴油动力船舶的整体置换。

这些新型 LNG 动力船运载量将比汉江主力船舶大一倍多，并将填补汉江无集装箱专业船的空白，真正缓解汉江水运供不应求的压力。

同年 7 月 15 日，一个更重要的革新之举在阳逻港发生。当天，武汉市阳逻港一、二、三期签约开启统一运营，标志着阳逻港由此迎来“一城一港一主体”新时代。

港发集团、新港投集团和中基通用港口公司三方现场签署《合资经营合同》，港发集团、卓尔控股有限公司共同签署备忘录。根据协议，两集团将联合成立一家公司，负责对阳逻港一、二、三期进行统一开拓市场、统一商务定价、统一调度指挥、统一结算管理。

武汉市委副书记、市长周先旺在现场致辞中直言，武汉步入新一轮上升周期，加快建设阳逻国际港其时已至、其势已成。推进阳逻港区统一运营和多主体整合，有助于加快建设阳逻国际港和长江中游航运中心，以武汉的高质量发展推动长江经济带发展。周先旺特别肯定并感谢卓尔作为民营企业的大力配合，并表示统一运营公司将被打造成武汉国企与民企合作的典范、创新发展混合所有制经济的典范。

阎志将此视为一个新开始。他表示，中国通商集团将在“一城一港一主体”运营的总体规划中找准新定位，标定新坐标，遵循新的运营模式，并相信资源整合大局一定会创造多赢局面，支持武汉稳居长江经济带重要节点、世界内河航运第一方阵。

江河之上，卓尔还会讲述什么故事？中国通商集团的未来，静待时间来描绘。

第十三章

大文旅：

智造美好生活

容纳我们的土地、雨水、青草
在又一轮疯长
我们的信息在每一滴绿色之中
也在每一轮枯谢之中
稍纵即逝的仍在舞台上流连

——阎志《容纳》

卓尔小镇，开启乡村新生活

美国阿肯色州一个名为本顿维尔的小镇，2.5 万的人口数甚至不如中国大城市中的一个小区，却逐渐发展成为一个大都会城市，原因在于沃尔玛总部的迁移入驻。

比阿肯色州更居内陆的内布拉斯加州，也有一座名为奥马哈小镇的明星小镇。它是全球投资人心目中的圣地，每年都有来自全球的金融人士慕名而来。只因这是股神巴菲特的故乡和居住之地。

从寻常村庄到明星小镇，这是近年来中国非常时兴的新鲜探索。对于卓尔，对于阎志，这却早已不是新鲜命题。

时间拨回 2013 年。年初，阎志突然找到卓尔控股副总裁范晓兰："我们去孝感吧！"

范晓兰疑惑不解："去孝感干什么？"

阎志笑容满面："你不是想做小镇吗？我们去孝感谈。"

谈判过程非常顺利，阎志在孝感市孝南区杨店镇拿到 32 000 亩地，计划投资 50 亿元打造孝感卓尔 · 桃花驿小镇，当地媒体高调报道说，“以乡镇农业资源、农业生产和加工为平台，发展现代农业和旅游业”，“将杨店打造成集生态、文化、旅游于一体的现代文明小镇、旅游宜居小镇、银色文化小镇、绿色生态小镇、幸福和谐小镇”。

2013 年 7 月签约之后，阎志就把整个项目全权交给范晓兰运营。这可让范晓兰犯了难：桃花驿小镇是一个全新项目，毫无经验可循，甚至连具体做成什么样子都不清楚。范晓兰行事谨慎，作风务实，没有想清楚的事情绝不贸然行动，更何况是涉及 50 亿元的重大项目。

直到后来，阎志的“先开枪，后瞄准”理念终于打动了她。范晓兰刚开始不以为意，直到她在内蒙古听说了一个关于成吉思汗的故事。成吉思汗的队伍擅长骑射，但是，蒙古骑兵中指挥官却不用放箭。两军对垒时，指挥官只需要向敌群射出一支鸣笛。鸣笛无须瞄准，也不会射死人。但鸣笛会呜呜作响，将士们听到响声，只需朝鸣笛的方向万箭齐发即可。听到这个故事之后，范晓兰顿悟：“别人都说‘先开枪，后瞄准’是错的，我认为不对。管战略思维的人，要想到瞄准的话，枪就永远发不出来。”正是这样的理解，让这位处女座的空降兵融入卓尔文化。经过几次激烈碰撞，卓尔的田园小镇——桃花驿在 2014 年下半年加速推进。

范晓兰、曾宇、王璇、迟腾等人组建的项目部，在这个远郊小镇待了整整两年，摘取了首期占地 200 多亩的地块，并完成了立项审批、环评、土地证、规划、施工等全部手续，流转了万亩土地进行农业开发。一场盛大热烈的桃花节，在灿若云霞的十里桃林举办，令孝感万人空巷。

因集团构架调整，几位创始人暂时离开，但他们已经铺好了秀美长卷的雪白画布。而到 2016 年，毕业于武汉大学的李子琦带领一群年轻人怀抱着投身林泉、复兴乡村的梦想，驻扎到了这里，继而开启了精心的描绘过程，让桃花驿织就一片人人称赞的锦绣田园。

两年间，破旧的农房变成了精致的别墅，繁杂的树林变成了碧草如茵的草地、普通的水洼也变成了天光云影的池塘，荒芜的农田也被有机无污染农地取代。工作人员在这里试着开辟了一小块菜园，阎志成了这里有机蔬菜的最早尝鲜者。

2017 年以来，随着以石料和原木为主材搭建的多栋庄园别墅相继投入使用，桃花驿正式开门迎客。“屋舍俨然、芳草鲜美、落英缤纷”，梦幻中桃花源一般的田园景致从设计蓝图上走进田野，真实地呈现于“久在樊笼里”、渴望回归田园的人们面前。

每个曾到达此地的人，都会不吝惜对它的赞美。夏天的池塘边，大片的向日葵迎日绽放，大片的玉米地随风招展，没有人不被这热烈的田园景观震撼，四季画面变幻无常，但都像画家刻意追求的目的地，呈现着城市无法企及的美景。返璞归真的陈设与环境浑然一体、恰到好处，细致周到的服务营造出高品质的生活，这又是在普通农村难以寻觅的。

优美的环境是只精致的容器，这里还盛装着一场场乡村文化沙龙活动，行业大咖、艺术大师、文化学者们频频在这里碰撞交流。保时捷、宝马等高端汽车品牌商们闻讯而来，在这里举办赏车会，他们认为桃花驿崇尚自然、追求精致的风格符合其品牌调性。关于桃花主题的新颖文创产品层出不穷，一批优秀的农文旅品牌企业入驻共建活动基地，一个充满活力的生态自成功建立后，人们往往想不到它会诞生什么新奇的主意。

桃花驿小镇，湖北最美、最大的田园综合体，这样的名声不胫而走。一些人认为，它已大体呈现出乡村振兴样本的成功模样。阎志常常听到人们对它的表扬，甚至其他行业的竞争对手也不吝夸奖。

2018 年 9 月 20 日，泰康保险集团创始人、董事长兼首席执行官陈东升，率北京湖北企业商会考察团近 30 名湖北籍的企业家到访桃花驿。踏入已投入运营的十里桃林景区和悦驿田园度假区后，企业家们被桃花驿清新浪漫的田园场景、简约质朴的建筑风格吸引住了。人在画中，移步换景，连见多识广的陈东升也忍不住盛赞桃花驿，称这里“天人合一，是现实版的桃花源”。

度假时，带着孩子在秀丽宁静的田园风景里穿行，阎志轻松而惬意。但同时他也很挑剔，对墙上的一块条石、门楣上毫不起眼的装饰都精雕细琢。他曾对同事说，“文化旅游是一个真正能让我们大家享受到快乐的行业”。的确，每一个文旅项目，都意味着一份美好生活的样貌。

自此，卓尔开启了一条“小镇”开拓之路。卓尔文旅集团新晋总裁彭池将其称为一条通往企业蓝海的全新路径。

在文旅地产行业浸润多年的彭池得出一个结论，未来文旅开发的蓝海不在城市，而在有特色的乡镇，但目前中国尚未出现特色乡镇打造的完整样本。

因此，这片暂时无人取得胜利的蓝海，不乏机遇，但也充满挑战。所幸，卓尔早于其他航行者出海，探索路径正在逐渐变得清晰。

彭池与阎志达成了高度的一致——要成为中国顶级小镇的开发者。到 2018 年底，20 座卓尔小镇已在卓尔文旅的规划建设布局进程之中。

其中，有以文化、教育为特色的凤山小镇，有以历史古迹为看点的羊楼洞古镇，有自然风景卓著的恩施国际生态休闲度假区，有基于商贸特色的鄂皖区域商业中心罗田胜利小镇，还有满溢着田园风、乡情、禅意的三里畈特色小镇。

中国新乡村生活，呼之欲出。它扎根乡村，吟唱着古老的田园牧歌，同时接入了城市的生活品质和客流，吹拂着山野间清爽的风，辉映着小城温暖的光，新村民、老村民在这里携手，从彼此的世界路过……

每座卓尔小镇的背后，伴生着宁静、欢乐与喜悦，是对一种新生活方式的营造，照见诗与远方，满足着人们对美好生活的向往。阎志深深地感受到，随着中国进入新时代，发展文化旅游、打造美好生活方式迎来最好的时期，卓尔大文旅产业应志存高远，致力于打造中国顶级文旅企业。

到 2018 年中期，在卓尔大文旅板块旗帜下，武汉客厅是华中最大的城市文化综合体，孝感桃花驿小镇是湖北品质最高的田园生态旅游景区之一。卓尔长阳生态旅游度假区等项目顺利推进，正在开发的罗田天堂寨、赤壁羊楼洞、黄陂黄花涝等项目均属湖北优质旅游资源。

在一次大会上，阎志向卓尔文旅人发起号召，让大家振奋精神，加速推进，将优秀的文旅 IP（知识产权）扩展到全省、全国，建立良好的商业模式，争取通过三到五年的努力，重新打造一个与上市公司“卓尔智联”并驾齐驱的千亿级产业板块。

首创城市客厅，一城活力皆藏于此

如阎志的期望，武汉客厅作为武汉新的文化符号，横空出世，然后如一个茁壮成长的少年，不断给人们带来惊喜与希望。

它的出现，促成了沈阳客厅、天门客厅的相继问世。每座客厅，因城市特点的不同，都有迥然不同的特质。

但不可避免的是，没有一座城市是一成不变的。作为城市象征的客厅，需不断刷新定义，不断革新。

武汉客厅正是如此。在标志性的两摞书里，新鲜活力始终在其中涌动。

2018 年，当人们置身这座极富时尚感、现代感的建筑群中，总会看到很多摩踵比肩的年轻面孔，他们与北上广那些打拼的年轻人无异，阳光向上，脚步匆忙。

这一年，华中首家京东无人超市旗舰店入驻武汉客厅，带来“刷脸进门、即买即走”的最前沿商业生活方式。在这家被称藏满“黑科技”的无人超市，人脸识别、绑定身份与支付信息、选购商品、自动结算，人们最快只需5秒就能完成购物！

不只如此，经过六年的寻觅，京东还将华中总部置于武汉客厅，3000名年轻员工在这里聚集办公。京东华中总部落户后，为武汉带来了可观的就业岗位和税收，业务覆盖鄂、湘、豫、赣等5省。

京东的选择并不是偶然，截至2018年，已有近300家品牌企业、成长型企业入驻武汉客厅，涉及电商、智能研发、设计、会展、酒店、园林、教育等各大行业。

正是在这样一片三环之外外界都不看好的地段上，武汉客厅不断吸附着各种多元的力量，展示着越来越多的可能。

2016年5月21日，武汉客厅中国文化博览中心外，1200名安保及工作人员被紧急调用。这一天，当年最火的明星、韩剧《太阳的后裔》男主角扮演者宋仲基在武汉客厅举行亚洲巡回粉丝见面会。

自此起，国内演艺明星见面会、演唱会在武汉客厅的中国文化博览中心密集举办，这让全城乃至全国歌迷、影迷更清楚地知道，武汉有座像北京的鸟巢一样的城市地标。中国电影产业博览交易会、中国文化艺术品博览会、世界奇石文化博览会、中国书法名人堂、中国武汉崖柏文化艺术博览会等各类500余场博览会、展览也在这里陆续举办，这使武汉客厅充斥着多样的文化因子。它很年轻，却有着丰盈而细腻的气质。

如今的武汉客厅囊括了更多内涵，它是华中地区规模最大、业态最全的艺术品综合交易市场，汉口茶市、古玩城、奇石城、红木城、艺术中心陆续在这里开业迎客，融展示、体验、培训、交易、电商、拍卖等功能于一体。

2017年3月18日，全球首家商业4.0购物中心——汉口大都会落户武汉客厅。它标志着武汉客厅在构筑新生活方式、兼蓄多元文化艺术之外，还专注于新商业模式的探索。

从1.0时代的百货消费，到2.0时代的购物中心，再到3.0时代的生活广场，商业模式不断变革。4.0 时代的购物中心会是什么样子的？

它是集全球化、社交化、场景化、智能化于一体的全新形态。场景化试衣间是其一大亮点，可满足顾客在不同场合的搭配所需，顾客还可与设计师直接互动。

对消费者来说，它更大的吸引力在于数十个时尚国际奢侈品牌与欧洲同价，消费者不仅能买到知名品牌当季新品，还能享受与欧洲本地直营店相同甚至更低的价格。

2018 年，随着卓尔万豪五星级酒店、艺术大厦、武汉戏码头等陆续投入运营，文化、商业、会展、餐饮、酒店、办公等业态协同发展，武汉客厅将真正成为文化艺术、快时尚消费、城市休闲、环球美食、文博展览、儿童游乐等六大城市文化旅游目的地。

此时，站在时间的门槛上回望过往，人们会感叹企业决策者的眼光、魄力，并寻思和回味其中那些建设、运营者卓尔不凡、实现梦想的超凡努力。

全域旅游，让好山好水走向世界

文旅，如今已是卓尔产业布局的三大板块之一。如果追根溯源，旅游版图的掘进，始于对精准扶贫号召的响应。

2016 年 6 月 16 日，长阳。湖北省“616”工程对口支援长阳现场办公会和“千企帮千村”精准扶贫行动座谈会举行，卓尔控股作为民营企业代表参与其中，与长阳土家族自治县正式结对。

长阳，位于鄂西南山区、长江和清江中下游，是一个集老、少、山、穷、库于一体的特殊县份，却有着“一坝两库”的独特景观，以及清江鱼、岩松坪椪柑、火烧坪高山无公害蔬菜等当地特色产品。

如何变“输血”为“造血”？长阳有着好山好水好产品，如何让长阳的品牌走出大山、走向全国、走向世界?

阎志做出一个重要决定，要投资30亿元，在一方80平方千米的土地上，建立一座中国·长阳卓尔国际旅游度假区。有机高山农产品种植基地、户外探险基地、房车露营基地、石板风情旅游小镇、冰雪大世界、休闲养生山庄等的一一亮相，使这里成为新的旅游热门目的地，也间接带动了数万当地人的就业。

卓尔文旅自此进军鄂西旅游圈，长阳项目自始便被注入了精准扶贫的基因。

这样一个开端，打开了阎志对全域旅游的思考。

湖北拥有武当山、神农架、三峡大坝、咸丰唐崖土司城遗址等世界级的旅游IP，却始终与云贵川等中国旅游大省存在差距，省内130余个4A级以上景区普遍仍处于观光型旅游阶段。独特的旅游IP，亟须挖掘、延展与打磨。

2016年8月，卓尔文旅集团与赤壁市政府签署羊楼洞古镇旅游投资开发协议，计划投资约20亿元，将羊楼洞古镇、万亩茶园、知青茶厂、松峰山等规划区域打造成为国内外最具代表性的禅茶古镇系列景区，重塑羊楼洞万里茶道昔日辉煌。

在签约仪式上，阎志意气风发，他说:“认准的事情要做，而且要做到最好，将全力以赴，以最大的真诚、尽最大的努力，加快推进项目进度”。

万亩茶园的开发定位颇为曲折。19世纪至20世纪初，这里的砖茶北越长城，贯穿蒙古，经恰克图，到达西伯利亚，通往欧亚大陆腹地的莫斯科、圣彼得堡。如何展现俄罗斯与中国茶叶几百余年的历史渊源?

它的定位从最初的“花亭茶溪”到“集装箱小镇”，最终取名“俄罗斯方块小镇”，用俄罗斯方块的形象进行建筑表达，通过俄籍艺人和“喀秋莎”之家让游客充分体验俄罗斯风情，打造“一带一路”、万里茶道上的经典旅游IP。

一个好的定位，塑造了一个良好的开端。2018年6月，尚处建设中的万亩茶园·俄罗斯方块小镇入选“湖北省投资优选项目”名单，并得到国家发改委调研组点赞。

9月28日，湖北赤壁羊楼洞，卓尔万亩茶园·俄罗斯方块小镇热闹开园，羊楼洞·世界茶业第一古镇隆重奠基，享誉中外的万里茶道源头有望再现数百年前亚欧茶叶贸易的鼎盛场景。阎志风尘仆仆，特地从武汉赶赴赤壁参加开园和奠基仪式。在致辞时，他满怀激情地表示，羊楼洞文化旅游带是卓尔探索全域旅游模式的标志性项目，将精心建设及运营，打造世界级文化旅游IP。

2017年5月，一个更具规模的全域旅游合作协议，在阎志的故乡罗田县达成。卓尔将投资50亿元，开发建设罗田“五景区五小镇”全域旅游项目。

坐落在鄂东，大别山主峰所在地的罗田县，素有中原之肺、天然氧吧之称，是闻名全国的板栗之乡、甜柿之乡、桑蚕之乡、茯苓之乡和野生兰花之乡。

“五景区五小镇”全域旅游项目，成为罗田迄今为止最大的招商引资项目。浓烈乡情之外，罗田县政府更看重卓尔在规划设计、品牌营销等方面的经验和探索。

当年8月，卓尔文旅接管罗田天堂寨景区，游客人数同比上涨近三成。10月，胜利商贸文旅小镇动工，12月，凤山文化古镇项目签约，罗田“五景区五小镇”稳扎稳打，向前推进。

木兰国际旅游度假区、武汉花世界·花呆萌乐园、黄花涝古镇……历经近三年，卓尔的全域旅游探索已经从无到有、从小到大、从弱到强，卓尔文旅也成为新型生活方式的供应商。

挖掘历史古迹、维护延展自然风光，甚至将旅游与通用航空相结合，卓尔文旅总裁彭池坦承，很难对卓尔的旅游探索给出准确的定义、设置统一的标签，但有一点是这些旅游开发项目的共同点，即与当地文化的深度融合。

他笑言，自己师承中国文化大家冯天瑜，父亲冯永轩先后师从梁启超、王国维、陈寅恪等国学大师，这是他与阎志“百年学脉”带来的独特优势。

寻文化之根，让卓尔的文旅探索变得更厚重、长远，更有醇厚乡情，更具家国大爱。

第十四章

拥抱互联网时代

从此
一个我从梦中倒下
一个我从梦中站起
从此
一切归于平静
我与我游离于
思想之外

——阎志《结语·开始》

互联网化是卓尔转型成功的重要标志

阎志以前从不写博客、发微博，他在偶尔上网看新闻时会搜一下“卓尔阎志”，“还好基本没有什么负面的，有一点也很正常，看看就过去了”。他自称“骨子里头还是一个传统的文人”。

对于互联网技术阎志知之甚少，甚至根本提不起兴趣，不过他仍然对卓尔的互联网转型信心十足，马云就是活生生的例子。这个被称作“中国电子商务教父”的小个子是英语教师出身，“只会用电脑做两件事，收发电子邮件和浏览网站”。正因为不懂技术细节，就更容易站在客户的角度思考问题，更善于抓住技术的本质特征，做出正确决策。

在阎志开始创业的1996年，互联网刚刚进入中国。从1995年到2014年，中国互联网经过二十年的发展。行业格局数次洗牌，商业模式数次被颠覆，经历草莽生长、战国争雄之后，江湖格局仅以一张“桌子”——“TABLE”

就能清晰概括：T是腾讯，A是阿里巴巴，B是百度，L是雷军系，E是周鸿祎系。其中，前三强又被惯称为“BAT”，三足鼎立之势已成。至于新浪、搜狐、网易、盛大等昔日主角，已归为第二阵营，而且在移动互联网时代逐渐沦为被边缘化的命运。然而，互联网瞬息万变，日新月异，一切犹未可知，英雄谁属无法预料，许多传统企业早已湮没在时代洪流的浪潮之中。这一切，阎志都看在眼里，错过互联网的红利，就像错过了一个时代。

如果追根溯源，卓尔的互联网之路起于2008年，此后十余年辗转往复，走过弯路，有过迷途，最终走出一条无人走过的路。这条路上，卓尔从追随者逐渐成为全新商业模式的开创者和产业互联网的引领者。每一次转型、每一场产业布局都或将成为路标，为后来者指引未知区域。路标上，可能写着“此路不通”、“前方危险”或是“路途畅通”。

2008年，还是大三学生的吴辉迎来一位“不速之客”。此时，吴辉和几个同学创立了一个服务于南通上千家家纺商户的网上分销平台“搜来宝”，将家纺产品信息制作成数据包后上传至网上。这样的网上撮合方式引发武汉本土媒体争相报道，并引起一位武汉企业家的关注，此人正是阎志。

阎志辗转联系到吴辉团队，与核心创始人进行深入交流。他认为，搜来宝的平台模式可为汉口北批发商所用。那年年末，阎志以500万元的价格收购了搜来宝，并把团队人员全数引进卓尔。

不久后，卓尔“众邦网”出炉上线。它以汉口北的3000家商户为服务对象。平台为批发商采集并制作大量产品数据包，分发到淘宝等电商平台，商户只需根据订单发货。但在互联网大潮尚未席卷批发市场的背景下，商户在线下就有良好收益，触网热情并不高。众邦网未推进太久，就逐渐淡去。

在企业互联网化转型的初期，众邦网只是围绕汉口北提供简单的网上展示和网上分销服务，但是对沉浸产业地产多年的卓尔来说，这已经是敢于创新的巨大进步了。

此后几年里，汉口北还推出过名为“OK汉口北”的线上平台，专门助力汉口北互联网化转型，但成效不大。

直至2012年，互联网之于阎志、之于卓尔，并非必须。改革，转型，都未体现出真正的紧迫性。从2012年起，互联网突然对实体市场呈现出泰山压顶之势。

这一年，唯品会正式登陆纽交所，淘宝和天猫前11个月销售额突破1万亿元，“双11”当天淘宝天猫总销售额达到191亿元，全国亿元以上商品交易市场数量呈缩减之势，国有批发市场从业人员一年之内减少近20万人。

早于雷军、董明珠的“十亿赌约”，马云和王健林在这一年就以“电商能否取代传统实体店铺经营”定下一亿赌约。

阎志突然意识到，互联网不仅在颠覆人们的生活方式，还正在以强劲之力改变人们做生意的方式。商户们陷入一种集体失望、恐慌的情绪中，生意差了，赚钱少了，没有方向，没有希望。

汉口北正经受着茫然无措。互联网摧枯拉朽，颠覆毁灭，阎志甚至希望与互联网巨头谈投资合作，寻找依靠。作为一艘大船的船长，当它仿佛要被时代抛弃时，阎志内心深处的苦闷和彷徨无人得知。

痛定思痛，经过深刻反思和深入调查，在2014年1月27日举行的新春团拜会上，阎志旗帜鲜明提出“卓尔要以决绝心态推动产业发展与互联网全面融合”。他说：“不管你是否愿意，都会被拉进这张网。无论你是主动还是被动，无论你懂与不懂，你都无法回避。这不是所谓的新潮，也不是所谓的追求眼球。卓尔要发展，必须与互联网全面融合，而且每个产业都要与互联网融合。”

还不到一个月，在2月16日的卓尔控股第十四届管理集训上，阎志再次发出更严厉的警告:“互联网化是卓尔的一次大考验，能否成功互联网化意味着卓尔能否生存、大发展。如果不能，我们可能要遣散队伍，要么就退化到这里，要么就蜕变成为一个优秀企业。”在他看来，“互联网化是卓尔转型成功的重要标志”。

尽管春风送暖，封冻已久的河流却难以在短时间内破冰。阎志决定跳出武汉的这潭水，在天津重新开辟一块试验田。2014年6月，天津卓尔电商城举行配套服务工程签约仪式与承接京津老批发市场商户入驻签约仪式。阎志将首个异地复制汉口北模式的项目定名为“天津卓尔电商城”，为实体批发商开网店提供网上支付服务和金融支持，为电商企业配套线下实体服务，打造首个O2O商贸平台。天津卓尔电商城将引入全新的交易平台业态，接入仓储、物流、金融等综合功能，为商户提供统一的网络交易平台。

此时，阎志对于传统批发市场进入互联网时代的出路已有深入思考。在7月23日的《人民日报》上，他发表了题为《触网让老市场焕发新活力》文章:“中国商品流通及批发市场行业正在发生重大变局，出现了沿海商贸业向内地转移，城市传统批发市场升级外迁，线上线下整合加速，现代商贸业与新型物流业积极融合，大型商贸物流中心连锁化进程加快等显著的发展趋势。在这种高速转换的大背景下，传统批发市场到了自我革命的关头，如果自己不彻底改造自己，就会被别人替代。”阎志认为,“融入电商，批发市场反而有新机会。传统批发市场拓展线上业务，成为电商的一个环节，老市场依然可以焕发新活力”。

如阎志所判断的那样，电商已成为当下中国最具活力的热门行业。2014年9月20日，阿里巴巴成功登陆纽交所，市值超过2300亿美元，被称作“中国电子商务教父”的马云被加冕“中国首富”桂冠。

决绝的探寻很快露出希望的微光。2014年10月，汉口北迎来一个机会。就在阿里巴巴上市20天之后，武汉市商务局、阿里巴巴集团、卓尔汉口北电商公司三方共同签署协议，决定依托汉口北市场群共建“阿里巴巴武汉产业带”。这是卓尔互联网转型的重要一步。这似乎也是阎志商业生涯的关键时刻，至少地方媒体对这次合作津津乐道：“‘湖北首富’阎志牵手‘中国首富’马云。”

据阎志回忆，他在杭州太极禅院与马云第一次见面，交流气氛融洽，“马云是个很能够激起大家对一件事情产生热情的人”。这次会面以后，卓尔启动与阿里巴巴 1688 合作。

与阿里巴巴合作之后，卓尔拟在三年之内在汉口北打造 1250 家总交易量 100 亿元的实力商户，建立起以信息技术为基础实现“网上、网下批发+零售+仓储物流”的综合性商贸物流模式。当然，携手阿里巴巴只是卓尔迈出与全国知名电商企业全面战略合作的第一步，阎志希望通过与更多互联网企业深度融合，“提升互联网基因，快速培养团队，形成线上、线下的优势互补，推动企业向核心服务提供者全面转型”。

为提升效率，阎志将工作全面互联网化。从 2014 年开始，他手中的两部手机就成为微信专用手机，随时随地布置任务，了解情况，或者推荐几篇好文章。2014 年 10 月 22 日晚上，央视财经频道《经济信息联播》以《国家取消棉花临时收储，湖北打造新型交易平台探索市场化》为题，聚焦中国（天门）棉花交易中心运营情况。当天深夜，阎志在高管微信群要求安排媒体跟进报道，一名当事人立即回答：“明天就办！”阎志就迅速回复：“马上办！！！”大家隔着屏幕都能感受到老板生气了。在阎志的生物钟里，零点一过就是“今天”，“明天”还得再等 24 个钟头。

阎志还得操心“汉口北电商城”的建设进度，这是 2014 年卓尔互联网化的重点工作。汉口北电商城是湖北省第一座专供电商运营的综合性办公大楼，由电商创意产业基地、服装电商基地、电商大厦三部分组成，建筑面积超过 10 万平方米。随着仓储、快递物流、电商培训、摄影、美工、代运营、客服外包等服务商进驻，电商配套服务体系日渐完善。阎志评价道:“对于以传统实体商贸业为主的汉口北来说，电商业务从无到有，呈现几何级增长，是汉口北转型发展的发动机。”

从年初掀起的互联网风潮一直持续到年底。2014年12月6日，第五届“汉交会”开幕，电商成为最受关注的话题。闭幕式上，阿里巴巴1688武汉产业带正式上线，汉口北同步推出“万家网店扶持计划”，利用阿里巴巴武汉产业带平台，帮助传统商户在网上开店，扶持措施包括培训、运营、推广等，甚至可以全托管。同时，汉口北集团启动“智慧汉口北”建设计划，打造中国第一家超大型智慧市场，全面引入云计算、物联网、大数据等最新技术，为顾客带来便捷、愉悦、时尚化的购物体验。

与阿里巴巴1688合作一年时间，聚集2000多家社会化电商，月交易额8亿元。华中最大的鲜花电商集散地、中国最大的电脑DIY电商集散地以及华中最大的家居电商、服饰电商、农贸电商、医药电商等云集汉口北。

2015年1月初，汉口北电商大厦正式投入使用。在这栋大楼里，到处都是互联网风潮吹过的痕迹。楼道间“大众创业，万众创新”的宣传语非常醒目，地板上铺贴天猫、淘宝、京东的标识，墙上涂满乔布斯、扎克伯格、马云、雷军的画像、事迹和语录，一楼“汉口北创客咖啡”的氛围让人仿若置身美国硅谷。

热火朝天的景象让整个公司都倍感振奋，但阎志内心并不满意。他看到了这样合作的弊端：外部合作还不够深入，内部转型并不彻底，本质上是进退两难的情景，他内心焦虑彷徨，甚至想过走捷径，“因为种种机缘最终决定自己干”。他后来对“走捷径”三个字解释说:“传统企业的互联网化进程，最简单的方法就是背靠大树，让大型互联网公司来做公司的大股东，或者自己弄一个平台，把自己线下资源简单地放在线上。很多同行都这样做。”

可阎志不愿随波逐流，更不想受制于人，他还有更高远的理想。卓尔有将近十年的商贸流通优势，应该围绕核心竞争力打造立体化的商业平台，阎志不仅要把汉口北互联网化，还要让卓尔旗下每个产业、公司都能在互联网上找到属于自己的切入口和发展空间，与互联网对接，提出自我进化、自我革命的要求，最终实现从赢利模式上发生根本变化。

发现B2B蓝海

2015年初，阎志在高管会上说:“如果转型不成功，坐那么大的办公室有什么用，以后都不要到卓尔大厦17楼去了，我每天在电商大厦现场办公。”没过多久，他就不再前往卓尔大厦宽敞阔气的办公室，每天“蜗居”在电商大厦6楼二三十平方米的小办公室指挥作战，身先士卒的气魄令整个集团都备受鼓舞。而此后一年多，他就一直埋头在这里办公，研究决策，部署推进，直到后来找到方向，事情步入正轨。据此他对高管们总结说，“一个时期内要聚焦干成一件事”。

整个春节，除了陪伴家人，阎志每天都在思考互联网转型与卓尔的未来。梳理阎志2014年的系列内部讲话，“互联网化”“转型”已成为他的口头禅:“互联网化是一场革命”，“面对这种大潮、趋势，只有融合、加入，不能逆势而为”，“只有成功拥抱互联网的企业才是有未来的企业”。可是，过去一年卓尔转型升级的效果却差强人意，互联网正在以摧枯拉朽之势改变中国企业的命运和格局，想到这些，阎志夜不能寐。

3月5日，阎志在千里之外的新加坡陪伴家人，想起近二十年的创业往事和接下来前所未有的考验，他有些激动，忍不住给高管写信。

他倾情回顾，通过多年的积淀，卓尔已有汉口北、阳逻港、武汉客厅、棉花交易中心、天津电商城、荆州卓尔城等众多项目，是中国企业500强，有数以千、万计的客户！……可以肯定地说，如果把我们放在创业的起点上，我们的起点超过BAT，超过京东！

在这封信的结尾，阎志煽情地鼓舞大家说："重要的是我们要有创业心态！归零心态！在此，我号召所有愿意一起再次创业的卓尔人，让我们忘记过去所谓的成绩和今天所谓的成就，让我们携手前行、风雨与共、坚持梦想！开创一个真正属于我们卓尔的伟大时代！"

写这封信时，阎志心中已有大方向，"这将是很大的一盘棋"。互联网冲击令阎志忧心忡忡，却又雄心勃勃。从惶恐、摇摆、试错到舍我其谁地一把扑上去，阎志在摸索中日渐坚定。他以不容置疑的口吻说："卓尔不会是传统的企业，不会是纯粹的互联网企业，它会是一个高度融合的企业。"

在卓尔的产业版图中，汉口北无疑是重要的旗舰和支柱，它曾是卓尔在香港成功上市、阎志成为"湖北首富"的基石，如今却成为集团转型期最沉重的一块巨石，好在阎志已找到点石成金的"秘诀"。"以汉口北商户为基础，上游打通厂家、全国总代理商，下游打通分销商、小门店，从汉口北到武汉所有批发市场再到天津、西安等批发市场，将来铺满中国所有批发市场，"他豪情满怀地说，"我们要做中国批发市场线上交易平台，进入B2B蓝海。"

"进入B2B蓝海"这6个字将成为卓尔自此之后，在资本市场上最重要的标签。在阎志看来，打造汉口北的线上交易平台是卓尔最大的互联网计划。卓尔的配送、仓储和加工能力其他电商企业不具备，凭借这个优势，将来汉口北的线上交易优势同行无法比拟。今后汉口北等批发市场全部转型为线上与线下结合、内贸与外贸结合、传统批零与体验式购物结合模式，而互联网化是撬动汉口北这头巨象最重要的支点。他斩钉截铁地说："卓尔要摆脱中等规模开发商的困境，丢掉鸡肋，不做困兽，很快我们会成为湖北最大的互联网公司，未来还要进入中国互联网前五名。到那时，'卓尔发展'或许改成'卓尔智联'。"

汉口北的互联网转型模式还将被复制到卓尔其他产业版块，阎志将棉业视作“金矿”。“要把卓尔棉业做成交易中心、加工中心、物流中心，做棉花B2B”。“这是天大的事业。”他意犹未尽地把这句话又说了一遍。

港口的互联网化主要集中在临港加工和物流两方面，尤其是物流。商业信息的整合原本就是阎志的强项，他希望在互联网上将世界各地的生产资料和物流信息整合，在网上进行货和运输的匹配，而不再走“货找车、车找货”的传统路子。

“我们用三四亿的投入，现在每年赢利4000多万元，”阎志称心如意地说，“中国基建港口要从港口到临港大宗商品加工、交易转型，进入再生资源加工处理、交易以及进出口等交易，成为长江港口综合运营商。”这段话听起来与互联网毫不相关，但阎志强调：“互联网化不是把公司变成互联网企业，而是用互联网思维来做事情。”

阎志是一位实干、务实、稳健、坚韧的企业家，时刻体现着从1996年就显露出来的大胆变革的勇气，既低头走稳每一步路，又抬头看方向，虚实结合。他的每一个梦想都不只是想想，都是他深思熟虑后决心孤注一掷的方向。许多企业家叶公好龙大谈互联网思维，阎志却真诚拥抱互联网：“卓尔酒店集团要打造成中国特色酒店集群，卓尔小镇要做成中国乡村休闲的典范，武汉客厅要成为中国城市文化地标，汉艺网要变成中国艺术品交易中心，卓尔书店、卓尔足球俱乐部要以互联网思维推出互联网产品。”

天翻地覆的新思维，纵横捭阖的大手笔，日渐清晰的互联网转型战略并非阎志顿悟所得，而是源自他超强的学习力和行动力。最近两年，他遍访马云、马化腾、雷军、刘强东等中国互联网大佬，进入知名互联网公司参观考察，甚至高调参加各种互联网大会，寻找各种电商合作机会，也迅速汲取知识和经验的智慧力量。这情景仿佛二十年前故事重演，阎志在创业之初拜访周厚健、倪润峰、段永平等家电掌门人，他们是当时中国最耀眼的商业明星，江湖地位甚至超过今日互联网巨头。

阎志尽管胸有成竹，仍然需要一位能同他想到一起、坚决支持他计划的得力副手。这些年阎志也在不遗余力地培养年轻人，可眼前的困境不容等待，他迫切需要一位多谋善断、不怒自威、经验丰富且精通互联网的事业合伙人。

一个好汉三个帮

到 2015 年 7 月，卓尔的互联网转型已取得阶段性成果。

“1688 武汉产业带”、工商银行“融 e 购”、建设银行“善融商务”等全国性电商平台为汉口北开设独立窗口，以“1+N”（1 家实体门店背后 N 家网店）的方式帮助汉口北商户将商品快速推向全国乃至全世界。7 月，汉口北“互联网+现代商贸业”模式受到国家商务部认同，汉口北市场正式挂牌国家电子商务示范基地。

与本地大学合作，卓尔支持 1000 名大学生以汉口北为货源基地，搞电商创业，并引进数百家中小微电商入驻。一年多时间，汉口北聚集各类电商商户 3000 多家，其中不乏一批销售额过亿的电商企业。京天网盟是中国最大的 DIY 电商京天网盟，曾在“双 11”创出天猫全国电脑销售量第一的佳绩。

2015 年 7 月，汉口北获批国家级电子商务示范基地。对于一个传统的市场来说，营造出适合电商发展的氛围，这是一份褒奖，也是对卓尔前期大力发展社会化电商、培育电商基因的一种肯定。

参观者慕名纷至沓来，汉口北电商大厦内，光怪陆离的定制化电脑产品吸引了他们的目光。但在阎志看来，眼前的热闹不过是浮光掠影。

在他心底，电商的聚集只能说是丰富了市场功能，有了点电商的元素和初步思维。但这还不能算作是汉口北已完成互联网化转型和升级。

而一个企业、一个市场只有主营业务模式转了才叫转，只有营业收入比例改变了才叫变，只有企业服务、文化依托互联网升级了，才能叫升级。

通过与电商平台合作，阎志深刻认识到，汉口北电商城打造电商集成基地的模式，不过只是传统产业上的延伸。他说："之前我们想得太简单了，卓尔提供的电商线下服务集成，帮批发商上线到其他电商平台，这是一个典型的传统企业+互联网的动作，不是一个企业的真正互联网化。这其中，卓尔的商业模式和赢利模式没有根本改变。"阎志清楚破局的关键在于人才："在我们转型和升级时，则要依托互联网的专家和大腕带领我们去实现目标。"

2015年7月14日晚上，一则新闻在互联网圈成为热点：1号店创始人兼董事长于刚与联合创始人兼首席执行官刘峻岭离职。此时，阎志和于刚相识还不到一年。2014年11月29日是武汉大学121岁生日，首届校友珞珈论坛开幕，阎志、于刚两位校友座位相邻，交流中相谈甚欢，彼此很自然地互留了手机号码，后来还在楚商聚会中相见。就在于刚辞任之前，阎志还带着十几位员工前往1号店学习电商运营。

2015年8月初，于刚到武汉出差，阎志接待陪同，还热情送他去机场返程。前往机场的路上，阎志邀请于刚顺路去了汉口北参观考察。于刚用"非常震撼"四个字形容参观感受："在500万多平方米的大市场，规范化的管理、一流的团队与精细化的流程，2014年成交额达420亿元，我认为这是一个优秀的企业。仅将420亿元的交易额移到线上，就是不小的电商了。"

考察过程融洽愉快，阎志和于刚一拍即合，整个投资决策就是一次谈话。第二天，于刚决定入股卓尔发展。8月6日晚间，卓尔发展发布公告："基于对卓尔发展雄厚的线下物业、商家、顾客、物流、数据基础的认同，以及对卓尔全力推动互联网化、打造中国最大的线上线下集成批发交易平台的认可，于刚个人注资2000万美元于卓尔发展。"

当然，除了看好卓尔的商业发展前景，最打动于刚的原因是阎志的人格魅力。于刚说："我们特别投缘，都很低调、务实。阎志的人格魅力吸引了我，他很诚信，能说到做到，而且很多细节也很到位，这是我们合作的基础。"当问及于刚为何看中自己，阎志果断说出四个字："把人做好。"

8月18日，卓尔在武汉香格里拉大酒店宴会厅举办媒体发布会。阎志正式向媒体宣布："于刚出任卓尔发展集团董事局联席主席，他将亲自指导卓尔线上线下业务融合的战略规划及布局。"他豪气冲天地说："这应该是卓尔企业发展历程中的里程碑，是中国批发市场互联网化的里程碑，我相信这也将是中国电商市场格局的一次改变，也是中国电商事业发展的一个里程碑事件。"

随着卓尔互联网转型稳步推进，企业价值得到更多企业家认可。在阎志近些年的朋友圈里，有位朋友阎志非常看重，他们的相识、相知、相交如此顺其自然，以至外界总在猜测他们合作的缘由。他就是丰盛控股（股票码：00607.HK）创始人、董事局主席季昌群。

南京丰盛集团连续多年位居中国民营企业500强前列，是华东地区的知名企业，掌门人季昌群社会资源丰富，威望极高，在南京地区拥有很好的信誉。因他们的孩子都在新加坡上学，两人得以在新加坡相识。因为对传统文化的热爱以及共同的商业理念，两人一见如故，引为知己。季昌群毫无保留，向阎志推荐了晏东顺、吴好、陶文等顶尖金融人才，对卓尔金融业发展起到重大推动作用。从2017赛季开始，丰盛集团成为武汉卓尔足球队的合作伙伴，关联企业景域集团成为球队主要赞助商，季昌群还专程到卓尔俱乐部看望球员，加油鼓劲。两家企业高管还频繁互访，共同研讨企业战略、经营管理等问题，取长补短，共同发展。

随着彼此交流增加，阎志与季昌群的商业合作不断深入。因看好对方公司成长卓尔和丰盛相互持有对方股票，企业发展良好，股价一路走高。

2017 年 4 月，正当合作势头推进良好时，一场境外做空机构针对丰盛控股的金融阻击战发生，同时也波及卓尔。阎志没有回避，而是宣布增持丰盛及旗下中国传动等公司股票。由于做空者无中生有，被一一反驳后，市场仍然看好丰盛和卓尔。尘埃落定后，5 月 11 日，新华社以一篇《面对外资机构做空，中国企业别做“沉默的羔羊”》的报道回顾事件全程。这场反击战成为中资企业成功反击做空的经典案例。

经过风吹浪打的友谊，弥足珍贵。或许随着时光流逝，阎志终将淡忘过去许多激情飞扬的荣耀时刻，但他绝对不会忘记与各位企业家之间亦师亦友的兄弟情谊。在时代变局中，他们有着共同的商业理想和追求，这是一种力量，一种信念，一种改变命运的勇气和毅力。

秉持合作与坦诚，阎志的互联网朋友圈越来越大。经于刚介绍，阎志与前阿里巴巴 CEO、嘉御基金创始人卫哲相识并结为好友。卫哲应邀担任卓尔发展独立董事，后来又促成了卓尔对中农网的收购，成为 B2B 电商行业及卓尔互联网化道路上的大事件。

出于职务关系和与阎志的个人友谊，卫哲出任卓尔青年汇创业导师。2017 年 10 月，卫哲受阎志邀请到访卓尔青年汇，与年轻的创业者面对面畅谈时代变迁带来的商业巨变，分析互联网创业新趋势、新机遇，带来一场含金量十足的互联网创业启蒙课。阎志专门为当天的活动起了一个颇有诗意的新闻标题——“当卓尔青年汇遇上卫哲”。

卓尔云市场：中国第一个互联网批发市场平台

卓尔互联网转型的关键转折点在 2015 年 8 月。在 2000 万美元个人注资卓尔发展集团后，1 号店创始人于刚出任卓尔发展集团董事局联席主席，卓尔“云市场”平台的打造全面进入加速期。

“千里之行，始于足下”，首战至关重要。阎志将“云市场”计划的第一步立足于汉口北的实体商户，致力于满足和引导他们的互联网需求。一旦汉口北打开局面，“云市场”计划将辐射到武汉周边城市，并外延至卓尔已经布局的天津、沈阳、西安、昆明等其他区域中心城市，帮助相关实体市场将批发业务输送至线上。最终，云市场将成为全国批发商户进行网上交易、融资及享受智能化服务的接口，使交易更简单，管理更高效，并推动实体市场转型升级和繁荣。根据规划，云市场将在两三年内帮助全国1000家大中型市场10万商户上线。

按照阎志的设想，“云市场”计划将立足大型商贸物流中心既有的交易、仓储、物流、金融、数据等基础和优势，拓展电子商务、互联网金融、物流信息、数据服务等业务，其核心要素在于推出“卓尔购”“卓金服”“卓集送”三大线上交易及服务平台，提供在线批发、采购管理等核心功能及供应链金融、物流信息交易匹配等增值服务，将线下和线上业务有机融合。卓尔发展将快速强化供应链资源优势，打造中国最大的线上线下集成的批发交易平台。

这是一套彻底颠覆传统电商模式的打法：卓尔购作为云市场的交易平台，将具备在线展示、批发交易、采购管理等功能，可将线下交易转化成线上交易，区域交易转化为全网交易；卓金服专注供应链金融服务，提供专业市场和批发采购金融服务平台，通过实体市场认证及线上交易大数据测评，建立灵活的信用评价体系，为中小微商户提供低成本、低门槛的中短期融资、保理、保险等各种金融服务；卓集送为专业货运信息交易平台，将客户物流需求与车主信息优化匹配，形成高效物流，覆盖全国，并实现批发采购物流全流程智能化。

云市场三大产品依靠大数据依次连接，形成批发交易供应链服务的闭环，成为批发商户的超级生意助理。商家通过卓尔购匹配最合适的买家，生成订单及交易数据；凭借交易数据积累信用，买家将可在卓金服上以低于行业平均水平的优惠费率，快速便捷地拿到融资去采购，或拿到赊销给下游商户的货款，加速货物流转。成交后，双方可通过卓集送匹配货运订单，寻找货车配送货物，通过成交数据，平台还可推测商家有外地开设分店的需求，自动推送店铺租赁和仓库信息。阎志说："通过这三个平台将可解决实体市场的线上交易、供应链金融和物流配送信息化服务。"

为了早日推出以上三大自营电商服务产品，阎志亲自坐镇电商大厦6楼督战，每天追问进度。阎志透露："于刚每个月要来两次，对卓尔互联网转型抓得非常认真。"对于卓尔发展原先的业务，阎志用"老体制老办法"，但对于涉及互联网的业务群完全采取"互联网精神"来运营，"该给期权的给期权"。

到2015年底，整个卓尔电商集团有200多人，其中研发人员有100多人。与卓尔发展其他事业部相比，电商集团的企业文化更强调平等、开放，互相称呼"同学"而不是"同事"。为了赶在11月28日云市场上线当天推出卓尔购App版本，大家连续奋战两个多月。电商项目负责人回忆道："阎总对品质要求很高，我们不能做出一个学生样的产品，时间非常紧张，团队压力也非常大。我们每天夜以继日地在办公室工作，过得很苦，轮班倒。早上9点上班，到第二天凌晨4点才下班，有人就直接在沙发上睡，还有人干脆打地铺。"

正式上线之前，卓尔电商团队启动产品内测：卓尔购内测8天，销售额达到5.9亿元；卓金服内测15天，融资1.2亿元。电商项目负责人兴高采烈地说："内测10多天以来，有6700个批发商家入驻卓尔购开设网上档口，众多湖北省内及周边采购商踊跃尝鲜，交易额逾7亿元，客单价平均1.5万元，主要集中于服装、酒店用品、文体、鲜花、箱包等品类。"

11月28日上午，主题为"云市场、心服务"的第六届汉交会在汉口北开幕，阎志在典礼上意气风发地说："经过七年的建设和运营，汉口北已拥有2.2万商户，预计今年交易总额可突破500亿元，成为中国建筑面积第一、交易额第二的超大型现代商贸物流中心。"接下来的这段话才是重点，他说："汉口北全面拥抱互联网大潮，继今年成功建成国家级电商示范基地后，又开创性地推出中国首家互联网批发平台——卓尔云市场，为广大商户提供网上交易、金融、智能物流物业等增值服务。"

阎志在台上激昂演讲，汉口北电商大厦6楼运营中心的卓尔购后台大屏上成交数据不断跳跃，访问量迅速攀升。

半个月之后，以杭州四季青、天津金元宝、广州白马、昆明螺蛳湾等为代表的全国65家主要批发市场齐聚武汉，与卓尔云市场平台签署战略合作协议。

2016年春节过后，卓尔云市场在短短3个月内惊艳绽放：卓尔购交易额突破52亿元，100多家批发市场和上万商户入驻；卓金服融资总额破14亿元，注册会员达7万人；卓集送服务总额达2.5亿元，注册会员达1.5万人。

商业史的长河奔流激荡，阎志对云市场的期许不在三五年，他坚定不移地说："我们做的事情，在历史长河中算不了什么。但是，我们的使命，在于这三五十年把事情做好。"

随着云市场交易规模增长、生态系统完善，卓尔的价值将无限放大。在全球商贸物流体系的价值链条内，在中国互联网的竞争格局中，再造重生的卓尔将大放异彩。一切只是时间问题，阎志没有被时代抛弃，再次站上时代变革的风口。

第十五章

大智联：

构建全球智能交易生态圈

未来不可预期但光芒四射
未来五彩缤纷
放下梦中的惊醒与时间的慌张
用宽容安抚一切

——阎志《岁月》

买全球，把棉业做实

阎志常常有着常人不明所以的商业布局，有的对，有的错；他战略激进，战术沉稳；打胜仗多，败局少。也许，只有超前的战略眼光可以对他的特质做出准确描述。他的战略决策常常让人不可思议，突然进入看起来毫不相干的领域，持续投入三五年后，又能巧妙地与主业黏合得天衣无缝，此时旁观者才恍然大悟。

2011 年春天，卓尔进入第十五个年头，公司每天都在发生令人欣喜的变化，影响日渐深远，规模不断扩大，业绩攀升，荣誉接踵而至，要不了几年，卓尔就会成为中国首屈一指的公用物业提供商和服务商。然而，阎志去天门市谈判天门农村商业银行的筹建事宜，正事没谈成，回到武汉却提出要做中国最大的棉花交易市场。

这件事还真是“无心插柳柳成荫”。卓尔与天门市政府已经签订投资协议，但由于改制进程太慢，卓尔后来宣布退出。没想到，市长在陪同考察时提及了“棉乡”的悠久历史：天门位于江汉平原，是全国优质棉生产基地，棉花总产16次超过百万担，总产量占全国的1/80，全国每100人中就有一个穿着由天门棉花生产的布料制成的衣服。不过，当时湖北的棉花交易市场不成体系，只有一些零散的现货交易市场。阎志喜出望外，当即提出打造棉花交易中心的构想，双方一拍即合。经过半个多月的前期策划、征地、选址，总投资60亿元建设的“中国（天门）棉花交易中心”正式立项。

在中国的棉花产业中，新疆棉花产量占全国的35%，是全国棉花产量总产量占比最多的省份，但当地重传统、轻现代的营销模式以及缺少大流通、大市场的意识，加之新疆的地理环境，最终无缘全国棉花交易中心的地位。湖北历年棉花平均产量虽不及新疆，但7%的占有量仍高居全国第五，在保证总产量充裕的情况下，作为产棉和销棉大省，湖北拥有独特的地理优势，作为中部地区的“北棉南纺”“西棉东纺”产业格局枢纽就显得水到渠成。

此后一年多，从春到夏，从秋到冬，阎志都全力以赴建设新的交易中心。2012年8月14日，时任湖北省委书记李鸿忠、时任湖北省长王国生一行前往视察，给予肯定和鼓励，指示以本项目为龙头，充分发挥棉乡天门优势，将天门打造成为“中国棉都”。

4个多月之后，2012年12月29日，中国（天门）棉花交易中心鸣锣开业。这是中国规模最大的棉花现货交易平台，也是卓尔继汉口北之后第二个现代化商品交易平台。阎志希望打造“棉花—物流—纺织”上中下游全覆盖的棉花产业集群，建成以棉花为主，羊毛、亚麻及纺织面料、辅料等多种产品的全国最大交易市场和国际化大型现货超市。

交易中心由交易大厅、仓储区、物流区、加工区、轻纺市场、物流配送区、棉花博物馆、商务区等功能区组成，具备棉花现货交易、棉花加工、仓储、物流、金融和信息服务等功能。在交易大厅的巨型显示屏上，各地棉花的价格、品种、产地信息一目了然，每隔几秒钟就更新一次，世界各地棉花报价即时更新。10 多名身穿红马甲的交易员操作娴熟，轻点鼠标就可以轻松实现“买全球，卖全球”。

阎志向媒体记者描绘说，项目建成后年交易规模可达 200 亿元，将成为全国棉花产业的服务、辐射、集散中心，对农民改善收入、棉企发展、棉花种植及棉纺产业发展、区域经济发展都将产生巨大的推动作用。项目通过大批发、大流通格局带来规模效应、价格发现功能，帮助棉纺企业降低成本，有效控制风险，并发挥产业聚集和带动效应，推动湖北棉花产业化发展。

运营当天，来自美国、新加坡和全国各地的 210 家棉商当日上线交易，交易额突破亿元。此后一年内，交易额达到 6 亿元。截至 2013 年 11 月 19 日，湖北省收储竞拍累计成交 233.57 万吨，其中棉花交易中心占其中 15%，仓库实际储入量位列全省第一。

在改革的旗帜下，虽然中央政策法规的调整、修订已成为常态，但是每次出现新变化都会激起不小的波澜，毕竟这片土地上生活着 13 亿人，任何细微的调整都会牵动某个群体的利益。2014 年 1 月 19 日，中央“一号文件”公布，明确将在新疆启动棉花目标补贴试点，连续实施三年的棉花收储政策将不再实行。这也意味着棉花价格将放开，与国际接轨，棉纺企业收购“高价棉”的时代将终结。

卓尔棉业集团负责人信心十足地说：“可以说，国储政策的变化带给我们更多的不是‘危’，而是‘机’！”在 2014 年停止收储情况下，中国（天门）棉花交易中心仍实现交易额 8 亿元，同比增加 30%。自 2012 年底开业以来，交易中心已入库国储棉与商品棉 8 万吨，算上 2014 年同新疆 5 家重点龙头企业签订的 6 万吨优质棉花移库合同，可实现满库运营，与 2013 年同比上升 120%，吸引近 400 家交易客户入驻。

到 2015 年，交易中心一期 33 栋仓储仓库、5 万平方米的交易大楼已投入使用，并与中储棉集团合作，正式成为中国储备棉管理总公司的代储库。二期工程新上的10万锭纺纱和无纺布工业厂房、物流配套等功能区也已基本完工。根据规划，中国（天门）棉花交易中心三期总存储容量100万吨，相当于全国年产量的12%。

2014年11月13日，由卓尔棉业集团有限公司发起设立的湖北华中棉纺交易中心有限公司（简称华棉所）经省政府批复成立。华棉所不仅是功能更细化的B2B平台，也是中国（天门）棉花交易中心聚集全球交易资源的重要抓手。到2017年末，华棉所已有20多个省市的1000多家涉棉企业入驻，2017年实现交易额269亿元、营业额53亿元的业绩，并获"中国大宗商品电商百强企业"等荣誉。

现在，从随岳高速进入天门城区，在天仙公路两侧，一眼便可以望到绵延几百米的建设工地，"中国（天门）棉花交易中心"的广告牌随处可见。附近几公里以内，天门棉花工业园区正在逐渐成形，十几个棉花产业加工厂也在同步建设中。从棉花加工、纺织、服装，到副产品深加工的完整产业链条正在形成。

此情此景，早已在阎志的预期中出现过。2003年初接手雪龙纺织时，阎志就寄望卓尔能够在棉纺行业做到湖北乃至中国第一。这是一份长达十年的等待，昔日点点星火，如今已成燎原之势。

打造"中国最大的B2B企业"

汉口北被称作"新汉正街"，昔日"天下第一街"的辉煌繁荣正在汉口北复兴。

长长的汉口北大道宽阔平坦，道路两旁各类专业市场随处可见，商铺装修得精美雅致，前来谈生意、进货的私家车、小货车、电动车川流不息，客商摩肩接踵。600万平方米、20多家专业批发市场组成的现代化商贸物流中心欣欣向荣，明末诗人吴淇笔下"十里帆樯依市立，万家灯火彻宵明”的千年繁华重现，3 万余商户继续演绎新的商业传奇和财富故事，成千上万的创业者奋斗于此，他们梦想着成为下一个李嘉诚、王健林、马云，或者身边的商业偶像阎志。

企业家每天都在如履薄冰的危机感中度过，互联网时代瞬息万变，失败往往并非是做错什么，而是没有跟上时代。中国互联网世界都在动荡中剧变：滴滴携手快的，58 同城并购赶集网，美团合并大众点评，携程控股去哪儿，百合联姻世纪佳缘——昔日死对头结盟，相逢一笑泯恩仇；沃尔玛收购 1 号店，阿里入股苏宁及饿了么，京东投资永辉——O2O 迷局令人眼花缭乱。也许有些案例会进入商学院的教材成为经典，然而，失败的故事同样值得研究复盘。

时间是最伟大的治愈师，一年前阎志还恐惧焦虑，现在他已能对互联网业界的云卷云舒冷静旁观，气定神闲。2015 年 11 月的最后一天，他在武汉东湖磨山的经心书院参加一场读书活动，分享从《笑傲江湖》里学到的市场整合与公司治理经验。

阎志对金庸武侠小说有深入研究，他认为男人 40 多岁应该“神交令狐冲”——他心中的“自由斗士”：“他拒绝加入少林，也拒绝了五岳剑派掌门人的位子，还拒绝了任我行的邀请，他最终选择了自由和个性张扬的自我解放之途，做一个侠客隐士。”

在卓尔互联网转型的征程中，阎志像令狐冲一样，“毅然走上了追求自由的道路，抛弃狭隘和虚伪的门户之见”。他说：“一旦进入别人庞大的生态系统里，你可能只占它生态系统的 1%，而这 1% 对我们企业又是 100%，怎么能将自己的家当变成它系统里微不足道的一环？”

阎志坚信，汉口北彼时年交易额 400 多亿元，这样的市场规模可支撑卓尔在较短时间内在全国电商圈拥有一席之地。

阎志以卓尔云市场突出重围，他谦虚地将此归功于幸运：“大部分实体企业、传统企业想转型互联网，但找不到对接点。但我们很幸运地找到了。而且这个点刚好是一个潜在的上万亿级别的市场，这是我敢于把整个公司的商业模式彻底换掉的根本原因。”

只要谈起商贸物流、批发市场，阎志立刻显露出舍我其谁的霸气，他自认为是中国少有的几个懂批发市场并且每天真正跟批发市场上的商户打交道的人，言谈间底气十足：“你谈互联网，我会很谦虚，但谈到线下批发市场我可以不客气，我们有中国民营最大规模的批发市场，我们不做批发市场的B2B电商，那谁做？”

阎志对未来充满期待：“如果我们这个事干成，那会是少有的几个甚至是唯一一个能够达到阿里巴巴量级的市场。中国的批发市场乃至批发行业，目前来看无论是谁都没有动到这一块。”在他看来，卓尔在B2B电商业务上比一些互联网企业更有优势：首先，卓尔拥有批发市场线下优势，深刻理解批发市场商业逻辑和商户诉求，而批发商又是B2B领域规模占比最大的环节；其次，卓尔可以通过批发商的分销体系做到二、三线城市，甚至能下沉到县城、乡镇的门市，这就是卓尔购上独有的小企业单。

然而，做电商可是一件非常烧钱的事情。阎志毫不犹豫地说：“烧钱，我说两句话：第一，钱是必须要烧的；第二，要知道烧的是自己的钱。我比互联网大佬们起步时的基础要好得多。我在资金方面没有太大的压力。”他语气轻松：“我不需要A、B、C轮的融资，没有资本方的压力，用自己的资金，可以更好地控制发展的节奏。”为了让人更信服，他继续解释道：“按现在卓尔集团的市值，假设将我上市公司的股份稀释到30%，我还有200亿元的融资空间，这还不包括其他的融资途径。”

阎志所言非虚，2015年10月26日，《福布斯》中文版发布2015年中国富豪榜百强，阎志以130.2亿元身价位列第97位，再次成为湖北首富。

卓尔云在全国批发业界迅速叫响，并计划把武汉市所有的批发市场搬上线，把天津、西安等批发市场搬上线，未来是把中国所有市场搬上线。

卓尔云市场上线之后，阎志曾豪情万丈地说："通过互联网化，卓尔要成为中国电商第四极，让武汉成为'中国电商新一极'，同时卓尔还将是中国最大的B2B企业、中国最大的O2O企业，成为中国互联网领军企业。"

2016年，汉口北管理团队到义乌国际商贸城考察。这是全国交易量最大的小商品批发市场，被称为"世界小商品之都"。接待座谈时，对方对卓尔云市场拥有的全国性电商网络格局、雄厚的互联网大咖班底羡慕不已。这一次，卓尔已明显占据了中国批发市场互联网转型的潮头。

一个优秀企业家的特质，总是时时刻刻向前开创，从来不会止步不前。把项目做得足够大，才能产生吸引力，这是阎志在长期的产业地产开发运营中形成的方法论。而互联网更需要聚集效应，互联网只有第一，很少有第二，没有第三。

就像阎志所说，企业健康成长都需要自我革命，不断否定自我。他认识到，卓尔集团在批发市场的转型升级模式上因为有独特的线下基础，因此在电商云集的中国市场拥有一席之地。帮助中国线下批发市场上线交易，提供线上的交易、金融、物流服务，只是卓尔集团转型升级的第一步。完成这一步，依然和中国最大的B2B相去甚远。

阎志在2015年卓尔发展的上市公司年报中，对此详加解说："如果仅仅止步于此，不将此形成卓尔独有的交易生态系统，增加客户黏性，借此提升公司经营规模和赢利能力，不与互联网发展的最新技术和趋势充分对接，必然会落后于市场。"

布局一个智能交易生态圈，阎志落子如风，行棋无悔。

构建全球智能交易生态圈

早在2012年的第一季度专题工作会上，阎志就提出了努力发展全球交易平台的构想——围绕交易平台搭建配送、物流、金融服务平台，成就一流企业。

阎志甚至把公司的通勤大巴车上都刷上“卓尔——全球交易平台”的大标语，以此明确定位，激励自己。但实际上，当时的卓尔，除了老板的小孩在新加坡上学外，并未出现任何国际化的征兆。大家对这个宏伟看起来更遥不可及的定位，还是有些半信半疑。

到了2016年，大家开始明白卓尔“连接全球”的构想并非不切实际的浮夸。2016年3月18日下午，卓尔发展与兰亭集势在湖北武汉会议中心签订股份购买协议。头一天，卓尔集团已发布公告披露收购交易的基本信息：公司拟通过定向增发方式购买兰亭集势4250万股普通股，占稀释后总股本的30%，成为兰亭集势第一大股东，交易对价总额为7650万美元（约4.97亿元）。

于刚是这桩生意的撮合者。他与UT斯达康创始人吴鹰交往多年，后者与兰亭集势CEO郭去疾相识，于刚因此结识郭去疾，2015年10月又把他介绍给阎志。此后，阎志与郭去疾在北京两次、武汉三次面谈之后，将合作方案顺利敲定。

郭去疾毕业于中国科技大学少年班，有“计算机神童”之称。他对于IT（信息技术）的见解常常有着近乎哲思的形而上的思考，这让他在“技术男”中显得如此与众不同。短暂的接触后，他对阎志颇为赞赏：“他有商业智慧、开放心态、诗人情怀，是一个有远见的企业家。”

当然，在商言商，合作基于双方在需求上有结合点：卓尔是线下实体公司走向互联网，兰亭集势是互联网走向线下实体；卓尔做国内贸易，有很多优质批发商户，对走向互联网、做外贸很感兴趣，把批发市场做到全球有优质价廉的货源。兰亭集势是帮助中国商户把商品卖到国外，把海外产品引到国内，帮助海外产品在国内建立分销点。

正如阎志所说："兰亭集势将帮助、方便卓尔购商户发展外贸业务，为商户拓展国际销售渠道。同时，卓尔购的商户、产品资源和交易数据，将可供兰亭集势优化采购商品和成本，以批发市场为端头，夯实供应链，形成国内首个O2O跨境电商平台。另外，卓尔和兰亭集势互为供应商和销售渠道。兰亭集势还将帮助国外商家通过卓尔批发商的分销渠道进入中国市场。"他补充道："兰亭集势作为一家外贸的跨境电商，它的采购需要有数据支撑，这刚好和我们的云市场有很好的互补。"

收购兰亭集势之后，卓尔开创"互联网+批发+跨境贸易"的电商新模式，"中国电商第四极"已经形成。从商业模式上来看，天猫、京东、苏宁等"百货商场+互联网"为第一极；唯品会、聚美优品等"精品店+互联网"为第二极；淘宝等C（消费者）端店为第三极；以卓尔为代表的"批发市场+互联网"为第四极。从交易规模上来看，"云市场"背后是上万亿元级别的蓝海，卓尔实现千亿元交易规模指日可待。

但阎志的理想远不止于"第四极"。也许三五个月之后自己的企业并无令人欣喜的变化，但他坚信一年后，卓尔互联网化会成为中国传统实体企业转型的典型样本。

2016年是卓尔成立20周年，也是卓尔加速互联网化的攻坚之年。在收购兰亭集势三个月后，卓尔发展更名为"卓尔集团有限公司"。公告称，公司已调整其主要业务活动为开发及营运由物流及仓储、电商及金融服务支援的综合批发贸易平台，而传统业务——物业发展将仅为主营项目的一部分。新的卓尔集团将努力打造全球最大的消费品B2B交易平台。

进入2016年下半年，阎志加快跨界整合资源的速度，全力以赴推进智能化商业交易生态圈布局。

6月，卓尔集团宣布，收购嘉实融资租赁、九鱼资产管理的全部股权及嘉实金服的90%股权，总对价为2.16亿港元。加上此前已布局的卓金服、担保公司等，卓尔金融集团的框架已逐步建立，将为生态圈强化供应链金融服务。

接着，卓尔发布更重要的投资并购消息。10月28日中午，阎志与卫哲在武汉签署协议，以26亿港币（约22.73亿元）收购国内最大农产品B2B公司中农网60.49%的股权，成为中农网控股股东。收购完成后，卫哲由卓尔集团独立董事转任执行董事、首席战略官，并继续担任中农网董事长。

当时，置入更多的交易平台，覆盖更多的交易品类，扩大生态圈，成为卓尔的布局方向。B2B平台大多处于探索和培育期，能够赢利的实属凤毛麟角，而中农网就是其中的佼佼者。一份靓丽的财务报表，让双方对彼此一见钟情。

这桩卓尔史上最大一笔并购交易完成之后，卓尔集团已形成九大交易及金融、物流、供应链管理等服务平台：以卓尔购为核心的综合电商交易平台；中农网等三大垂直电商平台；兰亭集势作为跨境电商交易平台；卓集送、卓服汇、卓金服、嘉石榴等则分别提供产业链物流、仓储、金融服务。

2016年11月，第三届世界互联网大会在乌镇举行，卓尔首次走到了全国互联网产业的聚光灯下。卓尔全球智能交易生态圈新闻发布会在乌镇峰会上举行，卓集送全国版启动上线，同时开通18个城市分站。

此时，从传统业务出发，卓尔集团通过自建平台、资本整合强力转型互联网，不到两年即搭建了一个千亿级的B2B平台，进入中国互联网的核心圈层，剑指中国最大的B2B电商企业及中国最庞大的产业互联网交易及服务体系。

当天，阎志在激情澎湃的主题演讲中，发布卓尔全球智能交易平台战略规划：全力布局和打造卓尔智能化商业交易生态圈，形成开放、高效的中国最大B2B交易平台，同时做大服务平台，形成完善的物流、金融、供应链管理等服务链条。各大交易平台和服务链条互联互通，协同发展，将在两到三年内形成万亿规模、在全国有重大影响力的智能化产业互联网交易平台。

阎志如是解读卓尔新的商业模式："智能化交易生态圈促成上千亿乃至上万亿的交易规模。卓尔中从寻找真实、有效、可控的优质交易和资产，为其提供金融和物流服务，获取利润。"

接下来，卓尔先后并购化工塑料交易平台"化塑汇"，联合西本新干线组建黑色金属交易平台"卓钢链"，并入股海鲜交易平台"海上鲜"。

通过三四年的努力，卓尔智联建立了以批发电商卓尔购、农产品电商中农网、跨境电商平台兰亭集势、化工塑料交易平台化塑汇、黑色金属交易平台卓钢链、海鲜交易平台海上鲜，以及卓集送、卓尔云仓、卓尔金服、卓贸通等在内的B2B交易服务生态，形成在消费品批发、白糖、板材、茧丝、黑色金属、海鲜等领域拥有重大影响的交易平台集群，交易规模超过5000亿元，成为中国B2B领域市值最高的上市公司。

以产业互联网交易平台为核心，卓尔渐次形成日趋完善的产业服务链：组成了卓集送、兰亭智通等全球化物流服务链，嘉石榴、卓金服、卓付通、众邦租赁、弘康保险、众邦保理等供应链金融服务平台，卓易通、汉口北国际、卓贸通等供应链管理平台，成功打造了中国最庞大的B2B交易及服务体系。

2018年7月3日，"卓尔集团"再度变更为"卓尔智联集团"，以便更准确地反映阎志提出的"智联天下生意，服务创造价值"的新定位和商业理念。

阎志说："我们将通过建立智能化商业交易生态，使全球交易更简单，帮助遍布世界各地的客户降低交易成本、物流成本、金融成本，这是我们参与产业互联网事业的初心所在。”

众多交易平台涉及消费品、农产品、化工、塑料、海鲜等不同品类，服务平台跨越仓储、物流、金融、供应链管理、跨境等不同类别，粗看起来芜杂纷乱，如何使它们有机生长，产生融合和协同效应，让卫哲“1+1>10”的恢宏构想顺利实现，并带领卓尔实现更高更远的跨越，这是一个重要的课题，看起来也是一个难题。

很快，这个难题就有了理想答案。阎志慧眼识才，知人善任，邀请中农网联合创始人齐志平担任卓尔智联集团的执行董事及联席行政总裁，全面负责线上业务。早年毕业于深圳大学的齐志平一直深耕于B2B领域，在运营和供应链、电子商务平台的投资开发、战略规划以及全球资源管理和部署方面有着丰富经验。而中农网则被阎志认为是国内为数不多的真正“打穿”了产业链，建立了成熟赢利模式的平台。

阎志多次在卓尔企业大会上对齐志平的到来表示高度认可：“齐志平来负责卓尔智联的工作之后，很多事情就不需要我操心了，管理得很好。”齐志平是事业心很强，不辱使命的人，到任之后，融合与拓展大刀阔斧，在人才构架、公司治理、战略执行、业务督导等方面全面出手。他的全心全力，使卓尔智联展露出更强的凝聚力，一切按阎志预定的方向顺利推进。

2017年开始的时候，阎志曾深情回望过去二十年的创业历程，他的这段话也许可以永远留在卓尔的历史上。

> 2017年是卓尔发展进入的第二十整年，第二十一个年头，这是卓尔从幼年走向青年的标志，是卓尔发展的关键一年。卓尔在过去二十年通过艰苦奋斗、艰辛创业，跌跌撞撞走过来。过去的二十年里，我们看到了绝大部分民营企业的成长与消亡，我们生存下来了。过去的二十年里，我们是少有的茁壮成长的企业之一，发展成为资

产规模达数百亿、市值数百亿的企业，处于中国民营企业第一阵营，交上了这样一份成绩单。过去的二十年我们积累了人才、资本，同样积累了经验教训。过去二十年非常不容易，我从25岁创业经营到现在的45岁，卓尔通过二十年发展，变得越来越成熟。

2017年6月13日，武汉召开新民营经济发展大会，卓尔控股被授予武汉市2016“中国民营企业500强”，阎志被授予2016年度“武汉优秀民营企业家”。阎志在发言中说道：“卓尔企业将认真对标发展新民营经济的新方向、新要求，转型升级，行稳致远，朝着世界企业500强的目标坚定进发。下一阶段，卓尔控股将加速形成互联网化新商业模式，打造新的产业集聚格局。以交易型产业互联网为核心，拓展卓尔云市场的影响力，形成行业领先地位。建成卓尔全球智能交易生态圈，力争实现年交易额达一万亿元。”

透过卓尔再造的三年艰难蜕变，再以更长远的视野回顾创业二十二年的坎坷历程，这种平凡中蕴含不凡的企业文化，从优秀走向卓越的商业精神，在今时今日的中国企业界都显得无比珍贵。

可是，还远未到盖棺论定画句号的时刻。卓尔已经取得很伟大的成就，但它还应该取得更伟大的成就。

拥抱新贸易时代

2017年1月10日，阎志前往北京参加由新浪财经、人民日报客户端等联合举办的“2016中国十大经济年度人物”颁奖盛典，格力电器董事长董明珠、中国邮政储蓄银行行长吕家进等企业家与阎志一起获此荣誉。组委会给阎志的颁奖词是：

他是企业家里少有的几个懂得批发市场，并天天和批发市场商户打交道的人，传统市场走到十字路口，他果断转型，因势而变，利用线下市场顾客、物流设施优势，发展线上交易、数据、金融特色服务，用新技术、新业态、新模式为传统批发商贸业插上翅膀，造就一个智能化的商业交易生态圈，打造电商新一极，在他心里正逢其时。

在现场，著名主持人、阎志在长江商学院的同学春妮朗诵了他的诗作《宝石》。这首《宝石》是阎志在2016年上半年写的一首诗，他对大家解释说：“我写的就是一颗尘埃，怎样变成沙粒、变成石头、变成宝石，除了自身要经历磨炼、要经历孤独之外，它同样需要机遇，它要遇上海水、遇上月光。必须得有这样的经历，必须要经过打磨，才能够发光。”

这首诗完全可以视作阎志对卓尔二十年创业心路的总结和期待，阎志与卓尔一起迎来前所未有的机遇和打磨，二十年前的那颗尘埃正散发出宝石的光华与能量。

近年来，卓尔智联经过马不停蹄地并购，不断调整完善，发展不断提速。2017年度，卓尔智联营业收入达到222.49亿元，较上一年度增长超过17倍。其中供应链管理及贸易收入占比达93.21%，电商及金融服务收入增长8倍，转型效果明显。

2018年6月底，中国电子商务研究中心发布《2017年度中国电子商务市场数据监测报告》，在全国B2B电商上市公司年度榜单中，卓尔以1016.31亿港元的市值名列榜首。这表明卓尔正在B2B电商行业建立清晰的身份标识，转型成效获得业界和资本市场高度认同。卓尔智联市值一路上涨了10倍，最高达1200亿港元。

2018年5月中旬，卓尔通过股权转让及增资方式持有海上鲜22%

的权益，成为最大的机构股东，阎志评价："'海上鲜'将遥感设施用到B2B上是难能可贵的技术创新。"他是一个对新技术和产业变革十分敏锐的人，还将视野对准一些在智能仓储方面有领先应用的物联网公司。区块链让众多企业前赴后继，阎志一直在思考区块链在B2B场景中的应用："B2B场景最适应区块链技术，B2B交易支付最适合数字货币结算。"既然如此，卓尔面对新技术的机遇，就自然不能甘于人后。

因为最近三年卓尔智联集团显著的互联网化转型成绩，以及在中国B2B市场形成的领先交易、服务能力，新加坡中华总商会专程邀请阎志出席第二十届中小企业大会做主题演讲。这一次，阎志站到了国际舞台的聚光灯下。他判断说，随着新一轮科技革命和产业革命的到来，以B2B 4.0为标志的新贸易时代正在到来。他指出，B2B的演进经历了几个阶段，B2B 1.0是网站信息展示时期，B2B 2.0是交易撮合阶段，B2B 3.0融合了交易和服务，B2B 4.0则会真正实现"让天下没有难做的生意"。

在阎志的眼中，卓尔必须分秒必争，要抓住这个重大的机遇，从B2B交易的追随者到行业的引领者。虽然这是阎志第一次在公开场合谈及"新贸易时代"，但是卓尔的布局却早已开始。

6个月前，在新加坡贸易发展局主导下，卓尔与新加坡交易所等机构开展合作，成立合资公司，联手打造一个互联网化、国际化、便利化的全球商品智能交易平台——CIC（世界商品智能交易中心）。这是中国企业首度参与大型全球B2B交易平台的构建及运营。

作为第一个链接中国市场、服务全球化贸易的大宗商品B2B平台，CIC将能够使没有贸易协定、无直接贸易渠道的国家之间能够顺畅、快速地开展国际贸易，参与国际分工，"以交易的数据化、智能化推动贸易的便利化和全球化"。

余伟加盟卓尔后负责"货运版滴滴"——卓集送平台的搭建。这个语速很快、思维敏捷，时常满面春风还带着酒窝的小伙子，因浓烈的互联网基因和出色的表现深得阎志赏识，三年后升任卓尔智联集团副总裁。2018年初，他只身来到新加坡，迅速组建工作团队，出任CIC平台CEO。几个月内完成平台搭建，并和当地政府、贸易机构、银行展开密切合作，一切进展顺利，如鱼得水。

面对6000多名华人企业家，阎志介绍说，卓尔智联正精准定位，搭建以区块链为平台底层，以物联网、人工智能、大数据、数字货币为基础设施的新一代开放型智能B2B交易平台。卓尔智联将为各类B2B交易平台和服务机构提供流量入口和技术支撑，重新定义B2B乃至世界贸易方式，提高市场开放程度，迎接新贸易时代的到来。

而阎志想要实现的最终梦想是“让交易平滑至简，让要素无界流动”。这是新贸易时代的美妙图景，也是卓尔智联为之不懈努力的梦想！二十二年风雨兼程，卓尔平凡，卓尔不凡。

在笔者创作本书的三年间，卓尔无时无刻不在创新变革，每一年都会发生翻天覆地的巨变。看上去，卓尔已走了很远的一段路，历尽千难万险，可他才22岁，依然是斗志旺盛、狂奔突进的少年，他还需要经过残酷青春期的考验和沉淀。他依然对未知的变化充满焦虑和恐惧，但他内心坚定且初心不变。

这是个自由开放的世界，这是个梦想成真的时代，岁月会给为理想奋斗者一个丰硕的未来。

第十六章

众邦银行：

做有温度的交易银行

在这个崭新的春天
用全部的念力
祝福每一朵花开放
百合在凌晨醒来
带着关于春天所有的消息
静待在某个夏日猎猎绽放

——阎志《崭新的春天》

问世：湖北首家民营银行

2013年秋天，夜色渐浓，商铺林立的汉口北灯火辉煌，一片繁忙景象。几公里之外的卓尔总部大厦17楼，阎志的办公室依然亮着灯。他站在窗口，望着车来车往的巨龙大道和远处的繁华未落的汉口北，陷入良久的沉思。

卓尔抓住了汉正街升级转型的机遇，创造了汉口北，自此进入交易市场领域。互联网交易的新潮下诞生了“卓尔云市”智能交易市场，出现了卓集送、卓金服、卓服汇一系列互联网服务产品。若说还缺什么，便是缺一个有着完备风控体系的民营银行。在过去十多年间，阎志与第一企业社区、汉口北的商户已结下深情厚谊，深知小微企业贷款、融资的困境。打破金融困境是繁荣汉口北的关键一步棋，尤其在商户大规模开门营业的初期，对稳定人心、提振信心至关重要。几年前，为解决商户融资难问题，保持汉口北的经营活力，阎志成立汉口北担保投资有限公司，专门为汉口北的小微商户提供定向金融服务，许多商户获益匪浅。谈及设立民营银行的初衷，阎志表示，这是企业发展到一定阶段后的产物，“我们了解到身边民营企业对金融服务的需求，希望成立银行给它们提供帮助”。

2013年10月17日，“众邦银行股份有限公司”名称获国家工商总局预核准，但此后两年多的时间内，众邦银行没有任何消息。其实，王丹莉将“众邦银行筹备处”搬到江汉区建设大道的广发银行大厦50层。这里是武汉最繁华的商业地带，距离卓尔大厦近20公里，大家仿佛在从事一项秘密的攻坚任务。连卓尔员工都不知道“那帮玩金融的伙计们”究竟在忙些什么，“反正我们也不懂”。

此时，关于民营企业办银行并没有明确的指导意见出台，王丹莉到处了解情况，投入大量精力研究政策，对监管层的指导思想分析得非常透彻，对卓尔自身优势开展全面评估。她解释道：“民营资本进入银行领域，一定要差异化才有机会错位竞争，倒逼传统银行业改革。刚开始我们就定位物流银行，卓尔做商贸物流，而且物流也符合武汉的经济特征。后来又加上科技，毕竟光谷是资本特区。这样‘物流银行+科技银行’就成为众邦银行的双定位。”

在业务模式上，大规模开网点、靠存贷差赢利的传统模式已经被抛弃，阎志希望众邦银行成为一家真正意义上的互联网银行。此后只要阎志去互联网企业参观考察，一般都会带上金融部门，阿里巴巴、腾讯、京东、1号店都是学习对象，学习互联网巨头金融业务的数据采集、挖掘、计算能力，包括IT系统和组织架构的搭建以及风险控制。阿里巴巴和京东的金融业务与卓尔非常相似，都是做贯穿整个业务的供应链金融，不管是B2C（企业对消费者）、C2C（消费者对消费者）还是B2B，闭环生态圈形成之后，整个金融业务都可以在链条内部打通有效运行，而且资金的风险控制都在可视范围内。这正是王丹莉最看重的创新之道：“卓尔未来的利润来自服务，包括电商、仓储、物流等，但最高端的一定是金融。”

阎志非常清楚金融对于卓尔的战略意义，他对众邦银行寄予厚望。“众邦”是“Zhuoer Bank”的中文谐音，既有“卓尔银行”之意，也代表集聚公众的力量来互相帮助。自始至终，阎志并不像有些投机者那样为拿到牌照而筹办民营银行，他下定决心要为卓尔转型寻找一条金融突围的道路。三年来，围绕在阎志身边的质疑声从未中断，不过他凡事“积极、执着”，这种性格在漫长的岁月中已沉淀为卓尔文化，融入王丹莉的银行筹备团队之中，使他们能够始终坚韧不拔，勇往直前。

2015 年 12 月，众邦银行顺利通过银监会的批准筹建答辩。经过银监会与湖北省政府会商之后，众邦银行将启动筹建程序，4 个月之后就可以正式开业。按照监管规定，众邦银行注册资本 20 亿元，卓尔控股为第一大股东，认购 30% 股份，武汉本土的当代、壹网通、钰龙、奥山、法斯克 5 家企业参与发起。

需要提及的是，民企参与设立民营银行的途径主要有两种：一是民间资本通过二级资本市场参与银行增资扩股的方式进入现有商业银行；二是民营企业自主申请、设立全新的银行。前者相对容易，但卓尔却偏偏选择了第二条“更复杂的道路”。众邦银行股东之一、当代科技创始人艾路明曾说过的一句话，可以作为此举措的一个贴切的注解。他说，当代集团也参股过武汉农商行、汉口银行，但那都是象征性的，这次不仅可以深度参与，更可以自己决定。不过，他对合作伙伴阎志完全信任和无条件支持。对公益事业的共同支持，加深了他们的友谊，也成为他们进行密切商业合作与互信的基础。艾路明当选阿拉善SEE生态协会第七届会长，阎志受其邀请接过阿拉善SEE湖北项目中心工委主席聘书，参与发起长江生态保护基金会，参与江豚保护行动等，全力“辅佐”和支持艾路明的环保事业。

阎志已经为众邦银行问世提前布局。2016 年 6 月 3 日，卓尔宣布收购嘉实资本旗下嘉实融资租赁、九鱼资产管理的全部股权及嘉实金服的90%股权，总代价约为2.16亿港元，并以此为基础组建全新的卓尔金融集团。加上卓金服、担保公司、支付渠道公司，卓尔正逐步完善智能化商业交易生态圈布局，供应链金融服务得以完善。12月6日，众邦银行获得银监会批复，成为湖北省第一家获批的民营银行。卓尔已经在这一波民营银行热潮中占得先机，在金融布局、资本运作方面渐入佳境。

将近半年之后，2017年5月18日11时18分，汉口北大道88号众邦银行大厦的红色幕布被揭开，藏青色的“Z-BANK”标识缓缓亮相，众邦银行正式开业。这是湖北省第一家民营银行，也是中国第一家交易服务银行。

揭牌仪式上，湖北银监局股城处处长邓超宣读武汉众邦银行开业批复文件。随后，湖北省金融办副主任胡俊明、武汉市金融工作局局长方洁、亚布力中国企业家论坛主席田源，以及艾路明、喻红桥、邬剑刚、于刚、阎志等领导和银行董事及股东代表为武汉众邦银行揭牌。

开业当天，众邦银行分别与省工商联及联投集团、九州通、华工科技等十大集团客户签署战略合作协议，与10家中小微商户代表签订授信合同。湖北省副省长曹广晶、时任武汉市长万勇参加了此次签约仪式。

阎志以众邦银行党委书记的新身份致辞表示：“众邦银行将是一个有温度的银行，致力于满足每一份看起来都微不足道的金融需求，让民营企业拥有及时、普惠的金融助力，成为最具影响力的中小微金融机构和专业交易银行，链接天下生意，成就百年银行。”

值得一提的是，在众邦银行开业的当天就发生了实际业务，这在民营银行中是非常少见的。5月18日开业当天在盛大的典礼结束后，众邦银行前中后台的员工紧锣密鼓地回到工作岗位，安排第一笔企业的线上贷款业务的发放。当天晚上11点，第一笔资金就顺利到达客户的账户上。

这是阎志梦想成真的时刻，他春风满面，却始终保持低调。不仅特意把自己安排在第二排就座，介绍嘉宾时也排名最后。一个没有找到座位的嘉宾恰好站在身旁，他连忙起身硬要让座给客人。不过，致辞时感谢领导光临之后加一句“感谢兄弟们”，还是可以感受到他内心的欣喜和激动，发言稿上原本写的是更官方的“感谢各位合作伙伴”。毕竟，众邦银行不只是卓尔银行，而是诸位股东和万千客户共同的事业。

专注供应链金融赋能中小企业

截至 2017 年，全国已经批准筹建 17 家民营银行，众邦银行是第 12 家开业的民营银行。民间资本进入银行业一直是改革开放的重要内容，随着改革的深入推进，设立民营银行成为市场新的风口，“躺着赚利差”成为资本追逐的目标。但阎志从未这么想过，他成立众邦银行的初衷很简单，就是为中小微企业提供有温度的金融服务。

最初，丰厚的利润是银行业对民间资本的一大诱惑。然而，随着利率市场化的深入推进，存贷利差不断收窄，银行早已告别躺着赚钱的时代。传统的赢利模式难以为继，在此背景下诞生的众邦银行却不以为然，阎志深知民营银行的痛点，也清楚记得设立众邦银行的初衷。

阎志坦言：“作为民营银行，在传统的银行经营领域中没有任何优势，一开始就必须寻求差异化、特色化发展，才能在市场中争得一席之地。要深刻把握众邦银行的基本属性，第一个属性是民营中小银行，第二大属性是互联网银行。作为中小民营银行，就要追求回报、控制成本，作为互联网银行就要追求创新驱动。”阎志显然已经为这个市场做好了充分的准备。

众邦银行从股东成立之初，定位就非常清晰——立足于服务于中小企业的交易银行。这点和其他的民营银行比较起来，是非常难得的。众邦银行副行长李小刚一年后回忆当初，尤感庆幸。有的民营银行定位模糊摇摆，既想做消费，又想做小微企业，既想做线上，又做传统的线下业务，游移不定。而众邦银行从股东到管理层，从发起筹备、开业到现在甚至是到未来，方向都不会变。他说，“正是成立之初就确立了清晰的业务方向，银行的很多基础工作开展起来目标非常明确，正因如此，我们的管理团队非常稳定而坚固”。

众邦银行从北上广深招募既懂银行又懂互联网的跨界精英，团队中从一线城市回流的人才占了三分之一。原徽商银行行长助理兼公司银行部总经理晏东顺任众邦银行行长。晏东顺是湖北人，从华中师范大学毕业后，先后供职于农业银行、民生银行、徽商银行，辗转多个城市，最后他选择回到武汉，掌舵家乡第一家民营银行。在晏东顺心里，“众邦银行定位清晰，发展方向明确，机制现代灵活，颠覆了传统银行的概念，对于一个高级职业经理人是极富价值的挑战”。

晏东顺待人谦和，思维敏捷。一年多的共事时间，这位行长留给大家印象最深的是思想开放，非常愿意接受新的事物，听取不同意见。正因如此，在行内从上到下都形成了创新的文化，各个层级的员工在思考自己的业务时都秉持创新思维，这体现在每个员工的脑海里、做事的每个细节上。“对于小型民营银行来说，创新是唯一的生存机会。而晏行长为我们创造了这样的机会。”

大家都很坚定地认同银行的定位和方向，这在众邦银行的筹备阶段就达成了共识。当时，所有的管理层集中在卓尔书店办公，大家碰撞出了非常多思想的火花，正是夜以继日的讨论、推演，才顺利完成了众邦银行开业前的筹备工作。

据员工回忆，卓尔书店的办公室有四个长条的办公桌，摆成一排，大家讨论最多的话题就是众邦要做什么、怎么做。房间里有一个小黑板，众人在黑板上不断重复地推演、调整，遇到有趣的话题，就聚在一起头脑风暴。大家深知在激烈竞争的市场，众邦这样的小银行站稳脚跟很不容易。从早9点讨论到晚9点，正是那段自由讨论的时光，奠定了众邦银行起步期稳健的模式。

按照政策规定，民营银行应“一行一店”，在总行所在城市仅能设立一家营业部。这一规定，是为了让民营银行走出一条与现有商业银行不同的道路，但客观上导致民营银行无法在线下通过大规模扩大服务半径吸收存款。正因如此，包括众邦银行在内的大部分民营银行，都弱化其物理网点属性，将“互联网银行”作为重要标签。众邦银行仅在汉口北众邦银行大厦设立概念体验店，在西北湖众邦金融中心设立营业部，个人客户可在线下办理银行卡、办理现金及信贷业务，其他绝大多数业务都在线上通过互联网完成。

作为互联网银行，众邦银行以线上线下融合的模式运行，主要通过线上方式提供服务，通过以大数据和云计算实现信用评估和风险控制。可以说，风险控制是一家商业银行的灵魂，技术系统也是众邦银行的生命线，也是其资产中最重的部分。为了提升智能化程度，优化用户体验，众邦银行投资5000万元自建核心运营系统，这套风控系统综合了上百种风控模型及算法，可挖掘客户的基础身份数据、信用状况、平台交易数据、社会化第三方数据信息，为客户在线授信，提供非抵押、非担保的金融服务，可实现秒借秒还、循环使用。晏东顺笑称，“我们的发展路径可以说不像家银行”。晏东顺表示，众邦银行更应该成为一家“互联网公司”、一家“金融科技公司”或者说是“金融产品的线上科技公司”。

传统银行注重抵押、担保的风控模式不适用于供应链金融交易，众邦银行利用自己在线下对交易、仓储、物流等整个闭环的控制，将更多的风控依托于真实的交易背景。例如华棉所这些平台本身就深耕于垂直领域，它们在行业内有非常多的积累，众邦银行向它们学习了棉花产业链企业的交易模式、交易对手的选择方式等，然后把将这些产业知识提炼成指标加入银行的风控模型，从而分析企业的真实需求，实现风险的控制。

事实证明，民营银行走差异化细分市场的道路，确实为其解锁了诸多新的玩法。众邦银行要“玩”的，是国内尚在起步阶段的交易服务银行。交易就是买卖，买卖各个环节的参与者都有跟钱有关的需求。而所谓交易服务银行，就是围绕买卖各环节产生的金融需求开展业务的银行。事实上，在贸易金融、供应链金融方向，国内已有银行做出探索，但是，真正形成完善体系的专业交易银行却始终没有出现。晏东顺认为，“这是市场的缝隙，也是上天留给众邦的机会”。正所谓“有交易的地方，就有众邦银行”。

市场留下的缝隙也正好是众邦银行的优势所在。在众邦银行股东企业核心交易生态圈中，有卓尔云市、华棉网、中农网、1 药网等 10 多个年交易额超 5000 亿元的平台，活跃用户超过 20 万家。在建立初期，众邦银行就围绕发起股东企业的核心交易生态圈为起点，为平台参与者提供支付、结算、贷款等上下游金融服务。短短半年的时间就实现了赢利，资产规模达到 146 亿元。

在供应链业务模式趋于成熟的基础上，从 2018 年 4 月开始，众邦银行集中精力在科技和风险控制上突破，陆续推出了适合于卓尔智能交易生态圈各个 B2B 平台的供应链金融产品。比如推出了适合卓钢链的“钢 E 贷”、适合华棉所的“棉易贷”等。传统的金融服务和交易是割裂的，一般在资料准备齐全后去银行申请贷款，款项到账后才能去交易，过程复杂，等待时间较长。而众邦银行的供应链金融服务将金融和交易结合，中小商户可以在交易平台上实时、无缝隙地享受银行的专业金融服务，让平台企业可以方便、迅速地完成交易。随着围绕 B2B 平台的供应链金融产品顺利推进，银行规模也同步迅速扩大。至 2018 年 7 月，全行总资已产突破 200 亿元。

不同于一般企业的做大做强，晏东顺对众邦银行的发展定位一直是强调要做“小”。这里的“小”，一个是指融资的金额小，对提出需求的客户，不设置最小贷款额度；二是指众邦银行服务的对象均为中小微企业。正所谓“有所为，有所不为”，“有所为”就是在关注的领域加大投入，集中精力做好一件事情。“有所不为”就是不赚钱、不跟随、不模仿，不追求短期利益。这一决策为成千上万的民营中小微企业解决了融资难、融资贵的问题。

对卓尔交易生态圈而言，配合已有的嘉石榴、卓金服、众邦融资租赁、众邦商业保理、卓嘉资产等组成的金融矩阵，众邦银行已成为卓尔供应链金融领域的一把利剑。充沛的金融资源、难得的银行牌照、灵活快捷的互联网服务，为卓尔智能交易生态的发展注入了源头活水，成为连接和润滑这个庞大生态的关键棋局。拥有专业交易银行赋能作为强劲后盾，也让卓尔系成为国内B2B领域中优势最显著、最令人艳羡的平台。而这一切，都是因为超前的战略布局。

重压下逆势成长

作为中国首家专注于供应链金融的互联网银行，众邦银行以精准的定位为自己迎来了快速增长。开业一年后，全行总资产即突破200亿元大关，存款总额突破167亿元，税后净利润增速达185.96%，规模和利润实现双增长，有力地支持了中小微企业发展。这一业绩，让作为银行党委书记的阎志备感欣慰。

随着众邦银行的业务逐渐扩大，规模经济效应越来越明显，实现了利润较快增长。同时，金融产品的知名度逐渐得到认可，单个客户业务种类增多、综合收益增加，黏性增强。虽然众邦银行并没有刻意进行宣传，但在卓尔智能交易平台的生态圈上聚集了大量企业，用户体验感提升后，很容易口口相传，众邦银行客户圈还逐渐扩展到已有客户的上下游、商业伙伴甚至是竞争对手。

回过头来看，在卓尔产业链下做交易服务型的金融平台，似乎众邦银行的成绩是顺理成章的结果。但恰恰自成立以来，众邦银行就面临诸多压力，逐一克服困难并发展壮大，这个过程无一不体现大股东卓尔和众邦管理层的智慧与胆识。

2017 年 5 月 6 日，距离众邦银行开业还有十几天的时间，阎志为开业准备召开了一次正式会议。阎志直言不讳地承认，众邦银行起点低、底子薄、注册资本金也是民营银行中最低的，生存发展压力很大。他说："在民营银行里我们没有太大的优势，别人有的有场景优势，如腾讯、阿里系银行；有的占据经济总量大的市场，比如在上海、天津的民营银行；有的在民营经济活跃发达的地区，如温州、福建的民营银行。在本地，我们也无法与国有银行、股份制银行比较，甚至规模远小于汉口银行、湖北银行、武汉农商行等本地银行。"

其实早在筹建之初，阎志就对众邦银行的管理层交代过，"唯有发展才能解决问题。应该看到发展难，不发展更难。如果不发展就会处于银行生态链的最末端，必须要靠发展才能解决问题"。正因没有任何退路，众邦银行的团队早就积极地在市场上开拓业务。至开业前夕，众邦银行已储备 600 多名对公大客户、确定意向贷款 9 亿元；相应的金融产品计划已准备就绪，静待上线。正因前期充分利用卓尔交易生态圈做足的准备，才让众邦银行在资产毫无优势的情况下迅速打开了市场，业务进入快速发展通道。众邦银行自此备受外界关注，在湖北掀起了一阵互联网金融旋风。梅州客商银行、营口银行、吉林银行、宁波通商银行、三峡银行、安徽新安银行、徽商银行、湖南三湘银行等同业陆续来访交流，品牌市场认可度达到新高。

虽然股东拥有强大的资金实力，众邦银行的价值实现却不是靠强大的本金来撬动的，而是通过优异的产品设计，实现资本的高效流动。

成立伊始，众邦银行就推出“应收易”“即时付”“采购赢”等多款产品，对商品采购方而言，通过线上融资可提前足额支付货款，卖家则可提前收回“应收账款”，这不仅提高了线下商品的流转速度，也帮助小微企业节省了交易成本。

如果说起在众邦银行发展壮大的过程中令人印象最深的几件事，就不得不提2017年银行监管新规的出台。2017年是银行的监管年，众邦银行一出生就遇到了监管风暴，压力重重。在众邦银行的管理层看来，银行的监管压力对众邦来说既是挑战又是机遇。强监管对众邦来说，未必不是一件好事。在还没完全长大、具备足够抗风险能力的情况下，盲目扩大规模是要“交学费”的。从另一个角度来看，作为一家新银行，在强监管下有助于把基础打得更扎实，从起步时强调合规，自我要求严格，保证银行真正围绕着主业、围绕交易平台、围绕供应链做出自己的特色业务，稳健经营。

真正的勇者敢于逆流而上，擅于在逆境中抓住机会。防控金融风险被当作湖北省年度三大攻坚战之一，足见政府部门的重视程度。时刻对金融市场保有高度敏感性的阎志意识到，金融市场大额资金空转现象确有存在，系统性风险也的确是银行客观存在的问题。2018年1月15日，他专门召集众邦银行党委办公扩大会议，郑重提醒管理层：“监管不会只是一阵风，而是会越来越严格，必须敬畏监管，守住本分，从制度上、根本上解决问题，切实把合规经营、防控风险作为工作的重中之重。”面对政策的严厉，阎志看到的却是机会。众邦银行“服务中小微企业”的初衷，与监管要求的“资金脱虚向实、金融回归实体”不正是不谋而合吗？而当天会议纪要送达银监部门，阎志的清醒和冷静受到高度肯定。

今天，当人们谈论阎志发起创办众邦银行，或者梳理卓尔自登陆香港联交所以来的资本运作和金融布局，都不会感到惊讶，仿佛这一切都顺理成章。可是，在成千上万的湖北企业家中间，短短数年马不停蹄地完成这些冒险之举的仅此一人，哪怕有人完成其中一件事情都能在省内外引起震动。阎志并非天生的资本运作高手，但他有着超出常人的学习能力和求知精神，他对包括香港联交所在内的资本市场的制度、规律、逻辑，甚至哲学层面的认知令科班出身的金融高管都佩服不已。

显然，阎志并没有未卜先知的特异功能，这只是他长期关注宏观经济和资本政策形成的预测能力。如果非要说他在资本运作及金融创新中有什么秘诀，那一定是他看清了改革的方向和时代的呼唤。

第十七章

诗和远方

我总以为这个旅程即将结束
总是想将我认为最好的事物与
我热爱的人们分享
这就是我所有急切的由来

——阎志《想念》

诗歌才是他的归宿

阎志曾憧憬过退休之后的悠闲生活。

早在2006年10月接受《武汉晨报》采访时，阎志就感叹忙得没时间写诗："以前一年少说写几十首诗，去年只写了几首，今年一首诗也没写。"不过他还是尽量抽时间带儿女去度假，其乐融融。他告诉记者："五年内建设好总部基地和盘龙国际轻纺城，将卓尔纺织产业打造为具有国际竞争优势的大型纺织企业，将卓尔传媒打造成为中国一流的文化企业。"干完这些，他就可以退休了，"找个山清水秀的地方，专心写作"。

没想到，五年之后，阎志成功把卓尔送到香港上市，自己成了"湖北首富"。这时候，他又梦想着把卓尔送进"世界企业500强"，还规划出2020年实现三个"千亿"的蓝图，退休计划早就被他忘得一干二净。

阎志是名副其实的"空中飞人"，不在飞行途中就在赶往机场的路上。有一天晚上他七点半飞到武汉，落地后通知高管八点开会。那天会特别多，一口气开了 6 次会，直到凌晨。所有会议结束之后，他又整装待发，飞到外地处理要务。高管也不例外，半夜都可能被他安排任务，周末也不能休息，随时待命。

不过，最近一年他还是有所变化，脾气也温和许多，有跟随多年的老员工形容说："阎总这么多年，性格变化就像小山坡一样高低起伏。"以前做记者、当编辑，他脾气很好，为人和善；后来做广告、搞实业，压力如山，脾气暴躁，喜怒无常；2006 年开始做第一企业社区、汉口北之后，他把自己绷得像满弓一样紧张，有时火气上来会到情绪失控的地步，他的秘书不知道被吼哭多少次。近几年要好得多，他会尽量忍住不发火，甚至愿意倾听别人指出不足之处。

张玲从座驾的变化分析阎志这些年的变化："创业的时候，阎总骑那种很小的电瓶车上班。后来生意慢慢做大了，换成了一辆本田。之后他就一直开宝马 5 系新车，一开就是许多年。现在经常坐丰田。"她又从一个更直观的角度补充说："他早年很清瘦，中间发福了一些，现在又瘦回来了。"然后，她越说越细致："以前是长发飘飘，后来习惯了精神利落的短发，现在人到中年，头发开始变少，两鬓都有白发了。"

在张玲这短短的描述中，阎志就从一位骑电瓶车的潇洒少年变成了青丝染霜的中年男。20 年光阴就这么弹指一挥，这里面也有张玲的整个青春。

岁月催人老。阎志依旧风华正茂，可他的父母真的老了，头发花白，身体状况也不如从前。母亲王银兰身体还算硬朗，耳聪目明，依然记得所有家庭成员的生日。她还因为卓尔爱上了足球，每逢比赛日必定在电视机前守候，家里人调侃她可能是卓尔最年长的球迷。父亲阎德和记忆力衰退，很多人和事都记不起来了，但唯独认得阎志，只要看到报纸、杂志上有儿子的名字、照片他都会留存起来，引以为豪。老人年纪越大，越像个孩子，需要人哄，阎志很有耐心，从不对父母发脾气，也不会说半句重话。

只要在武汉，无论多晚，阎志都会回家陪陪父母，并且争取陪他们吃饭。2014 年端午节那天上午，我与阎志第一次见面，他原本打算以最短的时间讲完卓尔的过去、现在、将来，可越说越兴奋，抬手看表时已经中午 12 点了。然后他匆匆起身，说声“抱歉”，指示陪同人员安排接待，并表示自己先回家陪父母吃饭，片刻之后一定回来“喝杯酒”。卓尔员工对此早已习惯，每逢节日阎志都会与父母一起度过。没过多久，他果然赴宴，推杯换盏间，继续讲述创业二十年的苦辣酸甜，离合悲欢。

几年之前，阎志按家乡习俗，在罗田县三里畈镇为父亲隆重庆贺八十大寿。卓尔策划部的同事对活动庆典轻车熟路，认真细致地用心筹办。他们在镇上搭台唱戏，请戏班子一连唱了好几天。晚上的节目是露天电影，曲终人散后还专门派人放烟花，把小镇映照得绚丽璀璨。这恐怕是三里畈镇有史以来最有派场的寿宴，镇上的人对此都记忆犹新：“不管认识不认识，送礼不送礼都可以去吃。”他们还补充说：“放了好多礼花，非常气派。”阎志的孝心却并没换来父亲的欢心，这位老革命一辈子勤俭节约，他有点不高兴，批评儿子花钱大手大脚，太奢侈，太隆重。阎志并不在意，他就想让老人热闹热闹。

现在，阎志在儿女教育问题上顺其自然，把“健康和快乐”摆在第一位，“为孩子创造相对轻松的生活学习环境，尽量当孩子的朋友，而不是严父”。女儿喜欢足球，崇拜贝克汉姆。2013 年 3 月 24 日，贝克汉姆受邀到卓尔足球队参加活动，阎志带女儿去见偶像，没想到现场人太多，阎志和贝克汉姆被人簇拥到会议室，女儿差一点被清场的工作人员带到门外。虽然发生“乌龙事件”，但与贝克汉姆合影之后女儿还是兴奋了好几天。2013 年 6 月 16 日是父亲节，阎志收到女儿的礼物——《农民家书》和《大师难忘的事儿》。阎志很开心，在微博上图文并茂地分享：“书选得很棒，我都很喜欢。”

2014年春天，阎志给自己放假一周，日程表上的项目是陪孩子、看美剧、翻书、戒酒、饮茶、午睡、逛书店、看电影、品美食、刷微博……2014年夏天，卓尔举办亲子活动——第一季“卓尔版爸爸去哪儿”。连续三周的周末，卓尔员工带着孩子去武汉客厅参观外星知识展，到极地海洋世界探秘，去卓尔书店看书，看电影，体验桃花源采茶、爬清凉寨、跳小苹果、看足球赛、自助烧烤、到球场踢球等活动。阎志带着儿子参加，两人一起上山采茶，还学习绿茶制作全过程：采鲜叶、晾青、杀青、揉捻、烘干，并亲手制茶。阎志很满足，宣布以后就能喝上和儿子一起采的茶了。

陪伴孩子是阎志人生中最快乐的事，除此之外就是诗歌，他说：“诗人的这种情怀和浪漫气息影响了我的创业和生活。”2017年1月10日，阎志前往北京参加“2016中国十大经济年度人物”颁奖盛典，作为获奖企业家，他由新诗《宝石》谈起诗歌对创业、为人处世的帮助，他说：“第一，诗本身来自生活，来自坚实、厚实的生活。我觉得这对于我们做企业，脚踏实地，从自己立足的这块土地出发，是非常重要的。第二，诗来自心灵。我们对待我们的客户，对待我们的产品，我们应该用心来经营，这与诗也是相通的。第三，诗应该是有激情和跳跃的。这对于一些创新思维应该也是有巨大帮助的。”他总结道：“最终，诗是属于远方的。”

即便如此繁忙，2017年他还是出版了一本诗集《少年辞》。经常是在旅途中，他兴之所至，常有新作产生。谢克强始终把阎志视作一位诗人，并且坚信他退休后一定会写出更好的作品，“诗歌才是他的归宿”。

珞珈情缘

年轻时以至创业后，阎志依然坚持写诗，并且逐渐在武汉结识一些爱好诗歌、文学的朋友，他们经常在大学里举办活动，青春洋溢的校园令人向往。

早在1993年，阎志就收到一份文学刊物与武汉大学中文系合办写作班的录取通知书，从此与武汉大学结下不解之缘。在此期间，他还进修了武汉大学中文专业的课程。

十年之后，阎志已经凭借卓尔广告、卓尔纺织、第一企业社区等企业成为湖北家喻户晓的企业家，拥有令人尊重的声誉、地位和财富。此时，他决定进入高等学府继续学习。2006年，阎志和几位青年企业家一起，走进"国立武汉大学"标志性的校门，在这里度过两年多的大学岁月。对于勤奋好学的阎志来说，这是一段令人兴奋的时光。

武汉大学坐落于珞珈山下，东湖岸边，春有樱花满园，夏看湖光山色，秋天银杏金黄，冬季白雪皑皑。在秀美宁静的校园里，除了有四季变换的风景，还有博学多才的教授。2008年，阎志顺利拿到武汉大学工商管理硕士学位，继续踏入企业界开疆拓土，他希望通过汉口北改变武汉的商业格局和城市地位，甚至影响全球商贸物流的产业生态。

商业上的成功让阎志成为新一代武大学子的励志偶像。2011年11月，阎志受邀回母校分享创业经验，将十五年商海生涯和人生感悟倾囊相授，他勉励武大学子："走出校门后，人生将面临很多不确定因素，但每次失败都是一笔人生财富，唯有坚持梦想才能收获成功。"

旁听讲座的武汉大学经济与管理学院院长陈继勇深受感染，他赞扬道："阎志是武汉大学EMBA（高级工商管理硕士）毕业生。武汉大学'创新、创造、创业"的精神和学风，在他身上可以说是开了花，结了果！"

接下来，陈继勇院长逐条分析："首先，阎志坚守梦想、持之以恒。他做项目、办企业失败过很多次，但不改梦想，不断吸取教训、总结经验。其次，阎志勇于创新、善于创新、不断创新。在商业地产之外选择少被关注的产业地产，另辟蹊径赴境外上市融资，看似平淡无奇，实则蕴含开拓创新的大智慧。守正出奇、卓尔不凡，这就是他以及他的企业的最大特色。第三，阎志特别强调‘相信自己、诚信待人’，这是每一个企业家都必须始终坚守的。没有坚韧的性格、强大的自信心，当不了企业家；人无信不立，企业无信则无法壮大。”最后他以阎志为榜样鼓励道：“我期待，武汉大学能走出更多的阎志。”

硕士研究生毕业之后，阎志与武汉大学的情缘并未就此终结。随着企业壮大和年岁增长，阎志逐渐感觉到文化的重要性，他说：“所有的生意、模式其实都是人的生意，最终能够坚持下来、成就的一定是文化的力量。”中国民营企业家很少有内心平静的时候，许多问题、焦虑、困惑都需要到传统文化中寻找答案，提升个人修为。他决定进入武汉大学中国传统文化研究中心继续学习，师从武汉大学资深教授、博士生导师冯天瑜先生。

阎志在许多方面都愿担当传统文化的传承者与实践者，他是传统文化与企业家精神的实践者。他对冯天瑜教授的传统文化学术不仅有传承，还有从企业家层面的发扬与延伸。

2015 年 2 月 2 日，阎志当选湖北省文化产业学会会长，与 200 多位、学者、企业家一起推动湖北文化产业跨越式发展。冯天瑜教授担任学会顾问鼎力支持。

2015 年 12 月 12 日，位于武汉新洲的问津书院完成百年大修，举办祭孔大典，20 多位企业家、学者受邀出席。组织者安排冯天瑜和阎志师徒进行“儒商文化高端对话”。

冯天瑜教授提出“儒商要有‘天下国家’的担当”，他认为儒商最根本的就是用“以义为先”，“儒学中讲到人际关系，有一个最宝贵的传统是‘五伦’的双向互动，就是君仁臣忠、父慈子孝、夫义妇德、兄友弟恭、朋友有信。‘五伦’的双向互动精神，在企业精神建设中是一个非常重要的需要发扬的传统。对解决官民关系、劳资关系都有益处”。

阎志顺着导师的话，强调“商家要‘以义为先’”，并结合商业实践说开去：“做企业的目的，最早是为了生存、发展，后来企业做到一定规模，其目的应该是善良的、正义的，对社会是有正能量的。义利兼顾，对于商人而言，既要‘义’字优先，同时我们也要考虑‘利’。只有企业健康发展了，商人才可能为社会、国家和我们的家园做出更多的贡献。义利兼顾了之后还是要以义为上，还是要回报社会，还是要想想能不能对社会做一些贡献。”

就在这次讲话的一周后，阎志以实际行动阐释了“以义为先”的精神。12 月 20 日上午，武汉大学卓尔体育馆举行开工奠基仪式，体育馆规划总建筑面积 3.72 万平方米，2018 年建成开放后能同时容纳 8000 名观众。体育馆建馆费用中，6000 万元来自阎志对母校的捐赠。奠基仪式上，他还捐赠 4000 万元设立“卓尔奖助学金”。不只是对武大的捐赠，创业二十多年来，卓尔在各项公益慈善活动中投入已超过 10 亿元，2013 年还获得国家民政部第八届“中华慈善奖”。

体育馆奠基当天，在政府官员、武汉大学领导、老师校友、同事及家人朋友的共同见证下，阎志发表了一个简短的演讲。尽管当天寒风料峭，他内心却热血沸腾，话语亦令人倍感温暖：“我要首先表达我的感激之情。感谢武汉这座博大、包容的城市容纳了我的青春与奋斗，激励了我的创业和理想。我要感谢武大的老师、校友，为我授业解惑，给予我所有的信任、帮助和支持。武汉大学给了我无比美好、温暖的记忆。而武汉大学守望的这座城市，已与我的故乡一样，必将融入我的血脉。”

在继续表达感谢和对卓尔、子女的期许之后，他最后才提到当天活动的主题：“我也期待今天开工的武汉大学卓尔体育馆成为未来学子们喜爱的一座体育馆，在这里锻炼身体，邂逅爱情，成为又一代人美好、温暖的记忆。”

一年之后，2016年10月29日，阎志当选武汉大学EMBA校友会会长，他在致辞时说："将秉'承聚贤载德，搏时励进'的宗旨，努力做好牵头人、联络员、宣传员和服务员，努力提升校友会的凝聚力、影响力。"时任武汉大学校长、武汉大学校友总会会长李晓红院士评价道："校友们是学校历史的书写者，正是像阎志这样的一批批杰出校友，以实际行动传承着'自强、弘毅、求是、拓新'精神，让武汉大学不断走向辉煌。"

2018年8月28日，对阎志有着特殊意义。

这一天，武汉大学第八届杰出校友表彰大会召开，阎志当选武汉大学杰出校友。这是一项他本人十分看重的荣誉。这所学校英才辈出，与阎志一起，陈东升、雷军、毛振华、田源、艾路明、于刚等武大校友已形成"珞珈商帮"，成为中国企业家群星闪耀的舞台上不可忽视的一股力量。

更具显著意义的是，这一天，武汉大学卓尔体育馆正式启用。

历经三年紧张建设，这座体育馆甫一建成就成为国内最大的校内体育馆之一，并将承办2019年世界军运会赛事。此外，它还被列入武汉市重大公共设施建设项目，将成为武汉全民健身的重要场馆。

阎志将这座体育馆看作自己对母校武汉大学和武汉的回馈。在启动仪式上，他动情地说道，"卓尔体育馆的落成，是卓尔人对武汉大学、武汉这座城市的致敬"。

11天后，武汉大学2018年开学典礼在这里举行。身着绿色校服，7226名新生同唱校歌，让体育馆散发出浓厚的生机与希望。站立于绿色人潮中心，阎志作为校友代表现场做了题为"艺术点燃想象，执着成就梦想"的演讲。

发言现场，阎志状态轻松，言语诙谐。他没有谈创业，说"马云、雷军讲得很多、很精彩，我完全同意，请大家参照执行"。他用"16岁失恋写的诗行"切题，讲述了一个关于直觉与想象力的故事。他说，自己如果没有遇到诗歌，可能会是学校里的问题少年，抑或是碌碌无为的小镇青年。

他回忆二十五年前自己是如何大方地买下《梵高传》的，以及自己与梵高跨越时空的际遇。他说："同学们也不要忽视生活中一点一滴的美好感动，也许某一次机缘，某一本传记，某一件艺术品，某一次回眸，某一次拥抱，会成为影响你一生的最美好的相遇。"

这些语言，拉近了与青年学子的距离。现场掌声不断，一张张年轻的面孔洋溢笑容，满怀希望。

"我们对艺术、对学术、对科技的研究，更需要执着，更要有偏执的热爱，努力到让老天爷都感动，把一个又一个不可能变成可能。同学们，如果我们找到了心中所爱，就应该爱得更热烈、更执着，更偏执一点，让我们的所爱成为一道心灵之光，哪怕在自己落寞、孤独、失落时，也会护佑我们一路前行。"阎志给同学们发出由衷的鼓励与祝福！

武汉本土知名自媒体形容当时的演讲现场，"笑起来排山倒海、鼓起掌来山呼海啸"。场外，演讲全文在网络流出，被广泛转载。《中国企业家杂志》等媒体称，这是"开学季最有情怀演讲"。在这场演讲中，人们再一次看到这位诗人、企业家、杰出校友身上散发的独特魅力。

几天后，卓尔控股办公室接到一个不寻常的电话。一个中年男子的声音在电话中语气诚恳。

他说，身为武大校友，看到阎志在开学典礼的演讲深受触动。他恳请工作人员一定代为转达对阎志的敬意，并再三表示，作为一名武大人，因校友阎志而自豪！

商道为公

阎志心中不仅有诗意，还装着大爱。

2013年4月19日上午，由国家民政部指导、中民慈善捐助信息中心主办的第八届“中华慈善奖”颁奖典礼在人民大会堂举行。这里是我们国家最重要的会场，自1958年建成以来，多少政治大事件和历史性决定都在这里发生。“中华慈善奖”是中国公益慈善领域中的最高政府奖，在代表卓尔上台领取“最具爱心企业”奖之前，阎志信心十足，又有些激动紧张，这既是一种荣耀，又是一种责任。

当天下午两点，阎志参加国务院在中南海召开的座谈会，并作为四位发言代表之一在会上做发言。他把题目总结为“社会责任是卓尔企业的重要基因”，刚开场就提起终生难忘的那件往事：“高二时因父母同时生病住院、家庭困难，大学梦就此中断，直到创业后才进修大学及研究生课程。看到太多比我更困难的学生早早离开了校园，失去改变命运的机会，贫困对生活的刺痛，深深烙印在我少年时代的记忆中，使我对寒门学子饱含着感情，对捐资助学有着一份特别的重视。”他还说起第一次捐助贫困生的故事：“1996年下海创业后，从公司赚取的第一笔钱中，我们就赞助了十所山区小学的教学试听设备。”

阎志并不爱慕虚名，尽管捐赠符合“乐善好施”的传统道德观念，但与现代意义上的社会责任感仍有不小的距离。2011年8月，卓尔正式设立卓尔助学金，向湖北省贫困大学新生义捐1000万元助学款。这笔钱定向资助给500个贫困学生，每人两万元，作为贫困学生四年的学费和生活费。四年来，卓尔逐年足额及时发放助学金，把帮助贫困山区学子完成学业、健康成长落到实处。阎志并不要求受助者感恩戴德：“只希望这些学子能因此建立自信，学会担当，成为积极履行社会责任感的公民。”

其实，卓尔有一名高管就是阎志首次资助的贫困大学生之一。阎志骄傲地说：“他在公司实习后留下来，在公司一路成长进入公司高层。他以对企业的感恩之情回报社会，他个人捐助了10名学生，并积极推动公司公益活动。”他还提到另一位受助学生丁冰洋：“在公司的感召下主动要求成为卓尔助学金志愿者，在暑期协助落实助学金发放到位。2012 年 7 月，他在毕业后的第一时间资助了一名中学生。”

在那次报告会上，阎志还公布了一项沉甸甸的社会责任数据：“从 2011 开始，公司每年都参与支农惠民捐赠活动。还投入数百元万元，持续定向帮扶大别山区 50 个老红军、老模范、老党员。历年来，卓尔企业扶危济困，捐资助学，扶持文化体育教育事业、积极投身光彩事业、支持大别山及革命老区经济建设，累计金额超过 12 亿元。”

就在阎志在人民大会堂领回“中华慈善奖”奖杯的第二天。2013 年 4 月 20 日，四川雅安发生 7.0 级地震。获悉灾情的第一时间，阎志就召集高管紧急研讨，他当即决定捐款 100 万元，用于灾区儿童复学和救助，并派出志愿者小组前往灾区参与救援。时间紧迫，卓尔连夜选拔，组成由 20 名共产党员、共青团员、退伍军人、足球队员组成的救援队，由卓尔控股有限公司副总裁夏禹带队。21 日上午，20 名队员接受武警消防救援专家的统一培训。下午 3 点，阎志和全体高管为救援队举行简单的出征仪式，奔赴雅安，这是湖北第一支进入灾区的民间救援力量。

实际上，这些年每当发生重大灾难，卓尔都会挺身而出，慷慨援助：2008 年汶川地震，卓尔捐赠 110 万元款物。2010 年 8 月 15 日是举国为舟曲地震灾区哀悼的日子，当天原定汉口北批发第一城服装市场开盘，阎志要求取消一切庆典活动，并决定向舟曲灾区和老区教育、文化事业共捐赠 300 万元。

2013 年夏天，阎志重回大别山。十年前他曾以“回报家乡回报社会”之心回罗田县投资，最后却未得善终，许多罗田籍卓尔高管伤心绝望，此后只要阎志有帮扶罗田投资家乡的愿望，他们都极力反对制止。可阎志认为：“我们白手起家，不辞劳苦投身创业，助推企业不断成长壮大，就是帮助自己和更多的人摆脱困境，建立尊严，实现更卓越的个人价值。”他心系天下，更不能忘记家乡。这一回，他捐赠5300万元建设罗田县图书馆暨百凤文苑和罗田县三里畈镇显化寺宗教园，以拉动大别山的文化建设和旅游经济发展。同时，卓尔还将在罗田投资1.5亿元建设体育、文化、旅游项目。

回想起这么多年来的公益慈善之路，阎志总结说：“公益与责任，逐渐成为企业成长的基因；慈善和爱心，与企业进步一路随行。”他始终充满浪漫情怀：“愿企业的公益力量化作充沛的阳光和雨露。”说完这些，他借海子的诗表达心声：“从今天起，做一个幸福的人。面朝大海，春暖花开。”

2014年8月，阎志筹备成立卓尔基金会，设立专人、专款，长期坚持，力争帮助更多贫困学子。阎志当年曾体会过求学的困顿，他表示有能力参与助学是一份义务，也是一种缘分。通过卓尔基金会，阎志希望卓尔的公益慈善活动可以更加持续、系统和规范地运行。

三年之后，2017年8月8日，阎志当选为新一届市工商联（总商会）主席（会长）。市工商联主席一职由民营企业家担任，这在1952年成立的武汉市工商联六十五年历史上尚属首次。阎志表示，将发起设立总规模500亿元的武汉新民营经济投资集团，助力武汉新民营经济又好又快地发展。设立10亿元的中小企业互助基金，为小微民营企业贷款提供过桥资金。积极联系、争取各大金融机构对武汉市中小民营企业提供授信1000亿元，切实解决中小企业融资难问题。他呼吁在汉民营企业珍惜大力发展新民营经济的时代机遇，成为武汉打造新民营经济聚集地的主力军，成为长江新城（新区）建设、高效高新产业发展战略等城市核心发展战略和“双百工程”的重要参与者，并发扬企业家精神，认真履行社会责任，积极参与公益事业。

2017年9月，卓尔控股启动“乡亲乡爱”精准扶贫行动，这项行动重点以电商扶贫、培育特色产业为主。卓尔各大产业集团和项目公司成立13个扶贫小分队，采取划村包干、对口帮扶的形式，与武汉、黄冈等8个市的50个贫困村结成对子，力争帮助1.5万贫困户在2019年实现脱贫摘帽。“只问善心与快乐，不问产出与回报。”在这项活动的启动仪式上，阎志动情地说，卓尔企业在不断进步，要将产业发展与土地、良心、农民的快乐联系在一起。他要求所有员工要以公益心、善心、欢喜心，带着真情实感参与扶贫行动。

卓尔还积极整合旗下卓尔书店、汉口北等终端场地，卓尔购、兰亭集势等电商平台，通过举办“卓尔书店长阳周”等推介展览会，开拓农副产品的产业化、品牌化发展之路，争取把长阳、孝感、黄陂等地区的织锦、根雕、魔芋等优势农特产品发展成为特色产业。

从2018年开始，卓尔将陆续为50个贫困村分别捐建一座“美好生活馆”，首批20座美好生活馆将在两年内完成建设和交付。生活馆里有戏台、阅览室、乡村博物馆、电商驿站、远程活动室、文体活动室等，是乡村的新型公共文化空间，能让村民享受美好精神文化生活。

与其他扶贫方式相比，旅游扶贫以强大的市场优势、新兴的产业活力、强劲的造血功能、巨大的带动效应，在我国扶贫开发中发挥着日益显著的作用。在此背景下，卓尔文旅集团旗下的长阳国际旅游度假区、孝感桃花驿、罗田“五景区五小镇”全域旅游建设、赤壁万亩茶园俄罗斯风情小镇、湖北楚茶（赤壁）等项目，用“旅游+扶贫”融合发展的新思路，打出了一幅“旅游脱贫”“产业脱贫”的好牌。通过扶志、扶智、扶产聚焦精准扶贫，加强模式创新，探索出一条具有文旅特色的扶贫之路。

说实话，在这里探讨阎志和卓尔捐资助学、精准扶贫的善举并不是为了歌功颂德，而是希望找到一条具有普适性的公益慈善方式。从本质上来说，所有企业家都是财富管理者而非拥有者，只有让财富流动起来，创造更多的社会价值，才是财富的真义，也是富豪的价值所在。而承担社会责任、参与公益事业无疑是回归财富本义的最佳途径。

2018年夏天，阎志开始在公司内部强调“商道为公”的理念，“商道为公”的核心不只是公益、慈善，还是创造价值。他说：“公益为本。公益是植入卓尔企业基因的，我们不是有了钱才做公益，而是一开始就与公益相随；以人为本。我们注重员工的个人发展，同样注重项目所在地居民的发展。如果每一个个体都有好的发展，企业自然在往好的方向走；价值为本。做企业一定要为客户创造价值，无论是做广告还是做互联网企业，卓尔始终都把为客户创造价值当成首要目标；社会为本。卓尔是一家社会企业，我们的财富、企业谁都带不走。我们做企业、做平台是为整个社会在做。”

经济有周期律，企业也有生命周期——初创、发展、成熟、衰退。百年过后，财富已成过眼云烟，企业、品牌等或许也不复存在。企业责任是本分，责任企业是追求，一家有生命力的企业应该立志成为责任企业，将战略规划、商业模式、经营准则、公司文化等放在对社会、对客户、对区域的价值之中来考量，这才是伟大企业应该追求的“大道”，可谓“商道为公”。

第十八章

百年卓尔，从心出发

与过去永不相欠
与未来相遇
——阎志《时间》

管理变革

大风起于青萍之末。在事情尚未发端之时，便能悉数洞见，是企业家必备的品质。当所有人都在骄傲和激动中期待即将到来的辉煌成就时，唯独阎志比以前更加沉默，他是个警觉、敏锐的人，总能从繁荣中洞悉潜藏的危机。就算经历了种种成功，仍然未到狂欢时刻，他也更倾向于选择淡忘。在发展过程中，卓尔还会遇到各种难缠的问题和危机。

早在 2009 年 5 月，阎志就在公司颁布推行《卓尔标准》，以规范管理，提高效率。2011 年 2 月，他又完善修订出第二版《卓尔标准》，随后在一次演讲中又梳理出了卓尔十五年来坚持的 12 条理念：

1. 有包容的心态。
2. 聚焦做好一件事。
3. 有坚定的信念。

4. 有不变的承诺，追求公信。

5. 讲求团队。

6. 建立体系。

7. 建立标准，有定量考核。

8. 做好预算，保证现金流安全。

9. 每个时期做好一个核心业务。

10. 做好交流和沟通。

11. 做好规划与远景。

12. 坚持不断改变并适应改变。

这12条理念看起来毫不新鲜，甚至有些老套，因为这毕竟都已被证明为行之有效的成功经验，十五年前阎志带着整个公司就是这么干的。正如管理大师德鲁克所言："管理好的企业，总是单调无为，没有任何激动人心的事件。那是因为凡是可能发生的危机早已被预见，并已将它们转化为例行作业了。"力挽狂澜不如防微杜渐，阎志只想做风平浪静中的成功企业家，不愿意像史蒂夫·乔布斯、史玉柱那样上演东山再起的神话。

像很多企业家一样，多年来阎志几乎每天都被公司事务牵绊，他早就想结束这种疲于奔命的状态，宁可让自己"单调无为"。2011年12月底，他接受"新浪财经"视频采访时说："我想一个优秀的公司一定拥有离开某个人仍然能够正常运行的体系。我致力于此，希望有一天我离开或者逐渐淡出，卓尔还能够稳健地发展。"

然而，六七年过去了，阎志仍然没有从日常事务中抽离出来。他求贤若渴，无论在大会还是小会上都必强调人才。2014年2月16日，在为期两天的卓尔控股第十四届管理集训会上，阎志又念起"人才经"："企业能容纳什么样的人，决定了企业能走多远。"

畅销书《基业长青》的作者吉姆·柯林斯曾指出：“伟大公司的创办人通常都是制造时钟的人，而不是报时的人。他们主要致力于建造一个时钟，而不只是找对时机，用一种高瞻远瞩的产品打入市场；他们并非致力于高瞻远瞩领袖的人格特质，而是致力于构建高瞻远瞩公司的组织特质，他们最大的创造物是公司本身及其代表的一切。”阎志符合这种“造钟人”的角色，他更看重卓尔的基业长青而不是个人的荣辱得失，以股份引人，以事业留人，并破除家族管理，为职业经理人让路。最重要的是，他一直致力于在卓尔建立现代化管理制度，逐步放权，而不是人治，也不是用集权管理。

显然，阎志希望卓尔能够基业长青。

2018年2月底，在亚布力中国企业家论坛第十八届年会上，他将个人成长、企业发展与改革开放四十年相结合，以诗人的情怀深情朗读《给40年的一封信》。临近尾声，他点题说：“想做点方向明确的事，让自己快乐，也让别人快乐的事。”

这是关乎卓尔未来发展的战略蓝图，也是管理构架的根本。

“一是‘智联’天下生意。搭建消费品、农产品、大宗商品B2B交易平台，通过互联网、物联网、人工智能等手段连接交易和贸易，提供物业、物流、供应链管理、金融等服务，构筑新生意方式，提升交易效率、降低交易成本。二是‘智造’美好生活。把我们的棉纺产业、飞机制造、文化旅游、金融服务等已有产业做精做优，为人们构筑新的生活方式，满足人们对美好生活的向往。”

这两句点睛之笔的背后，是卓尔持续十多年的转型变革。近些年来，阎志逐步认识到，企业要想走得更远，就需要充分授权，分业做强。从2014年开始，阎志启动了一系列的变革举动，形成了多个事业部齐头并进、多产业版块分列式发展的布局，文旅、港口、航空、商贸等产业均实现独立发展。阎志说，一个优秀的企业一定是不断变革、不断调整、不断进化的，通过新的整合可以集约资源、提高效率。到 2018 年，阎志重新调整了卓尔产业架构，使其变得更为清晰：整个卓尔企业分为大智联、大文旅、大投资三大产业板块，同心多元协同发展，形成全新的卓尔生态体系。

在阎志看来，调整不单单是岗位人员的调整，更是产业发展动能的调整，在调整中实现螺旋式上升。

按照阎志的布局，大智联板块包括卓尔智联集团（股票代码：02098.HK）和卓尔棉业集团。卓尔智联以“智联天下生意，服务创造价值”为商业理念，致力于线下实体市场及B2B交易服务平台的构建，建设和运营多家超大型商贸物流中心及消费品、农产品、化工、塑料、有色金属、海鲜等B2B交易平台，并基于交易场景和数据提供物业、物流、金融、跨境、供应链管理等服务，打造全球化智能商业交易生态。深耕B2B领域多年的中农网联合创始人齐志平任卓尔智联集团总裁，余伟、陶文、闵雪琴等为副总裁。作为大智联的重要环节，“金融”是阎志十分看重的产业版块，陶文担任卓尔金服董事长，晏东顺为卓尔金服副董事长，吴好为卓尔金服总裁，由田旭东、崔锦锋、李斌、曹天斌等人操盘大智联线下版块。

当前是中国发展文化旅游、建设美好生活方式最好的时期，卓尔文旅集团专注文化、旅游、地产、酒店领域，致力于打造中国顶级文旅企业。拥有华中最大的城市综合体武汉客厅、拥有高端品质的田园生态旅游景区孝感桃花驿小镇，同时正在开发天堂寨、羊楼洞、黄花涝等湖北顶级旅游资源。经历多次改革重组之后，在阎志的大力邀请下，他的多年好友、卓尔集团原独立董事、文旅地产行业资深人士彭池出任卓尔文旅集团总裁，由吴奇凌、方黎、侯燚等高管助力，目标瞄准打造一个新的中国 500 强企业。

卓尔控股则成为大的投资孵化平台，囊括通商、航空、传媒、投资、孵化五大产业内容，中国通商集团（中国基建港口：01719.HK）、卓尔航空、云传媒、长江青年城等明星企业及项目，拟孵化出一批新的百亿级企业。原武汉港航发展集团有限公司总经理雷德超加盟卓尔控股担任执行总裁。

2018 年 7 月的一个夜晚，在武汉西北湖卓尔国际中心 52 楼办公室，阎志宣布了上述管理架构调整的决定。这一天，他终于如愿以偿：每个产业板块都有独当一面的将才负责，自己得以从日常管理中彻底解脱出来。他一脸轻松地同与会者高管笑谈："你们以后有事直接找雷德超、齐志平、彭池，找我就只是谈谈心了，每个人一年给一两次机会。"

阎志相信，所有一成不变的企业都会被淘汰，只有坚持结果导向，及时调整，才能不断适应变化的市场，才能激发更多的活力，使企业保持青春期、成长期。阎志在心中已经画好一张蓝图：卓尔智联以挤进世界企业 500 强为目标，卓尔文旅以中国企业 500 强为目标，卓尔投资板块将孵化若干中国企业 500 强。蓝图已定，成竹在胸，迈开步伐，卓尔再次出发。

自 2014 年初正式启动互联网转型开始，经过脱胎换骨的蜕变，一个全新的卓尔已孕育成形，并以雄心勃勃的姿态迈向下一个二十年。时光从不会辜负务实进取的人，卓尔人仿佛在黎明的露珠间看见即将绽放的时间的玫瑰。

正如阎志所说："时间最厉害，历史将收割一切。"

从心出发：为什么而奋斗？

从全球商业史来看，商业潮流、竞争格局、产业趋势变幻莫测，但"物竞天择，适者生存"的自然法则始终未变。《前 1000 品牌：尼尔森突破性创新报告》指出，从 2007—2017 年十年间，有 8 家企业都是首次上榜的新公司，包括苹果、谷歌、脸谱网（Facebook）、亚马逊等在内的6家市值都在5000亿美元以上的互联网公司。其中，2007年的Top100品牌到2017年依然存活的只有46个。

在短短十年间，全球商业格局已发生惊天巨变，许多盛极一时的巨头光环褪去，甚至轰然倒塌。历史不相信成功经验，强者恒强的论调显得苍白无力。大公司好比商业航母，大时代则是汪洋大海，再大的航母如果在大海中迷失方向，就会被时代浪潮迅速抛弃。大公司发展到一定规模必然走向效益递减，此时最难的是如何持续建立独特商业模式和竞争优势，这些优势需要靠企业精神、文化焕发新生。

在2018年初的“卓尔2018年会暨22周年庆”上，阎志提出贯穿智联天下生意、智造美好生活两大板块的关键在于“积极、执着、稳健、公信”的企业文化。他带着荣耀和感动，穿越历史云烟，重新呼唤二十二年前出发的初心，为卓尔在新时期取得更伟大的成就凝聚力量。

“积极是一种状态，我们要奋发有为，看准目标、砥砺前行的状态。

“执着就是在面对挫折、困难、诱惑的时候要执着坚持，我们二十二年做了很多产业，但是很少放弃一个产业。二十二年前我们做的传媒，现在还有投资云传媒，我们以棉业进入实业，在别的行业很赚钱而棉业不赚钱的时候仍然投资布局，甚至加大投资，我们不因诱惑、困难而放弃，我们执着于最初的本心。

“稳健是一种很稳重的状态，像一只鼎一样，扎扎实实。我们布局六大产业集团、两大板块，就是为了实现企业在发展中遇到波折，出现周期性问题时，其他产业可以支撑，这是我们选择多元化的原因。好在通过努力思考和探索，我们找到智联天下生活、智造美好生活的两条线。

“公信不是简单的诚信，诚信是人的根本，公信是兑现我们对社会的承诺，承担社会责任，这是我们商业逻辑的根本。”

价值观是企业文化的核心，正确的价值观为企业行为设置边界，企业家必须在边界内维持和发展企业。阎志强调："我们要坚持价值导向，不能为规模而规模，否则就像沙砾堆山，风一吹就倒。我们还是要一再强调为客户创造价值，为中小企业赋能。"

阎志说："我们还在做广告的时候就提出来要为客户创造价值，无论是买了我们铺子的商户还是入驻青年汇的年轻创业者，以及购买卓尔飞机的客户、卓尔文旅的游客、武汉客厅的观众，或者使用卓尔购、点击卓集送、购买众邦银行产品的客户，我们都应该为他们提供有价值的服务，展现我们的价值，通过我们的服务帮助他们，再来考虑我们的利益。卓尔的企业文化和价值观是两大板块和六大集团的连接点和根本，希望卓尔企业文化和价值观能够贯穿每一个项目，能够在每一个卓尔人的行动中得到实现和体现。"

几个月之后，当武汉大学校友、小米创始人雷军发出"创业天问"——"小米是谁，小米为什么而奋斗"之后，引发众多企业家回应，阎志也写了一封题为"卓尔智联是谁，卓尔智联为什么而奋斗？"的公开信，试图在追问中厘清卓尔智联的价值观、世界观。阎志提到"让交易平滑至简，让要素无界流动"，通过科技让交易更便捷，使要素突破企业与企业、城与城、国与国的界限，最终让客户能够实现"市场变大、库存变小，周转变高，成本变低，供应链变轻，企业利润增厚"的目标，这就是卓尔智联的价值。他说："我们要把这些价值的实现作为企业的核心竞争力来打造，通过我们的服务体现在我们的客户身上。"

组织要有使命，人要有价值观，价值观和企业文化要落实到人的活动和行为准则上。阎志说："以积极的状态，坚定不移、认准目标向前走，通过持之以恒的努力和服务，追求企业的稳健和公信力。一定切忌文化的空洞化、虚化。"

改革开放四十年来，很多民营企业在做大过程中无法绕过"三座大山"：大而不强、大而不实、大而不精。为避免重蹈覆辙，阎志提出重执行、重结果、重效益，追求发展的高效率、高激励、高质量。他说：“管理的本质就是不宽容。卓尔高速健康发展，还是要从严要求，既要从严要求自己，也同样要求下属。严要求就是对成长、业绩、绩效、文化进行全方位考核管理，考核每个员工是否认同企业文化，是否把绩效目标当成首位，是否竭尽全力完成任务。只有保持活力，企业才有生命力。将不可能变成可能是卓尔的传统。我们打了很多攻坚战、硬仗，这是卓尔的基因所在、成功的关键所在，大家要保持这种状态。卓尔要保持高频次的组织结构调整。只有坚持结果导向，及时调整，才能不断适应变化的市场，才能激发更多的活力，使企业保持在青春期、成长期。”

在他看来，任何目标的实现都重在执行。否则再多的理想、愿景，没有执行到位，就等于什么都没做。

大道至简：卓尔做什么

2018 年 9 月 13 日，卓尔智能交易生态圈第六次联席会会议在北京召开。恰在会议前一日，香港股市将卓尔智联的分类从房地产正式变更为供应链管理。阎志在会议讲话中对此欣然说道，“一个企业转型成功的标志首先是营业收入结构的转型。以前我们 99% 的收入来自物业租售，现在超过 97% 来自供应链，利润来源也随之发生变化。过去两年，我们成功地把物业销售利润转变为供应链管理及相关平台服务、金融服务费用”。

2018 年卓尔智联中报显示，公司收入 184.94 亿元，同比大幅增加 271%，其中 97.1% 来自供应链管理及贸易。财经媒体就此评论说，“卓尔智联为线下海量商家实现线上线下联动，将生产端、供给端、仓储物流、渠道商打通，以智能化、数据化推动贸易的便利化、全球化，改善交易效率，实现供应链上的信息流、货流、物流、资金流管理”。

回望卓尔发展历程，多年来一直围绕现代物流、供应链服务做大、做强、做实，先后布局批发市场、物流、仓储、港口、加工园区等实体市场及服务设施，并通过转型升级拓展信息、大数据、金融服务。时至2018年，卓尔的主业格局愈加清晰。

“历史大势必将浩荡前行”。就在这个季节交替、风云变幻的9月，一篇题为《私营经济已完成协助公有经济发展应逐渐离场》的文章引起轩然大波，所谓的“民营企业离场论”甚嚣尘上，一时引发整个社会的恐慌情绪。客观来说，中国正处于改革开放历程与经济高质量发展接力的关键点，出现一些杂音实属正常，折射了机遇与挑战、历史与现实之间，人们内心希望与迷茫并存的复杂情绪。

党中央及时回应社会关切，习近平总书记连续多次给民营经济和民营企业加油鼓劲。9月27日在辽宁调研考察时，习近平总书记强调：改革开放以来，党中央始终关心和支持民营企业。我们要毫不动摇鼓励、支持、引导非公有制经济发展。

10月16日，卓尔控股荣获全国“万企帮万村”精准扶贫行动先进民营企业称号，并在北京接受表彰。10月20日，习近平总书记给此次获表彰并给他写信的民营企业家回信，他再次强调，支持民营企业发展，是党中央的一贯方针，这一点丝毫不会动摇。

好消息接踵而来。10月24日，阎志获选由中央统战部、全国工商联共同推荐宣传的“改革开放40年百名杰出民营企业家”名单，这对阎志和卓尔在过去30年为国家和社会做出的贡献都是极大肯定。“入选的百名杰出民营企业家，是全国民营经济发展过程中具有标志性意义、产生社会影响、示范作用突出的个人，也是广大非公有制经济人士中的代表性人物”，全国工商联党组副书记、副主席樊友山在新闻发布会上高度评价说：“改革开放40年来，一大批民营企业家迅速成长，民营经济快速发展，为中华民族迎来从站起来、富起来到强起来的伟大飞跃，做出了重大贡献。”

几天后，一场非常重要的座谈会在京召开。这一天，对阎志和卓尔来说，更加意义非凡。

11 月 1 日，习近平总书记在北京主持召开民营企业座谈会并发表重要讲话。阎志与全国 50 多名民营企业家代表参与座谈，当面聆听了习近平总书记的重要指示。习近平总书记说：“新一代民营企业家要继承和发扬老一辈人艰苦奋斗、敢闯敢干、聚焦实业、做精主业的精神，努力把企业做强做优。民营企业还要拓展国际视野，增强创新能力和核心竞争力，形成更多具有全球竞争力的世界一流企业。”[①] 当与习近平总书记亲切握手时，阎志向他汇报，卓尔是来自湖北武汉的企业，主业从事现代物流与供应链服务。

当天晚上，卓尔企业党员活动中心的会议室灯火通明。阎志刚刚从北京回到武汉就马不停蹄召集管理层悉数参会。他向高管传达了座谈会的会议精神和参会感受。有感于习近平总书记对民营企业的鼓励关怀，他更加坚定卓尔“聚焦实业、做精做优主业”的方向。

其实，这么多年来，卓尔一直沿着“聚焦实业、做精做优主业”的方向稳健发展。早在 2007 年，阎志就对厘清主业、明确产业方向，有着清晰的研判：“一是做一件事情要坚持，总体方向一定要是对的。二是坚持做的事要具有一定的竞争能力。三是，所选的行业要随着国家的建设发展，认准有潜力的产业。四是要有一个相对固定，能创造辉煌的团队。五是要有速度，反应要快。”

说这段话时，阎志 35 岁。彼时，汉口北这座超大型现代商贸物流中心建设正全面开启，阎志期望企业成为勇于开创者和持之以恒者。

此后十年，卓尔企业以此为锚，建成了以汉口北、天津电商城为代

---

① 据新华社刊发的习近平同志《在民营企业座谈会上的讲话》。——编者注

表的庞大线下实体市场。2015 年，卓尔找到了传统商贸物流业转型升级的风口——线上线下融合。

这一年，中国 B2B 电商在垂直领域快速崛起。钢铁、化工、电子元器件、农业、建材等领域纷纷从传统集贸式交易向线上延展。在此背景下，卓尔以强大的线下商贸、物流体系为基础，搭建了交易矩阵与众多服务平台协同共生的智能交易生态圈，以新科技、新模式为物流及供应链服务赋予全新的想象力。

多年以来，包括棉业集团、中国通商集团、云传媒及众邦银行等卓尔旗下多个产业集团，都是围绕大智联、物流与供应链管理这条主线发展，有的是建设垂直平台，有的则提供加工、港口物流、营销、供应链金融服务。无论线上市场如何风起云涌，卓尔始终持之以恒，坚持主业，聚焦实业，埋头繁荣线下市场，在全国选址布局建设仓储设施。

2017 年，国务院办公厅印发《关于积极推进供应链创新与应用的指导意见》，这是我国首次发布的关于供应链创新和应用的政策指导意见，也是第一次将供应链建设上升到国家层面。十九大报告提出，要发展“现代供应链”，并将其列为六个培育新动能领域之一。现代供应链正在成为中国经济发展的新动力之一。

阎志喜欢简单，崇尚“大道至简”。在多个场合，阎志都曾强调：“我们对自己的定位要一句话说清楚。我们用最清晰简单的定位，告诉员工和客户我们是谁，也用最明晰的目标和责任来传递价值观。我们用简单的逻辑应对复杂的市场，往往更有定力与生命力。”

如果说，此前因为卓尔企业特定的发展道路与探索方式，给了外界多元化的印象，那么现在“现代物流与供应链服务”，就是卓尔当前示于外界最清晰的标签。不变的是明确的定位与坚定的道路，变化的是迭代创新与向前演进的方法，例如以区块链为底层打造新一代B2B交易平台，新加坡CIC全面走上正轨。在建设B2B智能交易平台、超级供应链管理门户的基础上，卓尔正致力于成为“新贸易的引领者”。

大道至简，实干为要。任何事情无论大小，都是靠脚踏实地、一点一滴干出来的。11 月 8 日，在湖北省促进民营经济发展座谈会上，阎志再次向省委省政府主要领导汇报了企业主业发展情况，得到高度肯定。他在发言中表示，卓尔企业要守正做稳，务实做精，创新做优，继续聚焦主业，做精主业，做优主业，成为真正领先全国、不可忽略的线上线下物流和供应链服务企业，成为全产业链、全生命周期的物流与供应链服务企业。

世界的卓尔

美国国家情报委员会顾问帕拉格·康纳在其著作《超级版图》中指出，传统上衡量一个国家战略重要性的标准在于领土面积和军事实力，而今天看一个国家的实力要看它通过连接所能发挥的作用，也就是互联互通的程度，即在地理互联、经济互联、数字互联层面是否深度参与全球资源、资本、数据、人才和其他有价值的资产流。

当今世界的流动性、全球性、连接性比以往任何时候都要明显，全球新商业文明——全球互联文明正在崛起。由于连接的发展，贸易的渗透，每个角落都呈现出更好的连接性，所有国家都互相连接并且越来越整合为一体。通过修建基础设施打造全球供应链，可以实现资源、生产、服务和消费的连接，这意味着跨全球基础设施、洲际贸易走廊、跨国供应链将是未来重塑全球商业文明和政治秩序格局的主导力量。

这是中国崛起的机遇，也是卓尔腾飞的机会。阎志说，中国乃至世界市场上活跃着上千万乃至数亿计的中小微企业、制造业公司和供应商，为产生B2B的世界级和龙头级的企业提供了可能和土壤。卓尔的使命就是建立和发展现代供应链，帮助企业降低交易成本，提高交易效率。通过互联网、人工智能等手段连接交易和贸易，提供交易、物业、物流、金融、供应链管理等服务，发展现代供应链，构建新生意方式，打造中国乃至世界最大的B2B服务机构。

2017年12月26日，第八届汉交会在汉口北拉开序幕，“时尚汉口北，全球嘉年华”的主题突显出“全球化、智慧化、互联化”特征，“一带一路”沿线白俄罗斯、乌兹别克、巴基斯坦等10国驻华使节及200多名外商齐聚盛会。随着国家市场采购贸易试点的深入开展，汉口北日渐成为国际采购中心。

2018年，卓尔的全球化进程突飞猛进。10月12日，亚洲金融中心新加坡刮起了湖北风。在新加坡交易所，卓尔智联集团倾力打造的CIC正式上线。这标志着卓尔智联全球化步伐迈出关键一步。CIC由卓尔智联、新加坡交易所、新加坡国际电子贸易公司（GeTS）共同出资成立，卓尔智联控股70%，其功能是立足新加坡，链接中国市场，向全世界批发商户提供大宗商品交易平台，以及一站式的物流、通关、金融等服务，推动全球贸易便利化。

仅仅一个月后，卓尔以同样耀眼的方式吸引全球目光。11月5日，中国在上海举办了迄今为止世界上第一个以进口为主题的国家级展会，五大洲172个国家、地区和国际组织的代表参会，3600多家企业参展，超过40万名境内外采购商云集。在这场全球盛会中，卓尔与世界热情握手，旗下实体制造企业、市场平台、服务平台整合发力，抛出国际工业采购大单，设立消费品进口基地，开启跨国物流协作、大宗商品贸易合作，密切融入中国市场开放的大合唱。

在捷克总统米洛什·泽曼的见证下，卓尔宇航集团（原卓尔航空）与捷克签订亿元飞机零部件采购大单，被总统赞许为继斯柯达汽车之后中捷商务合作的又一典范；汉口北与丹麦、冰岛、挪威等北欧国家贸易机构签署协议，将在汉口北万国城建设“北欧馆”，平价展销深海化妆品、啤酒、保健品、牛奶、曲奇等北欧商品；卓尔智联旗下跨境贸易平台卓贸通发布全球货源平台“GSP全球供应商门户”“GPW全球公共仓”两项跨境贸易服务项目，并提供全球化智能仓储配送方案，吸引了来自日本、瑞典、冰岛、丹麦、挪威、英国等国的数十家参展商，深受欢迎；CIC作为新加坡首家连接中国市场、服务全球贸易的大宗商品B2B交易平台受邀参展，随新加坡工商联合总会率领的80余企业一同参展，盛邀中国企业参与全球采购。

就在“进博会”热闹开展时，卓尔智联旗下兰亭集势宣布，将以8555万美元的对价，战略性收购新加坡跨境电商平台Ezbuy。后者是东南亚领先的跨境电子商务平台，已为超过300万位于新加坡、马来西亚、印度尼西亚、泰国和巴基斯坦的消费者提供来自中国大陆、中国台湾、美国、韩国、马来西亚和新加坡的产品。随着收购稳步推进，双方供应商将快速共享，两家公司在中国的供应链、仓储和物流系统将被整合，创造业务协同效应，以打开更广阔的市场。这就意味着，卓尔在有“世界十字路口”之称的新加坡，拥有了两家重要的商业机构。

在高端制造业方面，卓尔也积极探索全球化布局。去年以来，卓尔先后在捷克、德国收购了轻型飞机、特技飞机、模拟机三家中小型飞机制造企业，切入全球通航制造与运营市场，2018年获得了100多架飞机采购订单。

如同互联网大潮催生阿里巴巴、腾讯等超大型商业机构那样，新一轮全球化商业潮流及产业升级将催生一批具有深厚实体产业根基的优秀企业。阎志说:“中国作为全球制造业中心，也是互联网大国，拥有得天独厚的优势成为世界商品交易中心，造就一个智能化、全球化的商业交易生态圈，恰逢其时。”

中国不仅是全力推动全球化的超级大国，也将成为全球最大的消费市场。在过去十年间，中国经济总量增长了2.5倍，汽车销量增长了3

倍，高铁里程数增长了183倍，电子商务在社会零售总额中的占比增长了13倍，网民数量增长了2.5倍。这个十年，在《财富》世界企业500强名单中，中国公司数量从35家增加到115家，其中有4家进入前十大行列。“是世界更需要中国，还是中国更需要世界？”这个问题的答案正日渐清晰。

不管身处哪个行业，企业规模多大，一个无法回避的事实是，中国市场已经是全球市场，而且是全球最活跃的消费市场之一。因此，即便没有走出国门，卓尔的竞争对手仍可能来自全世界。同样，卓尔如果能在B2B电商领域做到中国第一，也极有可能成为世界第一。所以，不管主动还是被动，全球化已成为一个有抱负的企业必须面对和思考的问题。卓尔在新加坡打造世界商品智能交易中心，在捷克、德国布局通航飞机制造链条，这是非常有价值的全球化尝试。

过去几年间，阎志先后携手于刚、卫哲等可汇聚中国电商顶级资源的全球化人才，一时间在业内引起震动，但是从长远来看，卓尔需要引进和培养更多具有全球视野的国际化人才。同样，在强调文化自信时，卓尔也应该从全球化的背景来重新审视，企业文化是否具有普适性，能否在全球不同价值观体系下被广泛接受。

这是卓尔面临的挑战，也是中国企业面临的共同课题。在可预见的时期内，中国将在一定程度上主导全球经济，但中国同时需要一批在全球市场上具有重要影响力的公司。虽然全球资产规模最大的前四大银行都来自中国，排名全球前十的房地产公司中国占到7家，在智能手机领域有4家中国公司进入前六，但它们仍然不具备驾驭全球战略、全球市场、全球资源的能力。一个经济大国不仅要输出资本和商品，还要传递价值观和文化，真正具有全球影响力的企业将承担历史使命。

市场机会始终存在。二十二年叱咤商海，阎志有条件利用全球视野、全球思维、全球资源，凭借灵活、独特的市场嗅觉，大胆尝试，抓住转瞬即逝的机遇，成就世界级的卓尔。

未来的卓尔

管理学家吉姆·柯林斯的新作《再造卓越》研究了优秀公司为何衰落：优秀的企业可能会变得故步自封，尽管企业的领导做出了糟糕的决策或是丧失了自律性，但企业原先积累起来的力量在短期内仍会推动它继续前进。一个公司即将衰落的时候，从外部看起来似乎和健康无恙者一样，可是却已经处在一落千丈的危险边缘。这也是衰落过程为什么这么可怕的原因：它会悄无声息地潜伏在你的身旁，然后倏然间将你吞噬。

在过去二十二年中，卓尔从未骄傲自满，始终居安思危，一次又一次主动放弃赚钱的业务，以超前战略眼光转型到新的产业和领域。而阎志的梦想是做百年常青的企业，他不止一次向同事们表达他打造"百年老店"、塑造世界名牌的宏愿，召集大家共同铸造一项伟大的事业。但任何一个梦想，都需要脚踏实地，蹚过一个个节点，实现一个个小目标。在下一个二十年中，卓尔仍将围绕商业的基本规律和本质，不忘初心，牢记使命、价值观、愿景，继承并发扬"积极、执着、稳健、公信"的企业文化，以变革创新引领未来发展。

2011 年 11 月 23 日晚上，武汉大学经济与管理学院报告厅"楚天讲坛·企业家进高校"活动如期举办，阎志笑容可掬地走上讲台，为几百位学弟学妹分享创业经历，他的开场白妙趣横生："我尽量做到今晚的演讲对得住大家，让没来的同学后悔。"

阎志花了一个半小时畅谈人生感悟与经商之道，《楚天都市报》的记者把他的成功经验总结成 20 个字——"坚持梦想、勇于创新、相信自己、以信立人、志向高远"，还将卓尔坚持的"12 条理念"升华为创业需遵守的"十二条军规"。就是在这次演讲结束之后的采访中，阎志第一次公开表达了“世界企业500强”的梦想：

> 未来十年，卓尔力争进入世界企业500强；更长远的未来，则是带领卓尔成为一个世界级的伟大商业机构。坦率地告诉大家，最初创业开办广告公司，我的梦想是赚2万元，1万元还债，1万元让我成为富人；成为世界企业500强的梦想，是我去年（2010年）才定下来的；成为像苹果公司那样的伟大商业机构，是我上个月看完《史蒂夫·乔布斯传》才定下来的。人的梦想应不断提升、适时改变，只有根据当前现实，不断调整梦想，才能让梦想切实可行，不然就是幻想。

2013年3月2日，阎志把第十三届管理集训大会安排在咸宁碧桂园凤凰温泉酒店举行。他在《品质卓尔，从心开始》的主题报告谈到“常识”二字：“强者是资源的主要承接者，强者是市场的支配者，强者才有定价权，强者才有话语权，归根结底强者愈强。不要谈‘小而精’，要冷静地看。还要清醒地知道，我们要做强大的企业，一定要做规模足够大的企业，能够影响所从事的行业，能够影响它的规则和发展进程，在这个领域中能够成为标杆。”他特意提到马云接受访谈时“我就想做小，做小规模舒服”的说法：“我们不排斥他在说这话的感受，企业做大的确难受的是他，但是企业不难受。”

2014年9月1日，中国企业联合会、中国企业家协会联手发布“2014中国企业500强榜单”，卓尔首次上榜，排名第488位。此后连续多年，卓尔从未缺席这张榜单。

放眼未来，智能商业的时代巨轮正不停运转，阎志希望建设一个互联互通、融合共生的全球化智能商业交易生态，降低中国供应链交易及物流成本，推动社会继续进步。在2014年4月的卓尔管理集训上，阎志曾提出“千亿资产、千亿销售、千亿市值”的目标，四年过去了，这三大目标即将在2018年全部成为现实。阎志说：“卓尔人就是这样子，把一个个不可能变成可能，把之前的每一句话、每一个梦想、描绘过的每一个美好前景，用我们每一天、每一分钟的努力去实现。”

2015年，阎志提出飞机要飞上天，2017年11月已经实现。他还有更高远的目标：在武汉建立飞机整机、航空零部件的生产能力和体系，逐步融入全球航空产业链，打造中国最大的轻型飞机制造研发基地，力争成为世界最大的轻型飞机制造企业。

5月的上海春色宜人，在2018年度卓尔智能交易生态圈的第五次联席会议上，阎志发表题为“卓尔智联目标实现路径”的演讲，提出清晰的目标：“未来卓尔要有1~2个世界企业500强，若干个中国企业500强，每个产业都上市。今年提出以两千亿销售、两千亿资产，作为卓尔智联线上线下的共同目标。”在他的计划表中，到2020年，卓尔智联集团要进入世界企业500强。还是在这次会议上，他毫不掩饰他的激动心情：“构建以区块链为平台底层，以物联网、人工智能、大数据、数字货币为支撑的新型智能交易平台，这是一个千载难逢的机会，是卓尔智联成为万亿级企业的机会。”

两个月后，重新合并后的新卓尔文旅集团成立。文旅板块下的武汉客厅、沈阳客厅、卓尔书店等为人们提供优质的城市公共文化生活环境，桃花驿小镇、羊楼洞小镇等营造精致的文创休闲体验空间，共同编织“智造美好生活”的美妙图景。阎志对文旅产业版图寄予厚望：“卓尔文旅要成为‘中国顶级的文旅企业’，争取经过3~5年的努力，实现千亿销售、千亿资产、千亿市值的目标。”这相当于再造一个新卓尔。

在阎志的蓝图中，卓尔棉业集团将是一家中国企业500强公司，武汉众邦银行会成为中国百强金融机构，云传媒、中国通商集团应该是湖北省百强企业，卓尔宇航也将以百亿资产的高端制造企业形象，为卓尔的创新族谱带来巨大荣耀。

2018 年 10 月，武汉卓尔足球队获得中甲冠军并冲超成功，多家中超俱乐部发来贺信，邀请卓尔携手推动中国足球振兴发展。这是中国顶级联赛对卓尔的热情呼唤。阎志激情洋溢地承诺，要把武汉卓尔打造成中国足球的新名片。武汉卓尔的未来之路，还将标记有通往亚冠联赛、世俱杯的路牌。足球队奋勇争胜、永不言败的拼搏精神，也将内化为卓尔企业不断进阶的发展动力，血性与激情如影随形。

百花齐放，万紫千红，眼前欣欣向荣的景象鼓舞着每一位卓尔人，对成为世界级的商业机构满怀信心。

显然，此刻的阎志，比起当初在卓尔 10 周年庆典上，更有底气说出这番话："我们有能力、有信心打造百年卓尔，让卓尔这棵常青之树枝繁叶茂，立于中国民营企业之列，绽放出更加绚丽的光彩。"

无论怎样繁花似锦、壮怀激烈，阎志始终保持着一份清醒。"我们不能靠宏大的叙事来构建明天，要靠每一个个体细致、精致的努力奋斗和耕作来实现我们的梦想。" 2018 年 11 月初，他做出决定，高规格组建新一代飞行器、智能交易、新型棉纺三个技术研发中心，要求 2019 年在创新方面必须突破 500 项专利数，进一步提升企业核心技术能力。把宏大叙事化为具体而微、卓有成效的迅疾行动，这正是卓尔的行事风格，也是驶向未来的船票。

历史总给人汲取智慧、继续前行的力量。将卓尔二十二年公司史放置于中国 40 年改革开放的背景中考量，我们更加坚信一条规律：一家企业要兴盛强大，就必须在历史前进的逻辑中前进、在时代发展的潮流中发展。

卓尔前进与发展的原动力，正是 1996 年出发时的初心——在于不忘根本，在于持之以恒，在于商道为公。正如阎志所说："卓尔人聚在一起是在做一番有正义性的事业，努力将企业发展融入城市、区域、国家的经济发展之中。要使我们所在的行业，城市、区域乃至全球市场，因为我们而不一样，这才是最大的价值和意义。”阎志喜欢说一句话：“因为有你，卓尔不凡。”这个“你”意义广博，其中很重要的一种解读即为卓尔的初心，而今它已经升华为公司使命——“智联天下生意、智造美好生活”。正因为不忘初心，坚守“正道”，才能“出奇”制胜，终致“卓尔不凡”。

站在二十二年的历史节点上，遥望百年卓尔的理想，仿佛在长江边的浪花中看见远处的巨轮乘风破浪、勇往直前。过去的光荣与梦想正穿越历史云烟，扑面而来，带给大家信心与力量、理想与未来。

全球化浪潮波澜壮阔，卓尔新征程任重道远。在机遇与挑战、稳健与创新、理想与现实的冲突之间，一幅前所未见的壮观景象正在徐徐展开。它将承载着一代又一代卓尔人逐梦远航——成为全球化的公司、伟大的公司、值得世人尊重的公司。

附录一

卓尔控股·大事记（1996—2018）

1996年 12月，卓尔创始人阎志依靠撰写刘德华传记《天若有情》挣来的两万多元稿费，在武汉市汉口青年路原宜都驻汉办事处大楼，注册成立武汉卓尔市场传播有限公司（以下称卓尔传播公司），投身广告传播行业。

1997年 卓尔传播公司承包《市场时报》家电广告版面，出版家电专刊。在武汉传媒业首开行业专刊先河，以专业化、纵深化优势迅速吸引厂商关注，广告业务量直线攀升。

1998年 卓尔传播公司全面买断大型综合经济媒体，并率先在湖北省推行“品牌代理制”，对全省品牌战略进行系统策划，全媒体发布，拓展了广告企业的赢利空间。

1999年 卓尔传播公司陆续在湖北电视台、湖北经济电视台、武汉电视台开设家电专栏，在《楚天都市报》《武汉晚报》等媒体设立家电专刊，实现媒体和客户资源的“合纵连横”。

2000年 通过集中代理，统一策划，卓尔传播公司陆续拿到步步高、新科、小天鹅、长虹、厦新、海信等50多个家电品牌广告代理权，成为湖北地区最大的民营广告企业。

2001年 卓尔企业开始多元化发展，涉足生物、酒业、教育等产业，组建了一家由湖北省政府批准成立的股份制高新技术企业，投资兴办黄冈外国语中学，并购了一家酒厂。

2002年 10月，组建卓尔企业集团。

年底，与湖北省知名纺织企业原雪龙集团进行改制合作，并成立了湖北卓尔雪龙纺织有限公司，全面涉足纺织产业。

2003年 9月，组建湖北卓尔服饰有限公司。

10月，卓尔汉南项目在武汉市汉南区邓南镇正式启动。

2004年 确立了以纺织工业、产业地产、广告传媒为三大核心业务，并由此退出其他非关联产业。

2005年 年初，中共中央政治局委员、时任湖北省委书记俞正声同志考察卓尔玉龙纺织。时任湖北省长罗清泉同志视察卓尔雪龙纺织，肯定卓尔企业对雪龙公司的改制和并购。

8月16日，第一企业社区在黄陂区盘龙城开工，是中部地区第一个总部基地项目。

2006年 5月29日，卓尔企业成功举办首届武汉总部经济论坛，经济学家钟朋荣、中国民营经济研究会会长保育均等专家做主题演讲，纵论总部经济。第一企业社区同期开盘。

卓尔被授予全国“民企企业文化建设先进单位”荣誉称号。

2007年 7月，第二届武汉总部经济论坛暨“汉口北”盘龙城新城战略发展研讨会举行。

11月8日，定位于“中国最好、中部最大”的汉口北国际商品交易中心开工。

2008年 3月，卓尔控股被授予2007年度湖北省“最具带动力民营龙头企业”称号。

9月28日，汉口北国际商品交易中心面市认筹，并相继在广州、深圳、温州、义乌、晋江、成都六大城市招商。

12月25日，时任武汉市长阮成发视察汉口北国际商品交易中心，勉励项目高要求运营，促进武汉批发业升级。

2009年 1月，“汉口北国际商品交易中心”项目首次被写入湖北省政府工作报告。

6月，卓尔控股明确定位为“公用物业提供商和服务商”，被授予“湖北省优秀企业（金鹤奖）”称号。

9月，卓尔企业荣膺“中国服务业企业500强”。

2010年 1月，卓尔企业被武汉市政府授予“2009年度重大项目建设立功单位”称号。

1月26日，汉口北国际商品交易中心再次写入湖北省政府工作报告。

10 月，卓尔控股荣获湖北省“十佳雇主”殊荣。

10 月 28 日，首届中国汉口北商品交易会在汉口北国际商品交易中心隆重开幕。时任全国政协副主席孙家正，中央统战部副部长、全国工商联党组书记全哲洙等领导出席开幕式。

10 月 30 日，汉口北国际商品交易中心获全国房地产开发企业最高奖——“广厦奖”。

11 月，卓尔企业被授予“2010 湖北企业 100 强”荣誉称号。

2011 年 2 月 14 日，武汉市“两会”上传出政府决策消息，武汉汉正街将限时全面搬迁转移到汉口北。

3 月，“武汉客厅”开工，项目总投资 100 亿元，拟建成 180 万平方米的城市文化地标，打造中国文化交易、交流、展览中心。

7 月 13 日，卓尔发展（股票代码：02098.HK）在香港联交所挂牌上市，成为湖北首家登陆香港主板市场的民营企业。

8 月，汉口北国际商品交易中心项目被武汉市政府明确为汉正街整体外迁承接地。

9 月 3 日，卓尔控股入选“2011 中国服务业企业 500 强”。

9 月 15 日，投资 60 亿元建设的中国（天门）棉花交易中心开工。

9 月，卓尔收购香港上市公司中国基建港口集团，入主武汉阳逻港。

11 月 21 日，《人民日报》头版报道《汉正街整体搬迁启示录：在和谐中再写传奇》，充分肯定汉口北承接汉正街整体搬迁模式。

12 月 14 日，卓尔发展（武汉）有限公司与武汉中博置业有限公司、湖北省足球运动管理中心三方正式签订湖北足球俱乐部《转让协议书》，组建武汉卓尔职业足球俱乐部有限公司，支持湖北体育事业发展。

2012 年 1 月 11 日，湖北省政府工作报告明确提出，“要加强武汉中央文化区、武汉客厅等文化产业园区和基地建设”，着力做大做强文化产业。

8 月 30 日，卓尔控股党委被中共中央组织部授予“全国创先争优先进基层党组织”荣誉称号。

2012 年 10 月 6 日，武汉卓尔足球队提前 3 轮冲超成功。

2013 年 3 月 4 日，卓尔发展（股票代码：02098.HK）被纳入恒生指数成分股。

4 月 19 日，卓尔控股有限公司荣获第八届“中华慈善奖”，董事长阎志在人民大会堂参加表彰大会，并作为湖北省唯一代表受邀参加国务院在中南海召开的座谈会并做发言。

5 月，天津卓尔电商城在天津市西青区开工建设。

6 月 1 日，时任国务院副总理马凯考察调研汉口北国际商品交易中心，参观了汉口北品牌服装城和新汉正街广场。

7 月，孝感卓尔·桃花驿小镇签约，继而进入建设阶段。

9 月 16 日，荆州卓尔城奠基开建。

9 月 27 日，第 22 届金鸡百花电影节颁奖盛典在武汉客厅成功举办。

11 月 10 日，汉口卓尔书店开业。

2014 年 1 月 24 日，卓尔荣获“中国驰名商标”。

5 月 18 日，占地 3000 亩的汉口北工业城投入运营，可容纳 2000 工厂入驻。

9 月 2 日，由中国企业联合会、中国企业家协会评选的“2014 中国企业 500 强”发布，卓尔控股以 239 亿元的营业收入首次入选。

10 月 10 日，卓尔发展旗下汉口北电商公司与武汉市商务局、阿里巴巴公司在武汉共同签署协议，共同建设“阿里巴巴·武汉产业带”，以汉口北为基地搭建电商服务平台，助推武汉市商贸产业的转型升级。

11月25日，在中国青年企业家协会第十一次代表大会上，卓尔控股有限公司董事长阎志当选为中国青年企业家协会副会长。

12月26日，华中棉纺交易中心在中国（天门）棉花交易中心产业园区正式挂牌。

2015年 7月，商务部认定汉口北国际商品中心为国家电子商务示范基地。

8月18日，1号店创始人于刚博士出任卓尔发展董事局联席主席，助力卓尔推出云市场计划，打造中国最大的线上线下集成批发交易平台。

11月6日，卓尔控股旗下的武汉云传媒科技股份有限公司在新三板挂牌，加速打造全国性广告资源线上交易平台。

11月28日，第六届中国汉口北商品交易会在汉口北开幕，同日卓尔云市场三大产品——卓尔购、卓金服、卓集送正式上线。

12月20日，由卓尔控股捐资支持建设的武汉大学卓尔体育馆在该校奠基动工。

2016年 1月，“2015中华儿女年度人物”在京揭晓，卓尔控股董事长阎志荣获“2015中华儿女年度人物”称号，为湖北省内唯一获奖者。

3月17日，卓尔发展与兰亭集势签订股份购买协议，成为兰亭集势第一大股东。

4月11日，原阿里巴巴公司CEO卫哲以独立董事的身份正式加盟卓尔，并出任薪酬委员会主席。

6月，上市公司“卓尔发展”更名为“卓尔集团”。

6月3日，卓尔集团收购嘉实资本旗下融资租赁公司、资产管理及金服公司，组建卓尔金融集团。

7月1日，由中国基建港口集团旗下汉江新港（沙洋港区）开港。

9 月 8 日，卓尔集团旗下子公司与创新工场在北京签署协议，双方合作成立卓尔创新智能交易产业基金。

9 月，汉口北国际商品交易中心获批国家市场采购贸易方式试点，为中西部及内陆省份唯一试点市场。

10 月，卓尔集团以 26 亿港元收购中国最大的农产品 B2B 电商中农网 60% 的股权。

11 月，卓尔集团参加在浙江乌镇举行的第三届世界互联网大会，举行卓尔智能交易生态圈新闻发布会。

12 月，由卓尔控股等 6 家企业共同发起设立的“武汉众邦银行股份有限公司”，获银监会批复同意在武汉市正式筹建，银行类别为民营银行。这是湖北第一家获批的民营银行。

12 月 28 日，汉口商业博物馆开馆，展现武汉“驾乎津门，直追沪上”的历史辉煌。

12 月 28 日，卓尔荆门港钟祥石牌港区开港试运营。这是卓尔旗下中国基建港口集团在汉江流域布局的第二家港口。

2017 年 1 月 10 日，卓尔控股董事长阎志当选“2016 中国十大经济年度人物”。

2 月 22 日，卓尔控股牵手世界 500 强公司怡和集团，与旗下香港置地在汉签署合作协议，联合开拓湖北市场。双方组建合资公司，共同推进城市综合体“梦想特区”、卓尔小镇等特色项目建设。

4 月 1 日，卓尔控股有限公司与华中科技大学签署协议，捐赠 500 万元用于支持建设“卓尔城镇化工程技术研究中心”。

4 月 5 日，卓尔控股董事长阎志当选湖北省青年企业家协会会长，同月 8 日受聘为武汉市首批“招才顾问”，助力城市聚才引贤。

5 月 18 日，湖北省首家民营银行武汉众邦银行正式揭牌营业，成为中国第 12 家民营银行，卓尔控股为主发起人、第一大股东。开业当天，湖北省副省长曹广晶、时任武汉市市长万勇考察调研众邦银行，并出席银企签约仪式，高度肯定众邦银行专注服务中小微企业的普惠金融定位，鼓励银行用全新的模式和机制助力湖北武汉中小企业发展。

5 月 31 日，湖北省长王晓东调研考察卓尔（天门）产业园，肯定卓尔棉业在更高起点上实现传统产业转型升级。

7 月 16 日，位于长沙市开福区金霞经济开发区的卓尔（开福）军民融合产业示范基地正式投入使用。

7 月 30 日，卓尔控股旗下卓尔创业投资有限公司与武汉第一口腔医院签署投资合作协议。

8 月 8 日，阎志当选为武汉市新一届市工商联（总商会）主席（会长）。这是 1952 年成立的武汉市工商联 65 年历史上首次由民营企业家担任主席。

8 月 10 日，卓尔集团旗下卓尔购、中农网两大 B2B 平台入围商务部“2017—2018 年度电子商务示范企业名单”。

8 月 29 日，由阎志主编、湖北人民出版社出版的《汉口商业简史》在湖北长江书城举行新书发布会。这是武汉首部城市商业史著作。

9 月 27 日，卓尔企业党委召开精准扶贫行动动员暨工作部署大会，正式启动“乡亲乡爱”精准扶贫行动，将整合企业各方力量帮扶 50 个贫困村，确保 2019 年实现“摘帽”，帮助 1.5 万贫困人口脱贫。

10 月 11 日，卓尔集团宣布收购行业领先的化工及塑料原材料电商平台“化塑汇”，成为其控股股东。

11 月 2 日下午，首架“武汉造”通用航空飞机卓尔领航者 600 在武汉卓尔航空产业园正式下线，时任湖北省委副书记、武汉市委书记陈一新，时任市长万勇见证下线并考察调研卓尔领航者 600 生产车间。

11 月 5 日，武汉第一艘近洋直航外籍船从卓尔控股旗下阳逻港（一期）起航，实现了真正意义上的“江海直达”，再度拉近城市与世界的距离，为武汉的国际化添砖加瓦。

11 月 26 日，第八届汉交会在武汉汉口北开幕，获央视《新闻联播》聚焦报道。

11 月 28—30 日，第三届武汉诗歌节暨香港国际诗歌之夜（武汉站）在卓尔书店举行，诗歌音乐会、汉诗国际化研讨会、“闻一多诗歌奖”评选、中外诗人面对面等 10 场活动依次展开。

12 月 19 日，卓尔集团携手小米科技打造的武汉首座长江青年城正式开工建设。

2018 年 1 月 23 日，经湖北省第十三届人民代表大会第一次会议选举，阎志当选第十三届全国人大代表。

1 月 29 日上午，中国基建港口有限公司从香港联交所创业板转主板上市交易（股票代码：01719.HK）。

2 月 24 日，“卓尔 2018 年会暨 22 周年庆”在武汉客厅隆重举行。会上，阎志宣布企业发展新定位、新战略——“智联天下生意、智造美好生活”。

同日，卓尔集团与国内知名大宗商品电商西本股份及其管理团队组建新公司——卓钢链电子商务公司，开展钢铁等黑色系大宗商品经营。

3 月 9 日，在 2018 年武汉市招商引资大会上，卓尔控股董事长阎志等 30 位知名企业家获评“2017 年度最佳招商大使”

3 月 21 日，在新加坡贸易发展局主导下，卓尔集团与新加坡交易所等机构开展合作，成立合资公司，联手打造一个互联网化、国际化、便利化的全球商品智能交易平台——世界商品智能交易中心（CIC）。这也是中国企业首度参与大型全球B2B交易平台的构建及运营。

5 月 16 日，卓尔集团宣布入股海鲜B2B交易平台“海上鲜”，成为该公司最大的机构股东。

7月3日,“卓尔集团股份有限公司”(ZALL GROUP)正式更名为“卓尔智联集团有限公司”(ZALL SMARTCOM),明确了“智联天下生意,服务创造价值”的商业理念。

8月21日,湖北省委副书记、武汉市委书记马国强前往卓尔国际中心,调研卓尔控股及企业发展情况。

8月23日,卓尔慈善基金会更名为“卓尔公益基金会”。

8月24日,中国基建港口更名为中国通商集团。

8月28日,由卓尔企业出资捐建的武汉大学卓尔体育馆正式启用,将承办2019年世界军人运动会羽毛球项目比赛。

9月3日,卓尔宇航集团宣布全资收购德国挑战者特技飞机公司。该公司系世界上最先进的特技飞机研发制造企业之一。

10月16日,卓尔控股荣获全国“万企帮万村”精准扶贫行动先进民营企业称号,并在京接受表彰。

10月24日,全国工商联在北京举行新闻发布会,发布“改革开放40年百名杰出民营企业家名单”,卓尔控股董事长阎志入选。

11月1日,阎志作为民营企业家代表,参加习近平总书记在北京主持召开的民营企业座谈会。

11月22日,阎志入选《哈佛商业评论》中文版发布的“2018中国百佳CEO”,位列榜单第35名。

11月27日,阎志发起要约收购,卓尔成为汉商的第一大股东。

12月5日,湖北省委副书记、省长王晓东,武汉市市长周先旺走访调研汉口北国际商品交易中心、众邦银行、汉口商业博物馆。

12月10日,兰亭集势完成收购新加坡电商Ezbuy交易。

12月27日,由卓尔倡议并参与建设的楚商大厦暨武汉商会总部奠基开工。该大厦与对岸超高层建筑隔江相望,形成世界级建筑景观。

附录二

《给 40 年的一封信》

亚布力中国企业家论坛第十八届年会于 2018 年 2 月 27 日至 3 月 1 日在黑龙江亚布力举行，主题为“改革开放四十周年新时代的企业家精神”。卓尔控股有限公司董事长阎志出席年会“中国商业心灵”环节，并深情朗读《给 40 年的一封信》。

给 40 年的一封信

阎　志

2018 年是中国改革开放 40 周年。亚布力论坛有个环节，要我回顾过去 40 年的心路历程。我今年 46 岁，6 岁记事，这 40 年刚好贯穿了我迄今全部的成长、生活历程。

我出生在大别山区一个小镇上。父亲是个基层干部，做林业工作。母亲是名手工业者，用缝纫机绣花。我上面有 5 个姐姐。就是这样一个中国普通山区小镇，一个最普通的家庭，给了我全部的温暖和美好。现在闭上眼睛，任何时候我都能记起少年时，小镇上的一草一木，甚至上学途中踢过的一块石子，跳起来要拍打的树叶。也记得父亲办公桌上有本书，叫《三中全会以来重要文献选编》。

现在想来，因为家里孩子多，其实少年时家里很困难。印象中，每到年底父亲都要在单位借点钱过年。后来，家里可以养猪，再后来家里在院子里种些板栗苗，生活才真正有点宽裕了。小镇上人不多，关系简单而熟络，好像每个人都熟识。

二十世纪八十年代就是这样，生活刚刚开始，总有改变，总有希望，总让人温暖。前两年在高铁上经过大别山区，我写了一首诗《列车》：

这东去的列车上
乡村转瞬即逝
外出收割的父亲还来不及告别
高速飞奔吧
看得见城市了
隐隐约约
又有些隐隐作痛
一闪而过的丛林
无法端详的远山
穿越隧道后
看见儿时的我
奔跑在列车之后
欢叫着
一点心事也没有地欢叫着

这首诗收录在 2016 年我出版的诗集《少年辞》里。是的，我终究是个小镇少年，我真希望永远是个小镇少年。

到了初中，我喜欢上了阅读。但最爱读的还是金庸的小说，在初二时和几个伙伴还骑自行车到县城，只为买一本《倚天屠龙记》。后来开始写诗了，记得是因为高一失恋了，写了首长诗《秋天的恋歌》，这是我的第一首诗，可惜现在找不到了。后来我成了学校文学社社长，17岁在县报上发表了处女作，18岁出版了第一本诗集《风云》。

我就这样成了一名文学青年。这之后做了地方志编辑、文学刊物编辑、报社记者，但我只做文学梦，只想成为一名大诗人，只想开个书店。

但是九十年代的中国正在经历真正的转型。诗无人问津，诗人是买不起房子的，在一个城市没有房子，是很难找到女朋友的。“下海”成为九十年代出现频次最高的词之一。印象中，我在报社做财经记者和编辑时，编发过关于嘉德拍卖、复星科技、“互联网高速公路开始了”之类的稿子，但我仍只是个诗人、记者，身无分文。

为了生活，在1996年为书商写了本《天若有情》的书，拿了两万多元稿费。还清了借款、买了手机、租了房子，开了家我业务最熟悉的公司——广告公司。这时我24岁。记得当时我就是拿着一本叫《公司法解读》的书研究怎么开公司的。

二十世纪九十年代、二十一世纪第一个十年，是热血的年代，但也是不断蜕变重生的年代。

一人公司、几人公司比比皆是，一大批出现又一大批倒下，又有一大批出现。在时代大潮中坚持初心做下来、做大了、做成了专业公司的太少，更多的是像我这样不断改变、不断调整、适应，只看到今年，看不到明年的奋斗者。

卓尔广告公司开了两年，就成了当时湖北最大的广告公司，我也是中国最早的软文创造者和主要写作者。但至少在当时是广告行业求了甲方还得求乙方的年代，好不容易通过为一批家电品牌写宣传稿积累了客户，还得求媒体给你好位置、好价格。好不容易把一个白酒品牌从几千万元做到数亿元的销售规模，转眼它不给你做了，把单子给了美女。如此毫无尊严，于是我决定做实业。摸爬滚打，先后做了酒厂、学校、药厂，但从当时坚持到现在的只有纺织。

纺织不怎么赚钱，就做地产。地产没有大资本，就做产业地产、园区地产。

上市后地产估值低，我们就拥抱互联网，做智能交易平台。今天提笔至此，仿佛看到一个20多岁的年轻人在深山中寻觅，忽而到达开阔之地，一片光芒；忽而迷失在丛林之中，无所适从；忽而站上山顶，以为是高峰，环顾四周，高峰林立，才发现自己只是站在一个山丘上。

也仿佛看到一个有追求、有理想、清秀的文学青年，被时代、生意改变成了一个秃顶、挺个大肚子、油腻腻的中年创业者。2016年给我颁发“中国十大经济年度人物”时，主持人读过一首我的诗《宝石》：

宝石是不需要安慰的
寒冬渐远
凌乱的枝叶深入泥土之中
依然湿冷的念头
被临近的某个已渐渐平息的灵魂
侵扰
后来成为了岩石
坚硬的骨头都消失无踪
干燥得就如初秋的平原
辽阔而又无所作为
最后是仅剩的一点点气息
渗进了岩石的心中
刚好有一滴海水经过
把彻底安静的潮汐
和时明时暗的月光
也留下来
在泥土之中
岩层之中

把一个灵魂

变硬

变得虚无

变得不需要安慰

没有一个人能轻轻松松成功，没有人不曾茫然无措，没有人不曾惶惑不堪，好在我们都是父母的宝石，都是自己的宝石。

2017年下半年，中国进入了新时代，2018年是改革开放40周年。我也为自己和团队勾画了蓝图，不惑也过六年了，想做点方向明确的事，让自己快乐也让别人快乐的事。一是智联天下生意，搭建消费品、农产品、大宗商品B2B交易平台，通过互联网、物联网、人工智能等手段连接交易和贸易，提供物业、物流、供应链管理、金融等服务，构筑新生意方式，提升交易效率、降低交易成本。

二是智造美好生活，把我们的棉纺产业、飞机制造、文化旅游、金融服务等已有产业做精做优，构筑人们新的生活方式，满足人们对美好生活的向往。

“智联天下生意，智造美好生活”这句话，把我们在做的、想做的，基本都说清楚了。连接这两句话的是卓尔的价值观。无论是当时做广告，还是现在做银行、做飞机、做交易平台、做文旅项目，我们都想为，也应该为客户创造价值。

时间最厉害，历史将收割一切。去年（2017年）10月我回到小镇上，遵母亲意愿复建的一座庙宇里，写了一首诗《风过耳》：

我要在故乡的

群山之中

修一座小庙

暮鼓晨钟

与过去再也不相见

原谅了别人

也原谅了自己
佛经是很难读懂了
大多数的功课
只是为孩子们和
所有善良的人祈福
闲时
看一株草随风摇曳或者
倔强地生长
有风经过时
檐下的风铃肯定会响起
才记起看看
山那边的故乡
依然会让我怦然心动
那就再多诵几遍经吧
直至风停下来

重要的是，还有风，还有记挂，还有执念。站在四十年的门槛上，我们似乎看得更清楚点，可以更从容点。

谢谢大家！

致 谢

在过去十年中，我长期从事企业研究，深入企业访谈、调研，查阅、搜寻、核实浩瀚企业史料，每天躬身于喧嚣与浮华之外，完成华润、联想、美的、小米等著名公司的企业史写作或公司文化梳理，甚至还把视野瞄准国外，完成四卷本“全球商业史”系列作品。

机缘巧合，2014 年端午节，我在武汉拜访卓尔控股有限公司董事长阎志先生，并得以走进卓尔，深入调研、采访、写作卓尔二十二年发展史。这本书在 2015 年春节期间已完成初稿，然而此后三年间，卓尔启动前所未有的互联网化大变革，几乎每年都有几起重大并购与战略调整，书稿也随之不断修改、完善，就在本书即将付印之际，还有人告诉我，新的故事正在发生，不得不讲……

好在这本书就要和读者见面。行将结尾时，我的脑海中再次浮现出四年来在欣喜和焦虑、期待与挑战中创作的景象。我尽最大可能记录下卓尔二十二年来的风雨历程，见证了中国民营企业、商贸物流行业、互联网 B2B 的兴衰沉浮，解读企业从无到有、由小到大、由大到强的巨大蜕变，而且真实地感受到这个时